U0449623

文若愚 刘佳 编著

中国历史小辞典

三环出版社

图书在版编目（CIP）数据

中国历史小辞典 / 文若愚, 刘佳编著. -- 海口：三环出版社（海南）有限公司, 2025.3. -- ISBN 978-7-80773-531-1

Ⅰ.K209

中国国家版本馆 CIP 数据核字第 2025Q520X9 号

中国历史小辞典
ZHONGGUO LISHI XIAOCIDIAN

编　　著	文若愚　刘　佳
责任编辑	宋佳昱
责任校对	付晓聪
封面设计	韩　立
责任印制	万　明
出版发行	三环出版社（海口市金盘开发区建设三横路 2 号）
	邮　编 570216　　邮　箱　sanhuanbook@163.com
出 版 人	张秋林
印刷装订	河北松源印刷有限公司
书　　号	ISBN 978-7-80773-531-1
印　　张	13
字　　数	308 千字
版　　次	2025 年 3 月第 1 版
印　　次	2025 年 3 月第 1 次印刷
开　　本	720 mm×1000 mm　1/16
定　　价	49.80 元

版权所有，不得翻印、转载，违者必究

如有缺页、破损、倒装等印装质量问题，请寄回本社更换。

联系电话：0898-68602853　0791-86237063

前　言

对于中国人，特别是对于年轻一代的中国人来说，了解绵延不绝的五千年中国历史中的文化、思想精髓，认识中国历史中历朝历代的名人志士，挖掘已经消失在历史尘埃中的种种过往，感悟中华民族伟大先辈们的生存智慧，是一件十分有意义的事，也是义不容辞的责任。学习和掌握中国历史知识，有助于人们开阔视野、启发智慧，走向成功。一个中国人如果不能很好地认知中国历史，就不能很好地认识自我。一个国家的发展，必须要有自己的历史文化作为支撑，所以我们要以中国历史文化赋予我们的品格和精神，在这个全球化的舞台上保持自己的从容与独立。

中华民族有"三十万年的民族根系，一万年的文明史，五千年的国家史"，五千年的风雨变化、朝代变迁，使中国封建社会共经历了秦、汉、晋、隋、唐、宋、元、明、清九大王朝，除此之外，还出现过三国鼎立、南北朝并立等多个政权并存的局面。随着封建王朝走到末路，民主革命在中国风起云涌，中国历史随之进入了一个全新的时期。在漫长的历史进程中，出现了众多的风云人物、重大的历史政治事件、有着深远影响的儒道思想以及凝集着古代劳动人民勤劳与智慧的种种发明创造，这一切都在一定程度上影响了中华民族历史发展的进程。

为了帮助读者更方便、更轻松、更快捷地了解和掌握必要的中国历史知识，我们对历史资料进行了适当的取舍，选取了最具代表性、读者最感兴趣的内容，采用一问一答的方式，将浩如烟海的历史知识浓缩到历史问答中。全书分为夏、商、西周，春秋、战国，秦、汉帝国，三国、两晋、南北朝，隋、唐帝国，五代、辽、宋、西夏、金、元，明、清帝国等七篇，以历史时间为顺序，涵盖政治、经济、文化、科技、军事等多个领域的关键节点，从古代文明的辉煌到近代社会的变革，从帝王将相等重要人物的决策到普通民众的人生选择，每一个问题都力求触及历史的本质，每一个答案都力求准确而深刻。

同时，我们也注重语言的通俗性与趣味性，力求让历史不再是枯燥的文字堆砌，而是成为引人入胜的故事。通过生动的叙述和有趣的插图，我们希望每一位翻开这本书的读者，都能感受到历史的温度，聆听到历史的回响。

你最想知道的、最需要知道的、最应该知道的中国历史知识，尽在《中国历史小辞典》。一书在手，让你尽览中国历史全貌；一卷在手，让你轻松掌握史学精华。

"一切历史都是当代史"，以史为镜，能够让我们更好地前进。希望每一位读者都能够通过本书更好、更深地了解我们民族的历史文化，从而体会到身为中华儿女的那份骄傲与自豪，做一个优秀的中国人。

目 录

第一篇
礼乐文明，中华源头——夏、商、西周

夏 ………………………………………… 2
为什么说夏朝是中国奴隶社会的开端？… 2
夏朝的起源地在哪里？ ………………… 2
历史上的后羿是个怎样的人？ ………… 2
夏启为何要讨伐有扈氏？ ……………… 3
少康复国是怎么回事？ ………………… 3
孔甲真的养过龙吗？ …………………… 3
妹喜是什么人？ ………………………… 4
夏桀为何杀关龙逄？ …………………… 4
夏桀是如何亡国的？ …………………… 4
二里头遗址的发现有什么意义？ ……… 4
鸣条之战有什么意义？ ………………… 5

商 ………………………………………… 5
玄鸟生商的传说是怎样的？ …………… 5
是谁领导商推翻了夏王朝？ …………… 6
伊尹为何被称为"元圣"？ ……………… 6
伊尹为什么要放逐太甲？ ……………… 6
商代的国家结构是怎样的？ …………… 7
为什么商朝前期屡次迁都？ …………… 7
"殷墟"指的是哪里？ …………………… 7
"武丁中兴"是怎么回事？ ……………… 8
占卜与甲骨文有何关系？ ……………… 8
何谓周祭之法？ ………………………… 8
中国第一位女将军是谁？ ……………… 9

傅说是如何由奴隶成为宰相的？ ……… 9
武乙射天是怎么回事？ ………………… 9
"殷有三仁"是什么意思？ ……………… 10
纣王是如何亡国的？ …………………… 10
哪个朝代的人殉最为严重？ …………… 10

西周 …………………………………… 11
有哪些关于周室始祖的传说？ ………… 11
古公亶父为何要远迁岐山？ …………… 11
文丁为何杀功臣季历？ ………………… 11
"文王拘而演《周易》"是怎么回事？ … 12
为什么说周文王是仁厚之君？ ………… 12
历史上的姜子牙是怎样的一个人？ …… 12
姜太公是怎样得遇周文王的？ ………… 13
你知道"孟津观兵"吗？ ……………… 13
牧野之战有什么重要意义？ …………… 13
贤士商容为何不愿为官？ ……………… 14
箕子为何远走他乡？ …………………… 14
周公是如何辅佐成王的？ ……………… 14
周公是怎样以赤诚感化召公的？ ……… 14
熊绎封楚的目的是什么？ ……………… 15
成周、宗周分别指哪里？ ……………… 15
宗法制是什么制度？ …………………… 15
周朝的分封制是怎么来的？ …………… 16
伯夷和叔齐的故事是怎样的？ ………… 16

"成康之治"是怎么回事？ …………… 16
昭王南征结局如何？ ……………… 17
穆王西游有什么经历？ …………… 17
"国人暴动"是怎样爆发的？ ……… 17
什么是共和行政？ ………………… 18
宣王中兴是怎么回事？ …………… 18

第二篇
群雄逐鹿，中原争霸——春秋、战国

春秋 …………………………… 20
郑国为什么与周王室交恶？ ……… 20
郑庄公为何掘地见母？ …………… 20
"大义灭亲"有何典故？ …………… 20
齐大非偶讲的是什么事？ ………… 21
齐襄公是怎么死的？ ……………… 21
齐桓公为何能当霸主？ …………… 21
"鹿之谋"是怎么回事？ …………… 22
齐桓公死后为何久久未下葬？ …… 22
"管鲍之交"有何典故？ …………… 22
"庆父不死，鲁难未已"是什么意思？ … 23
息夫人为何导致两国败亡？ ……… 23
"欲加之罪，何患无辞"有何来由？ … 23
骊姬倾晋是怎么回事？ …………… 24
荀息为何死君难？ ………………… 24
为什么称百里奚为"五羖大夫"？ … 24
主人为何称"东道主"？ …………… 25
"退避三舍"有何典故？ …………… 25
重耳为何被称为"逃亡公子"？ …… 25
晋惠公因何成了秦的俘虏？ ……… 26
介子推为何隐居不仕？ …………… 27
"一鸣惊人"出自何处？ …………… 27
"麻隧之战"导致了什么样的结果？ … 27
"鄢陵之战"发生于何时？ ………… 27
春秋诸侯为何要召开弭兵之会？ … 28
《春秋》记载了哪些历史？ ……… 28
楚庄王问鼎的目的是什么？ ……… 28
樊姬为何被称为一代名妃？ ……… 29
孔子为什么要周游列国？ ………… 29
"诸子百家"有哪些？ ……………… 29

战国 …………………………… 30
"田氏代齐"是怎么回事？ ………… 30
"侯马盟书"的发现有何重大意义？ … 30
智瑶是怎样被灭的？ ……………… 30
豫让为什么要坚持刺杀赵襄子？ … 31
墨子是如何阻止楚攻宋的？ ……… 31
为什么会形成百家争鸣的局面？ … 32
春秋战国为什么会有质子现象？ … 32
春秋战国时的封爵是怎样的？ …… 33
"战国七雄"是指哪几个？ ………… 33
为什么燕昭王要筑黄金台？ ……… 33
战国时代为什么盛行养士之风？ … 33
吴起变法为什么会失败？ ………… 34
商鞅立竿与信赏必罚的经过是怎样的？ … 34
孙膑是怎样打败庞涓的？ ………… 34
齐威王是如何整顿吏治的？ ……… 35
赵武灵王为什么要推行胡服骑射？ … 35
西门豹如何治邺？ ………………… 36
谁发起了"五国相王"联合抗秦？ … 36
廉颇为什么要负荆请罪？ ………… 37
为什么田单能够复齐？ …………… 37
"秦人智囊"是指谁？ ……………… 38
白起为何被称为"战神"？ ………… 38
远交近攻之策是怎么回事？ ……… 38

范雎是怎样发迹的？……………… 39
吕不韦是怎样进行政治投资的？…… 39
王翦置田是怎么回事？…………… 39
都江堰是谁修建的？……………… 40
秦国为何要修郑国渠？…………… 40

楚怀王为什么客死秦国？………… 41
李牧为什么能大败匈奴？………… 41
"战国四公子"是哪几个人？……… 41
信陵君"窃符救赵"是怎么回事？… 42
乐毅破齐是怎么回事？…………… 42

第三篇
巍巍帝国，九州一统——秦、汉帝国

秦 …………………………………… 44
秦始皇为什么能统一中国？……… 44
秦朝征服六国后又发动了哪些战争？… 44
秦始皇为何铸造十二金人？……… 44
秦始皇巡游的目的是什么？……… 45
秦始皇为何取消谥号？…………… 45
秦始皇为何大杀宦官？…………… 45
秦朝的法律形式都有哪些？……… 45
秦始皇到底有没有"焚书坑儒"？… 46
秦始皇为何不立后？……………… 46
开凿"灵渠"的最初目的是什么？… 47
张良为何要策划刺杀秦始皇？…… 47
李斯是被谁诬陷致死的？………… 47
大将蒙恬兄弟是怎么死的？……… 47
为什么大泽乡起义被称为"揭竿而起"？… 48
项氏是怎样起兵的？……………… 48
"约法三章"是何时提出的？……… 48
哪次战役摧毁了秦军主力？……… 49
为什么项羽又称西楚霸王？……… 49
陈平是怎样除掉范增的？………… 49
彭城之战有什么样的结果？……… 50
韩信是怎样重出关中的？………… 50

西汉 ………………………………… 51
最早的太上皇是谁？……………… 51
"汉初三杰"哪个做到了功成身退？… 51

萧何为何位列开国功臣的首位？… 51
刘邦驭臣有何高明之处？………… 51
刘邦为什么迁都关中？…………… 52
叔孙通是如何重整朝仪的？……… 52
黥布谋反为什么失败？…………… 53
白马盟誓是怎么回事？…………… 53
刘邦是怎样铲除异姓王的？……… 53
田横五百士为何慷慨赴死？……… 54
为什么说"成也萧何，败也萧何"？… 54
刘邦在白登是如何突围的？……… 54
汉朝对南越采取了什么政策？…… 55
吕后是如何掌控政权的？………… 55
戚夫人与赵王如意是怎么死的？… 55
为什么有诸吕之乱？……………… 56
周勃是如何铲除吕氏的？………… 56
西汉婚俗是怎样的？……………… 56
汉代为何倡导以孝治天下？……… 56
"文景之治"是怎样出现的？……… 57
"七国之乱"是怎么回事？………… 57
为什么汉景帝要杀晁错？………… 57
周亚夫因何而死？………………… 58
汉王朝与匈奴之间有哪些战争？… 58
李广利为何死在匈奴？…………… 58
张骞为什么要出使西域？………… 59
丝绸之路在哪里？………………… 59

汉朝为什么要设置都护府？……59
汉武帝为何要施行"推恩令"？……60
桑弘羊为汉代做了哪些贡献？……60
公孙贺为什么不愿做丞相？……61
董仲舒为儒学发展做出了什么贡献？……61
李陵真的投降匈奴了吗？……61
苏武牧羊是怎么回事？……62
司马迁为什么要忍辱著《史记》？……62
《太初历》有何历史意义？……63
什么叫"巫蛊之祸"？……63
天马之战是怎样爆发的？……63
汉武帝晚年为什么发布"罪己诏"？……64
汉武帝为什么要杀心爱的女人？……64
酷吏张汤为何自杀？……64
为什么王昭君要远嫁匈奴？……65
赵飞燕是怎样被立为皇后的？……65
汉平帝刘衎是怎么死的？……65
王莽是如何发迹的？……65
王莽是怎样篡位的？……66

东 汉 ……66

何为"光武中兴"？……66
"云台二十八将"里因何没有皇室成员？……66
光武帝刘秀是怎样加强中央集权的？……67
刘秀为何定都洛阳？……67

汉光武帝皇后阴丽华有何贤德？……67
马援因何投奔刘秀？……67
马援是怎样平定交趾的？……68
"糟糠之妻不下堂"是谁说的？……68
"有志者事竟成"语出何处？……69
"置之度外"一词是如何来的？……69
谁带领南匈奴归附了东汉？……69
为什么董宣有"强项令"的称号？……69
东汉时王景是怎样治理黄河的？……70
班超为什么要投笔从戎？……70
"不入虎穴，焉得虎子"有何故事？……70
中国第一位女历史学家叫什么？……71
古代的专科学校有哪些？……71
即位时年龄最小的皇帝是谁？……71
为什么称梁冀为"跋扈将军"？……71
梁冀夫妇为何畏罪自杀？……71
东汉土地兼并导致了怎样的后果？……72
第一次党锢事件的起因是什么？……72
贤士张俭是怎样逃过官府诛杀的？……72
东汉外戚、宦官之间是如何斗争的？……73
谁发动了黄巾大起义？……73
军阀董卓有哪些暴行？……74
曹操为何大兴屯田？……74
官渡之战曹军是如何以少胜多的？……74

第四篇
沧桑分合，离析与交融——三国、两晋、南北朝

三 国 ……76

三国鼎立的局面是如何形成的？……76
薄葬之风是由谁开创的？……76
曹操为何至死不称帝？……76
曹丕首征东吴之战结果如何？……77
司马懿是怎样蒙骗曹爽的？……77

"高平陵事变"是怎么一回事？……77
"司马昭之心，路人皆知"有何典故？……77
羊祜是怎样广施仁政的？……78
关羽"华容道释曹操"是真的吗？……78
荆州是刘备借的还是孙权送的？……78
关羽是如何水淹七军的？……79

诸葛亮为何七擒七纵孟获？ …………… 79
汉中之战的结果是什么？ ……………… 80
刘备是哪一年称帝建立蜀汉的？ ……… 80
夷陵之战蜀军为什么失败？ …………… 80
"白帝托孤"是怎么回事？ ……………… 80
哪次战役使吴蜀重修盟约？ …………… 81
刘禅为什么被称为"扶不起的阿斗"？ … 81
马谡是如何失街亭的？ ………………… 81
蜀军为何兵败五丈原？ ………………… 82
洮西之战的经过是怎样的？ …………… 82
吕蒙是如何奇袭荆州的？ ……………… 82
三国时期在位最久的帝王是谁？ ……… 82
为什么说孙皓是个暴君？ ……………… 83
陆抗用兵有何过人之处？ ……………… 83

两 晋 ……………………………………… 84

司马炎是怎么称帝的？ ………………… 84
晋朝早亡的祸根种在什么时候？ ……… 84
"竹林七贤"真的反对封建礼教吗？ …… 84
是谁帮司马炎下定了灭吴的决心？ …… 84
王濬的楼船是怎样征服东吴的？ ……… 85
军事家杜预有何贡献？ ………………… 85
为什么说王衍清谈误国？ ……………… 86
魏晋时期为什么盛行玄学和清谈？ …… 86
"八王之乱"乱了多少年？ ……………… 86
谁诛杀贾皇后谋取了帝位？ …………… 86
西晋与各民族的关系如何？ …………… 86
骄奢成性的石崇是怎么死的？ ………… 87
"永嘉之乱"是怎样爆发的？ …………… 87
"永嘉之乱"对开发江南有什么影响？ … 88
谢玄所率部队为何被称为北府兵？ …… 88
什么叫"十六国"？ …………………… 88
刘渊是什么人？ ………………………… 88
刘聪为什么杀怀、愍二帝？ …………… 89
石勒为什么将司马越挫骨扬灰？ ……… 89

石勒为什么要设立君子营？ …………… 89
石虎是如何揽权的？ …………………… 89
石虎有什么暴行？ ……………………… 90
陶渊明辞官的原因是什么？ …………… 90
魏晋时期有哪些名医？ ………………… 90
乞活军是怎么回事？ …………………… 90
"王与马，共天下"是什么意思？ ……… 91
两晋的爵位制度是怎样的？ …………… 91
王敦反晋是怎么回事？ ………………… 91
司马绍是怎样平定王敦叛乱的？ ……… 91
陶侃是个怎样的人？ …………………… 92
庾翼北伐为何受阻？ …………………… 92
顾恺之的画作有何特点？ ……………… 92
书法史上的"二王"是指哪两个人？ …… 93
前赵为什么土崩瓦解？ ………………… 93
是谁结束了十六国战乱的局面？ ……… 93
为什么说后秦政权汉化很深？ ………… 93
桓温为什么图谋篡权？ ………………… 93
苻坚是怎样夺权与治国的？ …………… 94
王猛辅政从哪里入手？ ………………… 94
前秦在淝水之战中为什么会失败？ …… 94
为什么苻生被称为暴君？ ……………… 95
刘裕是如何灭南燕的？ ………………… 95

南 北 朝 ……………………………… 96

谁揭开了南北朝的序幕？ ……………… 96
檀道济为何唱筹量沙？ ………………… 96
刘义隆为什么"自毁长城"？ …………… 96
刘宋皇室发生了多少骨肉相残的惨剧？ … 97
"山中宰相"是指谁？ …………………… 97
南朝士族封闭的原因是什么？ ………… 98
宋顺帝不愿生在帝王家吗？ …………… 98
"杂技皇帝"萧宝卷是怎么死的？ ……… 98
全元起有什么誉称？ …………………… 98
怎样看待梁武帝的功与过？ …………… 99

昭明太子对文学有什么贡献？ …… 99
侯景之乱是怎么发生的？ …………… 99
陈霸先是怎样除奸抗齐的？ ………… 99
陈叔宝兄弟是怎样争夺皇位的？ … 100
许胤宗治病的方法是什么？ ……… 100
为什么说冯太后是一位有为女主？ … 100
拓跋焘十万大军为何打不下悬瓠小城？ … 100
北魏是如何大破柔然的？ ………… 101
北魏三朝元老崔浩因何惨死？ …… 101
为什么说高允是一位情操高尚的史官？ … 101
文明太后与北魏孝文帝改革有何关系？ … 102
北魏迁都有何缘由？ ……………… 102
北魏后妃为何出家为尼者多？ …… 102
北魏均田制的主要内容是什么？ … 103
北凉是如何灭亡的？ ……………… 103

北魏攻北燕之战发生于何时？ …… 103
统万之战是怎么回事？ …………… 104
平凉之战的经过是怎样的？ ……… 104
北朝的爵位制度是怎样的？ ……… 104
祖冲之有什么贡献？ ……………… 105
北魏佛教兴盛的缘由是什么？ …… 105
佛寺僧尼为什么能大肆敛财？ …… 105
宇文泰是怎样大败高欢的？ ……… 106
西魏是怎样走上富强之路的？ …… 106
府兵制是怎样出现的？ …………… 106
高欢是怎样骗过尔朱兆的？ ……… 107
北齐开国皇帝是谁？ ……………… 107
为什么《魏书》又叫"秽史"？ …… 107
谁继苻坚、拓跋焘之后统一了黄河流域？ … 108

第五篇
盛世欢歌，乾坤变幻——隋、唐帝国

隋 朝 ……………………………… 110
杨坚是怎样韬光养晦的？ ………… 110
杨坚是怎样称帝建隋的？ ………… 110
隋文帝颁布均田令后的效果如何？ … 110
什么是三省六部制？ ……………… 110
为什么隋文帝没有妃嫔？ ………… 111
太子杨勇为什么被废？ …………… 111
杨广是怎样登上皇位的？ ………… 111
什么原因促成了杨素的死？ ……… 111
率军平定陈国的大将是谁？ ……… 112
隋炀帝为什么要修大运河？ ……… 112
隋炀帝为何要营建东都洛阳？ …… 112
隋炀帝巡游江都导致了什么后果？ … 112
杨玄感为什么要造反？ …………… 113
隋炀帝为何三征高句丽？ ………… 113

为什么窦建德被称为草莽英雄？ … 113
唐 朝 ……………………………… 114
李世民是如何让李渊下定决心反隋的？ … 114
虎牢之战发生于何时？结果如何？ … 114
唐朝是如何统一全国的？ ………… 114
李世民为什么会发动玄武门之变？ … 115
李靖是如何大破突厥军的？ ……… 115
李靖是用什么计谋取得江陵的？ … 115
长孙无忌是怎样陷害吴王李恪的？ … 116
为什么说唐太宗知人善任？ ……… 116
唐都城长安的布局是怎样的？ …… 116
唐朝的科举制度是怎样的？ ……… 117
什么叫"房谋杜断"？ …………… 117
什么是"遣唐使"？ ……………… 117
是谁促进了汉藏文化的交流？ …… 117

谁被唐太宗封为"药王"？	118	唐代的藩镇割据是怎么回事？	124
唐太宗怎么死的？	118	为什么人们称姚崇为"灭蝗宰相"？	124
李义府是个什么样的人？	118	为什么说李林甫是唐代大奸臣？	124
武则天为何杀死自己的女儿？	119	张九龄为什么被罢相？	125
武则天为什么要杀长孙无忌？	119	宋璟为唐朝做了哪些贡献？	125
狄仁杰为何受到武则天器重？	119	吴道子为什么被称为"画圣"？	125
上官婉儿为何不记武则天灭族之仇？	120	安禄山是如何密谋造反的？	125
"请君入瓮"这个词是怎么来的？	120	张巡是如何巧施连环计的？	126
唐中宗复辟倚仗何人？	120	李光弼是怎样打败史思明的？	126
谁起兵诛杀了武三思？	120	太子李亨是怎样即位的？	126
韦后为何要毒死唐中宗？	121	"郭子仪单骑退回纥"说的是什么？	127
唐诗是怎样"发表"的？	121	奸臣卢杞如何玩弄权谋？	127
《周髀算经》何时成为教科书？	121	大宦官李辅国为何被代宗处死？	127
杨贵妃为何没能成为皇后？	121	颜真卿因何被害？	128
李隆基为什么要赐死杨贵妃？	122	唐代宗是怎样除掉鱼朝恩的？	128
"诗仙"是谁？	122	奉天之难是怎么回事？	128
谁是"诗圣"？	122	什么是元和中兴？	129
唐代宦官是如何掌握军政大权的？	122	"牛李党争"是怎么回事？	129
唐代的节度使是怎样产生的？	123	"二王八司马事件"是怎么回事？	129
设节度使有什么弊端？	123	什么是"甘露之变"？	130
唐军是如何大败吐蕃的？	123	白马驿之祸是怎么回事？	130
世界上第一个测量子午线的人是谁？	123	唐哀帝禅位给了何人？	130

第六篇

国脉如缕，王朝更迭——五代、辽、宋、西夏、金、元

五代十国和宋朝	132	耶律德光的黄粱梦是怎么破灭的？	134
五代十国是指哪段历史时期？	132	后汉刘知远为什么要清除后唐余脉？	134
朱温是如何称帝的？	132	郭威是怎样平息三镇叛乱的？	134
"铁枪"王彦章是怎样成为后梁名将的？	132	郭威是怎么建立后周的？	134
后梁是怎样灭亡的？	132	高平之战是怎么回事？	135
后唐李存勖为何宠信伶人？	133	冯道为什么被称为"乱世不倒翁"？	135
李存勖是怎样失去人心的？	133	陈桥兵变是怎么回事？	135
石敬瑭为什么遭受千古唾骂？	133	宋太祖是如何巩固统治的？	135

北宋的都城在哪里？ …………… 136
谁用"半部《论语》治天下"？ …… 136
赵匡胤为什么要"杯酒释兵权"？ … 136
史上到底有没有"金匮之盟"？ … 136
市舶司是做什么的？ ……………… 137
喻皓为什么被誉为鲁班传人？ …… 137
为什么宋朝官员戴长翅帽？ ……… 137
瓦桥关之战的经过是怎样的？ …… 137
历史上真实的杨家将有多厉害？ … 138
谁是"溜须宰相"？ ………………… 139
"澶渊之盟"是怎么回事？ ………… 139
景德镇是怎样得名的？ …………… 139
丁谓是怎样陷害寇准的？ ………… 139
狄青为什么郁郁而终？ …………… 140
范纯仁为何被称为"布衣宰相"？ …… 140
宣德门下马案是怎么发生的？ …… 140
宋神宗为何派沈括出使辽？ ……… 140
宋神宗年间新党、旧党的分歧在哪里？ …… 141
永乐城之战谁失败了？ …………… 141
宋哲宗为什么与太后嫌隙很深？ …… 141
苏轼是怎么惹上"乌台诗案"的？ …… 141
"教主道君皇帝"指的是谁？ ……… 142
"花石纲"与方腊起义有什么关系？ … 142
哪位抗金名将临终连呼"渡河"？ …… 142
宋徽宗是如何惨死的？ …………… 142
金太宗立谁为大齐皇帝？ ………… 142
韩世忠在什么地方大败金军？ …… 143
岳飞是怎样抗金的？ ……………… 143
召回岳飞的十二道金牌是什么东西？ …… 143
宋高宗为什么一定要置岳飞于死地？ …… 143
"绍兴和议"的具体内容是什么？ …… 144
什么是绍熙内禅？ ………………… 144
为什么会爆发"庆元党禁"？ ……… 144
谁发动了"开禧北伐"？ …………… 144

完颜亮渡江南侵的计划为什么会破产？ …… 144
钓鱼城之战有何重要影响？ ……… 145
南宋最后一位皇帝是怎么死的？ …… 145
宋代的海上贸易为何发达？ ……… 145
以茶易马是怎么回事？ …………… 145
宋代妇女的地位是怎样的？ ……… 146

辽代 …………………………… 146
耶律阿保机采取了哪些新举措？ …… 146
什么是契丹八部？ ………………… 146
为什么说耶律曷鲁功列第一？ …… 147
为什么说述律后权欲熏心？ ……… 147
辽朝的"因俗而治"政策是怎样的？ … 147
察割政变是怎么回事？ …………… 147
耶律倍为什么逃向后唐？ ………… 147
为什么辽穆宗被称为"睡王"？ …… 148
耶律休哥为什么被称为辽的"于越"？ …… 148
辽景宗的功绩有哪些？ …………… 148
正史中的萧太后是个怎样的人？ …… 148

西夏 …………………………… 149
什么是党项八部？ ………………… 149
元昊为什么在河湟地区败于吐蕃？ …… 149
元昊为什么要死命争夺河西走廊？ …… 149
没藏讹庞是什么人？ ……………… 149
夏毅宗执政后采取了哪些汉化措施？ …… 150
梁太后是如何专政的？ …………… 150
历史上唯一的状元皇帝是谁？ …… 150
西夏是怎样灭亡的？ ……………… 150

金朝 …………………………… 151
谁统一了女真各部？ ……………… 151
猛安谋克制是怎么回事？ ………… 151
"头鱼宴"上的阿骨打有何表现？ …… 151
金兀术的真面目是怎样的？ ……… 151
金熙宗在改制方面有哪些措施？ …… 152

宋金是怎样确立以淮河为界的？……… 152	成吉思汗为什么信任耶律楚材？……… 154
海陵王的三大志向是什么？……………… 152	成吉思汗是怎样立储的？………………… 154
谁享有"小尧舜"的美誉？……………… 152	忽必烈是怎样建立元朝的？……………… 155
"明昌之治"是怎么回事？……………… 153	忽必烈是怎样治理中原的？……………… 155
何谓"宣宗南迁"？……………………… 153	郭守敬修的历法叫什么？………………… 155
	为什么元朝要开凿京杭大运河？………… 155
元 朝 ……………………………… 153	锐意改革的元英宗为何惨死？…………… 156
蒙古族是怎样壮大起来的？……………… 153	谁被称为"鲁班天子"？………………… 156
成吉思汗发动了哪些战争？……………… 153	元代的三大农书是什么？………………… 156
为什么说速不台是"四獒"之首？……… 154	"元曲四大家"是哪四人？……………… 156

第七篇
日月云烟，落日余晖——明、清帝国

明 ………………………………………… 158	"土木之变"是怎么回事？……………… 162
朱元璋为什么要"缓称王"？…………… 158	也先为什么放回了明英宗？……………… 162
《大明律》是一部什么样的法典？……… 158	"夺门之变"是怎么回事？……………… 162
明朝为什么要大修长城？………………… 158	保卫北京的于谦为什么被杀？…………… 163
高启为何拒官？…………………………… 158	"弘治中兴"是怎么回事？……………… 163
为什么朱元璋要大杀功臣？……………… 158	明朝的江南四才子是哪几个人？………… 163
明代科举制度共分哪几级考试？………… 159	中国"药神"是指谁？…………………… 163
明朝为什么要建立特务机关？…………… 159	王守仁是如何平定宁王叛乱的？………… 164
司礼监是个什么机构？…………………… 159	宦官刘瑾是怎么被除掉的？……………… 164
"靖难之役"的经过是怎样的？………… 159	戚继光为什么能打败倭寇？……………… 164
明朝为什么迁都北京？…………………… 160	葡萄牙是如何占领澳门的？……………… 165
为什么要设立奴儿干都指挥使司？……… 160	什么是"一条鞭法"？…………………… 165
"东厂"是一个什么性质的机构？……… 160	什么是"夺情"风波？…………………… 165
方孝孺是怎样被朱棣灭十族的？………… 160	浑河之战有什么样的结果？……………… 166
明成祖是怎样巩固中央集权的？………… 160	中国资本主义萌芽的产生与世界市场有关吗？ …… 166
郑和下西洋的使命是什么？……………… 161	为什么明代会出现严重的宦官专权局面？… 166
为什么说郑和下西洋是一个壮举？……… 161	明朝哪个皇帝喜欢做木匠活？…………… 166
景德镇瓷器何以名扬海外？……………… 161	谁创立了复社？…………………………… 167
《永乐大典》是一部什么书？…………… 161	《徐霞客游记》是一部什么样的书？…… 167
解缙是怎样失宠的？……………………… 162	袁崇焕为什么能取得宁远大捷？………… 167

皇太极是怎么除掉袁崇焕的？…………	167
吴三桂为何向清兵献关？……………	168
谁建立了大西政权？…………………	168
明末，谁率众起义并自称闯王？……	168
李自成为何撤离北京？………………	168

清　　　　　　　　　　　　　　169

努尔哈赤为什么要创立八旗制度？…	169
萨尔浒之战的结局如何？……………	169
大清国都最初定于哪里？……………	169
范文程对清定鼎中原有何贡献？……	170
清朝为什么推行"剃发令"？………	170
孝庄太后下嫁多尔衮了吗？…………	170
谁被誉为"天下廉吏第一"？………	170
清代御门听政是怎样进行的？………	170
谁制造了"十八先生之狱"？………	171
郑成功是怎样收复台湾的？…………	171
四大臣辅政是怎么回事？……………	171
年少的康熙帝是怎样生擒鳌拜的？…	171
秘密立储始于哪位皇帝？……………	172
谁被康熙称为"天下清官第一"？…	172
在位时间最长的皇帝是谁？…………	172
为什么清朝官员特别看重花翎？……	172
什么是"文字狱"？…………………	173
清代军机处在行政上有什么特点？…	173
清初为什么设立南书房？……………	173
吴三桂是怎样发动叛乱的？…………	173
雅克萨之役的经过如何？……………	173
为什么《尼布楚条约》是平等条约？…	174
为什么清朝不修长城？………………	174
为什么圆明园被称作"万园之园"？…	174
康熙时绘制的中国地图叫什么？……	174
施琅是如何收复台湾的？……………	175
清代为什么有那么多帮会？…………	175
雍正皇帝是怎样登上帝位的？………	175

土尔扈特部为什么要回归祖国？……	176
乾隆为何宠信贪官和珅？……………	176
乾隆为何要六下江南？………………	176
乾隆为什么要编修《四库全书》？…	177
为什么说康乾盛世是"落日的辉煌"？…	177
宁古塔是什么地方？…………………	177
乾嘉年间学风兴盛的原因是什么？…	178
哪次起义是清王朝由盛到衰的转折点？…	178
白莲教首领王聪儿是怎么死的？……	178
哪个教派曾率军攻打紫禁城？………	179
道光是怎样登上帝位的？……………	179
顺天科场案是怎么回事？……………	179
同治帝是怎么死的？…………………	179
慈禧是怎样掌握清朝大权的？………	179
清代七大藏书阁是指哪些？…………	180
清代是怎样为皇帝举行葬礼的？……	180
虎门销烟是怎么一回事？……………	180
为什么会爆发"鸦片战争"？………	181
香港是如何被英国占据的？…………	181
中国近代史上第一个不平等条约是什么？…	181
谁首倡"师夷长技以制夷"？………	181
谁创立了拜上帝会？…………………	182
天津教案是怎么回事？………………	182
中国历史上第一个租界在什么地方？…	182
中国近代第一个留学海外的人是谁？…	182
洪秀全在哪里称王建制？……………	182
《天朝田亩制度》反映了什么思想？…	183
"天京事变"是怎么回事？…………	183
李秀成是怎样被捕的？………………	183
什么是领事裁判权？…………………	183
清政府为何设立总理衙门？…………	184
小刀会是怎么占领上海的？…………	184
中国第一所外国语学校何时创办？…	184
张之洞在洋务运动中有何贡献？……	184

为什么说洋务运动不能救中国？………… 185
中法战争究竟是哪方获胜了？………… 185
甲午海战是怎么爆发的？……………… 185
北洋水师是怎样覆没的？……………… 185
为何《马关条约》是中国的奇耻大辱？… 186
"为共和而牺牲的第一人"是谁？…… 186
"戊戌变法"是怎么回事？…………… 186

最早牺牲的资产阶级女革命家是谁？… 186
中国近代第一所国立大学叫什么？…… 186
为什么梁启超要倡导"诗界革命"？… 187
义和团运动是怎样爆发的？…………… 187
义和团运动为什么失败了？…………… 187
八国联军是怎样侵占北京的？………… 187
《辛丑条约》是怎样签订的？………… 188

第一篇
礼乐文明，中华源头
——夏、商、西周

夏

为什么说夏朝是中国奴隶社会的开端？

夏朝是中国历史上的第一个朝代，也被当成中国奴隶社会的开端。为什么这么说呢？夏朝到底符合奴隶社会的哪些特征呢？

第一，生产力状况：夏代有沟洫灌溉系统和造酒业，手工业产品除陶器、玉、贝和铜器外，夏代后期已经生产出青铜，在偃师二里头已发现夏代冶铸青铜的遗址。当时，青铜的冶铸在全国各地都有一定程度的发展。

第二，生产关系与阶级构成：远在大汶口文化中晚期的父系氏族社会后期，中国社会已产生贫富分化的现象，发展到夏代，出现了阶级。1.奴隶。奴隶主要是由氏族部落之间彼此掠夺战争中得到的俘虏转化而来，也有部分氏族公社的贫苦社员沦为奴隶。2.奴隶主。奴隶主大多由父系氏族社会末期的氏族贵族和部落首领转化而来。3.平民。平民是奴隶与奴隶主两大对抗阶级外的一个中间阶级，他们大多是由各级贵族疏远的宗族成员和原来的氏族公社成员形成的。

第三，国家机器初具规模：夏朝建立了中国最早的国家机器，这标志着原始社会的结束和奴隶社会的开始。国家机器主要包括常备军、刑法、监狱和官吏等，它们与人民大众分离的公共权力，是国家的本质特点。

综上所述，夏朝之所以被视为中国奴隶社会的开端，是因为它建立了奴隶制国家机器，同时生产力状况、生产关系与阶级构成都达到了奴隶社会的标准。

夏朝的起源地在哪里？

经过很多专家学者的共同努力，通过"夏商周断代工程"，最终确定夏朝建立时间约为公元前2070年。但夏朝究竟源起于何地，迄今尚未破解。《史记》记载大禹治水成功后聚集诸侯，为其儿子启建立夏朝奠定了基础。因为夏启之母为"涂山氏之女"，涂山因此被视为夏王朝诞生的摇篮。那么只要找到涂山的所在地，也就找到了夏王朝文明的发源地。

根据资料，涂山的位置有以下四种说法。

第一，河南省登封市嵩山一带的涂山。

第二，重庆市的涂山。此地建有禹庙，相传是因禹娶涂山女而建。

第三，浙江绍兴。此地建有禹陵、禹祠、禹庙，相传是大禹的安葬之地。禹庙是由禹的儿子启修建的。这里也被看作涂山的旧地。

第四，安徽省蚌埠市怀远县涂山。首先，近年来在蚌埠周边陆续发现了大禹墟等37处龙山文化时期的遗存，这表明在大禹时代前后，已有大规模的原始部落群在蚌埠生活，为证实传说中的"涂山氏国"提供了重要依据；其次，记载涂山的古籍中也以蚌埠涂山说为最古老。

确定涂山的所在地具有重大意义。假如安徽蚌埠就是涂山真正的所在地的话，那么它不仅使中华民族大一统的历史轮廓清晰起来，而且也有力地论证了中华文化发源多元化的观点，批驳了过去所认为的"只有黄河是中国母亲河"的一元论。

历史上的后羿是个怎样的人？

在历史上，共有两位名字带"羿"字的人物：一位是生活于帝尧时代的羿，就是传说中射日的后羿；另一位是生活于夏朝的后羿，他是有穷部落的首领。

夏王朝时期的后羿，又称"夷羿"，相传是夏王朝东夷族有穷氏的首领，也善于射箭。夏启死后，其子太康即位。太康是个十分昏庸的君主，不理政事，专爱打猎。

后羿因此野心勃勃，想夺取夏王的权力。他趁太康出去打猎，亲自带兵守住洛水北岸。太康不敢过洛水，只能在洛水南面过着流亡生活。后羿于是另立太康的兄弟仲康当夏王，自己掌握实权。

仲康死后，仲康之子相为帝，两年后，后羿罢黜相并将其放逐，夺取了夏朝的王位。

夏启为何要讨伐有扈氏？

启继夏王位后，便以暴力胁迫各部落承认其领导地位，从而彻底打破了原始社会部落联盟的禅让制。当时，许多部族由于势单力薄，无法与夏王朝抗衡，只好臣服。但也有较大的部族对夏启以暴力夺取政权不服，起而反抗夏朝的专政，有扈氏部落就冲在最前面。

有扈氏与夏同源，皆为姒姓部族。有扈氏的起兵反抗，对建立不久的夏王朝来说，是关系生死存亡的重大事件。夏启清醒地认识到，若战争失败，夏朝奴隶制政权就有被颠覆的危险。于是，夏启亲率军队前往征伐，双方大军在甘地展开了大决战。由于夏启组织严密，夏朝的军队斗志旺盛、士气高昂，经过激烈的战斗，有扈氏军队被打败，有扈氏部落归服于夏。

夏王朝的胜利，结束了中原地区部落纷争的局面，巩固了新生奴隶制政权。夏启征伐有扈氏所进行的战争——甘地之战，是中国历史进入阶级社会后的第一次战争，具有重大的历史意义。它是原始社会禅让制的复辟与奴隶制反复辟长期斗争的继续。经过这场战争，代表新兴势力的夏王巩固和发展了奴隶制政权。

少康复国是怎么回事？

夏王相统治的末期，后羿废相篡夺王位。七年后寒浞杀后羿篡位，并追杀相。相死时妻子后缗正怀着孕，被迫逃回有仍氏封国，生下相的遗腹子少康。

少康从小就很聪明，初懂人事后，母亲就告诉他祖上失国的惨痛经过，叮嘱他日后要报仇雪耻，复兴夏朝。后来少康投奔有虞氏的部落。有虞氏首领虞思让他担任管理膳食的官职，学习理财的本领，并把女儿嫁给他，还给了他一块方圆十里的名叫纶的肥沃土地和兵士五百人，使少康有了根据地和军队。少康体察百姓疾苦，宣传祖先禹的功德，努力争取人民支持他复兴故国，并召集夏朝的旧臣前来和他会合。当时，有个名叫靡的人，原是相的臣下，他首先应少康之召，倾有鬲氏之兵，会合斟寻、斟灌两地的复仇之师，和少康会合，拥戴少康为夏王。

少康先派儿子季杼攻灭了寒浞的第二个儿子寒戏驻守的戈邑，以削弱敌方力量，又派将军女艾去侦察夏朝的虚实。一切准备就绪后，他从纶出兵，一路势如破竹，攻克旧都，诛杀寒浞，夺回了王位，建都阳夏。少康自幼历尽苦难，复国后勤于政事，讲究信用。在他的治理下，天下安定，文化大盛，各部落都拥戴他，夏朝再度兴盛，史称"少康中兴"。

孔甲真的养过龙吗？

据说因为夏王孔甲天天祭祀鬼神，顺于天帝，天帝格外开恩，赐他"乘龙"。所谓"乘龙"，即驾车的龙，在黄河、汉水中各有雌雄两条。听说古代养龙，有专门的人才，国家设有"豢龙氏"和"御龙氏"的官职。豢龙氏是专门养龙的，御龙氏是专门驾驭龙的。相传尧的本家陶唐氏有个后代叫刘累，曾经在豢龙氏那里学习过驯服龙的本领，孔甲就传令把他召来。

刘累果然名不虚传，真的会喂养龙。他造了两个大池，把从黄河、汉水中抓来的两对龙放在里面，让它们自由地游动，孔甲看了非常高兴。

其实，孔甲、刘累所养的龙可能是四条大鱼。孔甲一贯装神弄鬼，他把大鱼说成龙，编造说这些"龙"是天帝赐给他的，以此愚弄天下人，巩固自己的统治。但是，孔甲不问政事，专搞这些荒唐无稽的迷信活动，反而使国家越来越乱。

妹喜是什么人？

妹喜，又作末喜、末嬉。有施氏，是夏朝末年夏桀的宠妃。曾有诗称赞妹喜的美丽："有施妹喜，眉目清兮。妆霓彩衣，袅娜飞兮。晶莹雨露，人之怜兮。"

传说妹喜有三个癖好：一是笑看人们在规模大到可以划船的酒池里饮酒。《列女传》："为酒池可以运舟，一鼓而牛饮者三千人，羁其头而饮之于酒池，醉而溺死者，末喜笑之，以为乐。"二是笑听撕裂绢帛的声音。《帝王世纪》："妹喜好闻裂缯之声而笑，桀为发缯裂之，以顺适其意。"三是喜欢穿戴男人的官帽。据《列女传》记载："女子行丈夫心，佩剑带冠。"

查证历代史书，有关妹喜的最早记载是《国语·晋语一》："昔夏桀伐有施，有施人以妹喜女焉，妹喜有宠，于是乎与伊尹比而亡夏。"并没有关于妹喜放荡、惑君、裂帛、裸游等恶行的记载。由于史料缺乏，关于妹喜的争议颇多，所以至今关于她的故事，仍然是一个谜。

夏桀为何杀关龙逄？

夏桀残酷地欺压人民，老百姓把他比作天上的烈日，在耕作的时候都唱道："你这个太阳啊，什么时候才会死掉，我宁愿与你同归于尽。"

夏桀身边有一个著名的忠臣，名叫关龙逄，他冒死手捧皇图来求见夏桀。皇图是上古画家绘制的颂扬先王英明的巨画，专门留给后代帝王看，以鼓励他们勤政爱民。关龙逄一边给夏桀看图，一边说道："古代人君爱民节财，而国治久安；现在你挥霍钱财，视生民为草芥，杀民不止，总有一天这诛杀会落到你的头上。"夏桀哪里容得下这话，怒不可遏，令士兵对关龙逄施以酷刑，先斩去他的四肢，让他疼痛难忍，然后一点点砍断他的脖子，死状极其悲惨。

夏桀是如何亡国的？

桀是夏王发的儿子，在位52年。他穷奢极欲，暴虐嗜杀，最终被商汤所灭。夏桀名癸、履癸，商汤把他谥为桀（凶暴的意思）。

夏发在位时，内政不修，外患不断，阶级矛盾日趋尖锐，各方诸侯已经不来朝贺了。至夏桀仍不思改革，骄奢自恣。据《竹书纪年》记载，他"筑倾宫、饰瑶台、作琼室、立玉门"，还日夜与妹喜及宫女饮酒作乐。民众的生活则十分困苦，每遇天灾则妻离子散。四方诸侯也多有背叛，夏王朝处于内外交困的局面。

但夏桀认为他的统治永远不会灭亡。他还召集所属各部落首领开会，准备发动讨伐其他部落的战争。这时候，商部落在汤的领导下日益兴旺了起来。后来，商汤在名相伊尹的谋划下，起兵伐桀，桀渡江逃到南巢（今安徽巢湖北岸），后又被成汤追上俘获，放逐在此。长约500年的夏王朝就此结束。

二里头遗址的发现有什么意义？

洛阳市偃师区二里头村距离洛阳市约18千米，就是在这里发掘出了夏代都城遗址。1959年，这里出土了大量石器、陶器、玉器等，其中小件青铜器如刀、爵、铃等，是我国迄今所见最早的青铜器。第三期文化层中发现两处大型宫殿夯土台基。其中，西

二里头一号宫复原图

一号宫面积万余平方米，中心大殿前面有广庭，四周有回廊，南面有三座大门。图为一座"四阿重屋"式的复原殿堂。

边一处面积约10000平方米，在台基中北部有一座面阔8间、进深3间的宫殿基址，四周环以廊庑。

二里头遗址包括偃师二里头、圪当头和四角楼三个自然村，总面积400万平方米，堆积着四期文化层。经考古发现，二里头文化遗址规模宏大，设施完备，内容丰富。宫殿、陵寝、房屋、道路、水井多有发现，还发现了当时的铸铜遗址及原始的青铜工具，其中有武器和酒器，说明我国青铜文化在夏代已经相当发达，同时也说明洛阳是我国最早进入青铜时代的地区之一。二里头晚期的文化层还出土了大量的玉制品，有琮、圭、璋等礼器。陶制品则更多，有陶塑的龟、猪、羊头以及陶器上刻画的一头二身龙蛇纹、龟纹和人物形象。这些考古发现既反映了夏代文化艺术的发展，也体现了古代洛阳人民的聪明智慧。

另外，考古工作者从二里头遗址的灰坑中发现了许多被埋葬的奴隶，体现了夏代奴隶主暴虐无道的统治。

鸣条之战有什么意义？

夏朝延续了400多年，到夏桀统治时，已是危机四伏。在夏朝逐渐衰落的过程中，黄河下游的商部落逐渐强盛起来。商汤即位后，将部族统治中心迁到南亳（今河南商丘市东南），并积极制订攻夏立国的计划。

约公元前1600年，商汤兴兵伐夏，夏桀仓促应战，西出拒汤，同商汤军队在鸣条展开决战。决战中，商汤军队奋勇作战，一举击败了夏桀的主力部队，夏桀败退后归依于属国三朡（今山东省菏泽市定陶区一带）。商汤乘胜攻灭了三朡，夏桀率少数残部逃往南巢，后被俘获并放逐于此，不久病死。商汤于是得到三千诸侯的拥护，取得了天下之主的地位，夏朝正式宣告灭亡。

鸣条之战是中国历史上第一场以暴力形式推翻没落王朝的战争，后人将这场战争称为"汤武革命"。鸣条之战是中国古代通过"伐谋""伐交""伐兵""用间"达到战争速胜的最早的成功战例，对后世战争的发展、军事理论的构筑，都产生了深远的影响。

商

玄鸟生商的传说是怎样的？

传说在远古的黄河之滨，一只玄鸟唱着歌儿从空中飞来，原始部落的人们一个个对它顶礼膜拜。一个叫简狄的女人，吞服玄鸟下的蛋后，怀孕生下男孩契。契就是传说中的商之始祖。《诗经·商颂·玄鸟》曰："天命玄鸟，降而生商。"这就是"玄鸟生商"的故事。

商族是黄河下游一个古老的部落，关于商族的起源，有数种说法，一说在北方辽河流域，一说在东方黄河下游的齐鲁地区，一说在今天冀南、豫北地区的漳水流域。

商族原是东夷旁支，以鸟作为氏族的

图腾。由商代甲骨文中可以找到鸟图腾的证据，卜辞上记载了商王对高祖王亥的询问、祷告或是祭祀，甲骨文上写王亥之"亥"字，上面均加一鸟形。王亥是商人的"高祖"，因此将氏族图腾符号"玄鸟"加在其名字旁边。《山海经·大荒东经》记载："有人曰王亥，两手操鸟，方食其头。"

是谁领导商推翻了夏王朝？

曾自比为太阳的夏桀最终因为自己的荒淫暴政倒在了历史的滚滚车轮之下。公元前1600年，商汤用武力推翻了夏朝最后一个君主桀，建立了商朝。

夏桀荒淫无道，商却走向了它的巅峰时代。趁着中央政权的腐败和无能，商汤领导下的商族开始向外扩展势力，积极进行灭夏的准备工作。商汤任用伊尹和仲虺为右相和左相，共谋伐夏。商汤先发兵消灭葛（今河南宁陵北），接着又大举兴兵，连灭韦、顾和昆吾等夏朝的属国，使夏桀失去了依靠。接着又联合另外的一些同盟部落，发动了灭夏的战争。商汤指挥大军在鸣条之战中消灭了夏朝军队的主力以后，继续追击，很快攻取了夏王朝的心腹地区，彻底将夏灭亡了。

此后，三千诸侯大会，商汤被推为天子。于是汤即天子之位，在亳（今河南商丘）正式建立了商王朝。由于商汤以武力灭夏，因而史称"汤武革命"。它打破了国王永定的说法，从此中国历代王朝皆如此更迭。

伊尹为何被称为"元圣"？

伊尹，生卒年不详，商初大臣，名挚。生于伊洛流域古有莘国的空桑涧，奴隶出身。因为其母亲在伊水居住，以伊为氏。尹为官名。

伊尹自幼聪慧，勤学上进，因父传所以烹调技术很高。他还努力钻研治国之道。商汤娶有莘氏之女为妻，伊尹以陪嫁奴隶身份来到商汤身边，很快得到商汤的信任，为其

伊尹像

灭夏建国立下了汗马功劳。商汤死后，伊尹曾辅佐外丙、中壬、太甲等。

伊尹在政治上主张"居上克明，为下克忠"。他强调"任官惟贤才，左右惟其人"。伊尹当了商朝几任国王的相，为商王朝能够延续近600年奠定了坚定的政治基础，成为我国历史上第一位贤相，后人尊他为"元圣"。

伊尹为什么要放逐太甲？

太甲，姓子，名至，是商朝第四位君主，其著名之处就在于先昏后明，知过能改，死后庙号为太宗，谥号为文王，与汤武王并称"商朝文武王"。汤在位时，太子太丁已死，汤死后，次子外丙得立，外丙做了两年商王就死了。他的弟弟中壬即位，四年后也死掉了，于是摄政的伊尹立太甲为王。

太甲比较任性，伊尹身为其老师，连写《伊训》《肆命》《徂后》三篇文章，试图将太甲拉入正轨。在伊尹的督导下，太甲即位后的前两年表现很好，但到了第三年，他便开始恣意妄为，贪图享乐，不理朝政。伊尹便给太甲找了所好房子——桐宫。

桐宫紧邻商汤墓地，伊尹让太甲去给祖父守墓。太甲住在桐宫，看到祖父的坟墓十

分简陋，又了解了很多祖父艰苦创业和仁厚慈善的事迹，终于醒悟。他一改以往火暴的脾气和任性的性格，变得稳重而睿智。

三年后，伊尹亲自率领文武百官将太甲迎回了亳。太甲复位后，遵守祖制，勤政爱民，天下大治，商朝逐渐繁荣。太甲在位23年，商朝稳步前行，太甲因桐宫悔过的事迹被后世称为"有成之君"。

商代的国家结构是怎样的？

商王以下有一套统治机构，分"内服"和"外服"，即王畿内外、中央和地方。

内服中负责政务的官叫尹，辅佐商王处理国家大事，古书中称为相，如成汤时的伊尹、仲虺，武丁时的师般（甘盘）、傅说等。尹以下有各种事务官，叫多尹，分别管理修建王宫、耕种王田、奉派出使等。主管各种手工业的叫司工。史官是文官，掌管祭祀、占卜、典礼、记录王事等。

外服是王畿外臣服于王朝的诸侯，其长官为侯伯，对商王朝负有边防、进贡、纳税和征伐等义务。也有商王派驻地方的督官，如管理农田种植的叫甸，管理畜牧的叫牧。

商代的军队以师为单位。师为军队的基本组织形式，为商王朝的常备军。商代的主要兵种是步兵和车兵，作战方式普遍使用车战。商代已经有了后世所说的五刑。甲骨文中的伐，是用戈砍头；黥，用刀在脸上刻文涂墨；劓，用刀割去鼻子；宫，用刀割去男子的生殖器；刖，砍去脚。幸，即手铐、脚铐；执，用幸铐双手；圉，即关人的监狱。商代的奴隶数量很多，被使用于生产和生活的各个领域。从事农业生产的叫众，用于手工业的叫工，用于畜牧的叫刍或羌刍，家内的奴隶叫妾、奚、仆等。

商王朝在商王的统治下，有着整套的统治机构，有数量巨大并有相当战斗力的军队，监狱刑法俱全，广泛使用奴隶。商代社会是一个相当严密有序的奴隶社会。

为什么商朝前期屡次迁都？

商朝从汤开始，到纣灭亡，共传十七代三十一王，近600年。其中有一个非常显著的现象，就是都城屡迁。汤最初建都于亳，其后五迁：中丁迁都于隞（今河南荥阳北敖山南）；河亶甲迁都于相（今河南安阳市西）；祖乙迁都于邢（今河北邢台）；南庚迁都于奄（今山东曲阜旧城东）；盘庚迁都于殷（今河南安阳西北）。如此看来，商朝前期迁都是一种传统。那么，商朝前期为何屡次迁都呢？

关于这个问题，古今学者众说纷纭，有水灾说、游牧说、游农说、去奢行俭说和王位纷争说。其中，为大多数学者所认同的是最后一种——王位纷争说。

这个推断，可以在《尚书·盘庚》中篇里找到证据。盘庚追述先王迁都的原因时说："殷降大虐，先王不怀厥攸作，视民利用迁。"这句话的意思是说，政治上的动乱和纷争，给人民带来无穷灾祸，先王并不固守他们创造的基业，为了人民的利益进行迁徙。那么，王位纷争所引起的社会动乱，为什么必须用迁都的办法来解决呢？因为在社会发展水平较为低下时，地利的作用格外重要。通过迁都来改变地利，从而削减贵族的实力，是商王的战略措施。这应该是促使商都屡迁的主观原因。

盘庚迁殷几乎遭到举国上下的反对，"民咨胥怨"，但主要阻力来自贵族，可见盘庚企图通过迁都打击贵族。通过迁都，他镇压了异己，商王权威上升了。盘庚迁殷以后，商代的政治、经济和文化都有了比较迅速的发展，到武丁时期便达到了商代后期的极盛。

"殷墟"指的是哪里？

殷墟是商朝后期的都城遗址，位于河南省安阳市区西北小屯村一带，距今已有

3300多年历史。因其出土大量的甲骨文和青铜器而驰名中外。

公元前14世纪，商朝第二十位国王盘庚将其都城从"奄"（在今山东曲阜），搬迁到风景秀丽、土地肥沃的"殷"地，即现在的安阳小屯村一带。直至商朝灭亡，作为商之首都，共经历了八代十二王，历时273年。后人称这段历史为殷朝，此地也被称为殷都。殷都被西周废弃之后，逐渐沦为废墟，被人们冠以"殷墟"的称谓而闻名于世。

"武丁中兴"是怎么回事？

武丁是商代后期功业最盛的君主。

武丁是盘庚之弟小乙之子。武丁年少时，曾在外与人们一起劳作，因而较了解稼穑之艰难。继位后，先为父守丧三年。亲政后，勤于政事，取得了上层人士的支持。他任用贤才，以傅说和甘盘二人"接天下之政，治天下之民"，力求巩固统治，增强国力。在其统治获得巩固的基础上，武丁对周围的方国进行了一系列的战争。他曾用两年的时间，向西北征伐鬼方部落，还向北打败了土方等部落，向南又讨伐了荆楚一带的部族，向东与夷方部落开战，向西则向羌方人进攻，为商王朝形成"邦畿千里，维民所止，肇域彼四海"的广大疆域奠定了基础。武丁在位59年，商朝的统治、经济、文化都得到空前的发展，达到极盛时期，史称"武丁中兴"。

占卜与甲骨文有何关系？

商人尚鬼，凡事必先经过占卜，询问神灵，然后才决定是否可行。

殷商人祭祀问卜的对象可分为三类：天神、地祇和人鬼。这些祭祀、祈祷活动都通过专司占卜的"贞人"来实施，他们通过某种神圣的仪式，向天帝、祖先和自然神咨询行事的吉凶祸福，他们是沟通天上和人间的桥梁。通过由占卜而得到的兆相来决定行事，是商人占卜的主要目的。

殷商时期占卜所用的甲骨首选是龟甲，其次是牛肩胛骨，当然还有牛的肋骨、臀骨。

烫灼是占卜活动的正式开始。将烧红的圆木在孔中旋转烫灼，由于钻孔处很薄，经高温烫灼后甲骨正面开裂，出现"卜"字形裂纹，这就是所谓的"兆纹"。在灼烫甲骨时，占卜者要一面祝祷，一面陈说所卜之事。

兆纹开裂的方向各不相同，就表示了对所占卜之事的吉凶预兆，然后由专门的巫师解读兆纹，以此定吉凶。

一般人总认为应该先刻上需要占卜之事，然后再进行占卜，预告吉凶。实际上刻写卜辞是占卜的最后一道程式。从甲骨堆放的集中、有序来看，刻写卜辞可能是占卜资料的归档。

此外，古文献有记载云："天子龟尺二寸，诸侯八寸，大夫六寸，士民四寸。"近代考古学者在对殷墟出土的甲骨进行研究后，也认同了这个观点。

何谓周祭之法？

为了报效祖先功德，商人盛行祭祀，但所祭对象和顺序却很凌乱，没有一定之规。祖甲即位后，创造了"周祭"之法。具体方法是：从每年第一旬甲日开始，按照商王及其法定配偶世次、庙号的天干顺序，用羽、彡、劦三种主要祭法遍祀一周。

周祭以旬为单位，每旬十日，都依王、妣庙号的天干为序，致祭之日的天干必须与庙号一致。如第一旬甲日祭上甲、乙日祭报乙、丙日祭报丙，直至癸日祭示癸；第二旬乙日祭太乙、丁日祭太丁；第三旬甲日祭太甲、丙日祭外丙。如此逐旬祭祀，一直祭到祖甲之兄祖庚。用一种祭祀法遍祭上甲到祖庚的先公先王，需要九旬。祭毕，再分别用另两种祭法遍祀，直到全部祭遍为止。周祭之法，使商人的祭祀系统臻于严密规范，因此盛行于商代后半期，并逐渐达到最高峰。

祖甲创立的周祭之法是祖先崇拜和宗教制度的最好体现。在上古文明中，各大民族都有自己的祭祀体系，周祭之法和古巴比伦、古埃及的祭祀法不同，是中国古代特有的祭祀系统。

中国第一位女将军是谁？

妇好是商王武丁第一任王后，祖庚、祖甲的母亲，死后庙号"辛"，是中国最早的女政治家和军事家，中国历史上第一位有据可查的女英雄。

1976年发掘的妇好墓中除了发现精美的骨刻刀、铜镜、骨笄、玛瑙珠等许多女性专用的饰品以外，陪葬品里还发现了大量的兵器，特别是一件重达九公斤、饰有双虎噬人纹、铭刻"妇好"文的大铜钺，格外引人注目。后经专家考证，认为这是她生前使用过的武器。钺在古代是军权和王权的象征，可以断定，她在那个时代是一位指挥千军万马的女将军。

在现存于世的甲骨文献中，"妇好"的名字频频出现。仅在安阳殷墟YH127甲骨穴中出土的一万余片甲骨中，"妇好"就出现过两百多次。据卜辞考证，妇好不但能带兵打仗，而且还是国家的主要祭司，经常受命主持祭天、祭先祖、祭神泉等各类祭典，又任占卜之官。商朝是个迷信鬼神的国家，所谓"国之大事，在祀与戎"。妇好既会打仗，又掌握了祭祀与占卜的权力，可能连武丁都要怕她三分。

傅说是如何由奴隶成为宰相的？

傅说出身很低微，原是一名在傅岩（今山西省平陆县以东的圣人涧）做苦役的奴隶，负责筑墙护路，修堤防洪。

相传，傅说长相很奇特，枯瘦、面黑、驼背，有个人对他十分感兴趣，这个人就是后来大名鼎鼎的武丁。武丁被父亲派到民间生活，与老百姓一同耕作，谁都不知道他是王室的人。某日，武丁来到傅岩，看到了长相很奇怪的傅说在用一种奇怪的方式筑墙，便走上前去与之攀谈，发现傅说睿智博学，于是武丁暗暗记住了傅说的相貌。

很久之后，一个当官的人来到傅岩，他召集所有人，拿着画像逐一对比，结果发现傅说和画像上画的人长得一模一样，于是就将傅说带走，去向武丁复命。武丁见后大喜："就是他，他就是我梦到的圣人。"

原来，武丁即位后思商复兴、求贤若渴，一直想将傅说召来辅佐自己，但是傅说是个奴隶，将其召来势必会遭到朝臣和贵族的反对，于是武丁就编了一个谎话，说自己梦到天神给自己推荐了一个圣人，他能辅佐自己治理天下。武丁找画师画出那个圣人的容貌，先象征性地在群臣中转了一圈，发现没有人能对得上号，就派大臣郑达去外面寻找，并暗地里嘱咐他去傅岩找，结果自然如愿。

武丁任命傅说为相，并赐予其"傅"姓，这就是傅姓的由来。之后武丁在傅说的辅佐下，开创了"武丁中兴"的盛世，将商朝推向了顶峰。

武乙射天是怎么回事？

一代雄主武丁死后，因为长子孝已被逼死，次子祖庚得立，然而他只在位两年就死了，王位由武丁第三子祖甲继承。祖甲淫乱，殷商开始衰败。祖甲死后，传位给儿子廪辛；廪辛死后，其弟康丁继位；康丁死后，传位给儿子武乙。

武乙让人缝制了一个大皮囊，灌满了兽血，挂到高高的榆树上，对人们说，这就是天神，看我和他比试一番。正当人们诧异时，只见武乙挽弓搭箭，"嗖"的一声，长箭飞出，正中皮囊，皮囊立马皮开肉裂，鲜血四溢，然后就"扑通"一声从树上掉了下来。围观的群众立刻脸色大变，惊恐万分。但是武乙却得意扬扬，又开始了自己的精彩演讲，大意是：天神也就那么点儿本事，被我射了个大窟窿。因为天神即是天，此事被称作武乙囊血射天。结果，据《史记》等史书记载，武乙在黄河和渭水之间游猎的时候被雷劈死了，遭到了上天的惩罚。

其实，武乙这么做是有原因的。因为商朝的巫史权势很大，到武乙时，神权已经压倒了王权，经常假借天意限制商王的行动，武乙于是想方设法打击神权势力。现在，很多学者认为武乙不是被雷劈死的，而是死于对西方方国的战斗中。

"殷有三仁"是什么意思？

《论语·微子》中称赞微子、箕子、比干为殷商时代的三个"仁"人。微子，名启，是纣王的同母兄弟；箕子，名胥余，曾任殷代的太师，他和比干均是纣王的叔父。

纣王虽能文能武，但不守先王之道，不敬鬼神，是历史上有名的暴君。据史书记载，他的暴虐行为主要表现在两个方面：一是"好酒淫乐，嬖于妇人。爱妲己，妲己之言是从"；二是"重刑辟，有炮烙之法"，诛杀忠臣，包括醢九侯，脯鄂侯，剖比干，囚箕子。

纣王"淫乱不止"，而殷的西方，周人势力迅速发展。微子便去劝说纣王，纣王不听，微子就离开了纣王，逃到民间隐藏起来。比干说："做大臣的人，不能不冒死劝谏国君。"于是态度强硬地劝谏纣王。纣王发怒道："我听说圣人的心脏有七窍。"便命人剖开比干的胸膛，取出他的心脏来观看。箕子因害怕而假装癫狂，扮成奴隶，纣王还是把他关押了起来。

孔子有感于微子、箕子、比干三人至诚恻怛之心，赞叹地说："殷有三仁焉。"

纣王是如何亡国的？

帝辛本名受德，后世称商纣王，在位30年。他是商朝最后一个君主，都城在沫邑，后改沫邑为朝歌（今河南淇县）。

帝辛继位后，重视农桑，社会生产力快速发展，国力强盛。他继续对东夷用兵，阻止了东夷向中原扩张，把商朝势力扩展到江淮一带。帝辛统一东南以后，把中原先进的生产技术和文化向东南传播，推动了社会进步和经济发展，促进了民族融合。但帝辛在位后期，居功自傲，过着穷奢极欲的生活，使国库日渐空虚。他刚愎自用，不听劝谏，杀比干，囚箕子，最终失去了人心。

公元前1046年，周武王联合西方11个小国会师孟津，乘机对商朝发起进攻。在牧野之战中，大批商军士兵倒戈，周兵攻下朝歌。帝辛登上鹿台，穿上豪华的珠玉衣服，自焚而死。商亡。帝辛死后，葬于淇水之滨，今墓尚存。

哪个朝代的人殉最为严重？

人殉，就是用人殉葬。殉葬本是一种古老的风俗，古代人认为，人死后还会同生前一样生活，因而在人死后，将其生前用过的物品随葬。原始社会时，人们只是把工具、武器、日用品等和死者埋在一起。到了奴隶社会，奴隶主死后，不但用自己的妻妾、亲信等陪葬，更多的是将大量奴隶杀死或活埋来殉葬，让他们在"阴间"继续供主人役使。人殉的风气，在商代达到了顶峰。

商代前期，人殉现象已经相当普遍；到了后期，大中型墓葬几乎都有人殉。当时人殉成为一种制度："天子杀殉，众者数百，寡者数十；将军大夫杀殉，众者数十，寡者数人。"据考证，杀殉的办法是将奴隶们十人或二十人一排，反绑着牵入墓道，东西成行地面向墓室跪着，砍下头后将尸体埋入，再填上土夯平。每夯一二层便继续杀殉一批奴隶。除了商王朝统治的中心地区外，各地奴隶主用人殉葬的情况也很惊人。如在山东青州苏埠屯发掘的一座奴隶主大墓里，有

48名奴隶殉葬，而且多数是十二三岁的少年。商王和大奴隶主贵族的陵墓，成了堆积奴隶尸骨的万人坑。商代的人殉数量之多，手段之残忍，范围之广泛，骇人听闻，充分暴露了奴隶主阶级野蛮残暴的阶级本性和奴隶社会血淋淋的阶级关系。

西 周

有哪些关于周室始祖的传说？

周的始祖名弃，曾经被尧举为"农师"，被舜命名为后稷。

据《史记·周本纪》记载，姜嫄在野外因为踩到巨人的脚印而怀孕，生下一子屡次丢弃，但每次婴儿都得救，姜嫄觉得有神保佑，就把他养大成人，命名为弃。弃长大后很擅长种植五谷，成果丰硕，农人纷纷效法，影响很大。帝尧便封他为农师。弃"教民稼穑"，天下尽得其利，于是帝舜封弃于邰，赐号"后稷"。其后子孙繁衍，逐渐强大，是为周。

后稷的母亲姜嫄，出身于以羊为图腾的氏族。在母系氏族社会时期，婚姻已发展到禁止族内婚配的阶段，姜氏的女子必须与另一个图腾氏族的男子婚配，才是合法的。

而姜嫄所处的时期，诸部落多以动物为图腾，传说黄帝就曾率六兽（熊、罴、黑、貅、貙、虎）之师讨伐炎帝。《史记·五帝本纪》说："故黄帝为有熊氏。"姜嫄履大人之迹而生子，即踩熊迹而生子。由此可见，后稷的父亲是黄帝部落的人。

古公亶父为何要远迁岐山？

据推算，古公亶父是轩辕黄帝的第17代孙，周祖后稷的第12代孙。古公亶父在周人发展史上是一个上承后稷、公刘之伟业，下启文王、武王之盛世的关键人物。古公亶父是周文王的祖父，"积德行义，国人皆戴之"，而戎、狄等游牧部落却常常侵逼其领导的豳国。

有一次，西北边地的戎狄进攻豳国，想掠夺财物，古公亶父给了他们许多财物。当戎狄再次进攻掠夺土地与人民时，古公亶父只带了少量的私人亲属与部属，离开豳国，越过梁山，渡过漆水与沮水，定居在岐山南面山下（现今陕西关中西部的岐山县东北及扶风县北部一带的周原）。古公亶父不同意人民进行反击战，他说："戎狄武装进攻，是想得到土地与人民。人民归我领导，或者归他们领导，没有什么区别。假如人民因为我个人的原因去进行战斗，用拼死的手段去达到我当君主的目的，这样的事我不会去做。"

古公亶父这次迁徙，受到本国和旁国民众的热烈拥护。不仅原来豳地的民众扶老携幼跟从他，旁国民众也有很多人归附他。古公亶父新建的诸侯国，第一年有三千户，第三年便达到一万五千户。

文丁为何杀功臣季历？

季历是周太王古公亶父的幼子，武乙时继位为周侯国。武乙曾授季历以征伐之权。季历率兵西灭程（今陕西咸阳），北伐义渠（今宁夏固原），生擒义渠首领。随后，季历又征伐西落鬼戎（即鬼方），俘获大小头目二十人。文丁为商王时，季历又率兵征伐余吾戎（今山西长治市西北），迫使其降服于周。文丁任命季历为殷牧师，执掌商朝西部地区的征伐事宜。

其后，季历又征伐始呼戎、翳徒戎，声威大振。文丁为此而感到恐惧，决心抑止周的发展。季历到殷都献俘报捷，文丁赐给他很多犒赏，加封为西伯，使季历毫无戒备之心。当季历准备返周时，文丁突然下令囚禁季历。不久，季历死于殷都。

"文王拘而演《周易》"是怎么回事？

周文王姓姬，名昌，纣王时为西伯，亦称"伯昌"。史书记载，商末，由于姬昌广施仁德，礼贤下士，发展生产，深得人民的拥戴，由此引起商纣的猜忌和不满，昏庸残暴的纣王将姬昌囚禁于当时的国家监狱——羑里城。姬昌被囚后，殷纣王以种种野蛮手段对其进行侮辱和折磨，甚至将其长子杀害后做成肉羹逼他吞食。

姬昌在被囚禁的七年中，将伏羲的先天八卦改造成后天八卦。八卦代表世间万物的八种基本性质，万事万物的性质可以抽象为八种，但具体的事物则是无穷无尽的，不可能只有八种，故而"八卦小成"，不能反映复杂的变化。"引而伸之，触类而长之"，"因而重之，爻在其中矣"，就是八卦每卦都可以为太极，以本气相推，与八卦相叠，遂成八八六十四卦，反映宇宙间不同的复杂变化，并提出"刚柔相对，变在其中"的富有朴素辩证法的观点，完成了《周易》这部千古不朽的著作。这便是历史上著名的"文王拘而演《周易》"的故事。《周易》以占筮的形式推测自然和社会的变化，几乎涵盖了人类社会的全部内容，被誉为"群经之首"。

为什么说周文王是仁厚之君？

周文王姓姬，名昌，是古公亶父之孙，季历之子，武王之父。商纣时为西伯，亦称西伯昌。《史记·周本纪》记载，他继承先祖开创的事业，仿效祖父古公亶父和父亲季历制定的法度，施行仁政。在治岐期间，对内奉行德治，提倡"怀保小民"，大力发展农业生产，采用"九一而助"的政策，即划分田地，让农民助耕公田。对外招贤纳士，对许多外部落的人才，都以礼相待，予以任用。岐周在他的治理下，国力日渐强大。

周文王有一次生病，卧床休养到第五天，都城内出现轻微"地动"（地震）。群臣恐慌，对文王说："王病五日而都城地动，看来地动是为王而发。请王下令加高城墙、加固工事，以使地动移走。"文王说："天降灾祸是惩罚罪人，看来是我有什么过错导致了天怒，大兴土木于事无益，不如施行善政、造福百姓，来使上天息怒。"文王于是严守礼节，并派使者带着贵重礼物与四方诸侯交好，还给贤能之士分发封赏，让他们各尽其能来工作。不久，文王痊愈，"地动"也再未发生过。

文王派人挖土建房，从土中掘出一具尸体。手下人说："这是无主的尸体，不需理会。"文王说："我为一国之主，这尸体不就是属于我的吗？主人怎能任其裸露？"遂命人给尸体穿衣，装进棺材中埋葬。听到这件事的人无不感叹文王的仁厚。

历史上的姜子牙是怎样的一个人？

姜子牙，姜姓，吕氏，名望，字子牙，也称吕尚、姜尚，俗称姜子牙，商朝末年人。

当时，姜子牙听说西伯姬昌施行仁政，便来到了周领地的渭水之滨，寻找大展宏图的机会。

受到文王礼遇之后，姜子牙对内制定了一系列发展经济的政策，如实行"九一租税制"；对外，则实行韬光养晦的政策。

周武王姬发继位后，继续为兴周灭商而努力，拜姜子牙为国师。

待周羽翼丰满之后，姜子牙统领大军以吊民伐罪为号召，联合诸侯各国出兵直取商都。经过牧野一战，大败商军。中国历史上的殷商王朝至此便宣告灭亡了，姜子牙终于完成了扶周灭商的宏图大业。由于姜子牙在兴周灭商中建有殊勋，武王姬发把姜子牙封到了齐地，成为周代齐国的始祖。

姜子牙的一生，在军事、政治、经济、思想等方面都有卓越贡献，其中尤以军事方面为最高，称得上是兵家之鼻祖、军事之渊薮。历代典籍都公认他的历史地位，儒、道、法、兵、纵横诸家皆追他为本家人物，他也因此被尊为"百家宗师"。

姜太公是怎样得遇周文王的？

自古就有姜太公钓鱼——愿者上钩的说法，说的就是姜太公与周文王的故事。那么历史上，他们到底是怎样相遇的呢？

据《史记·齐太公世家》记载，姜子牙年老时生活贫寒，以钓鱼维持生计。有一次，周文王在出外狩猎之前，占卜一卦，卦辞说："所获非龙非螭，非虎非罴；所获霸王之辅。"周文王于是出猎，果然在渭河北岸遇到姜太公，与他谈论后周文王大喜，说："我国先君曾说：'定有圣人来周，周会因此兴旺。'说的就是您吧？我们盼望您已经很久了。"因此称吕尚为"太公望"，后来尊其为太师。

你知道"孟津观兵"吗？

据《史记·周本纪》记载，武王九年（大约公元前1059年）夏天，周军东进，到达黄河南岸的孟津。姜子牙严申军法，号令将士："冲向对岸，后至者斩！"霎时间，周军将士奋勇争先，千舟竞渡，前来助战的各路诸侯以为真要过河击商，谁知周军刚渡到对岸，便马上返了回来。原来这是一次军事演习。接着，周武王在此举行了誓师仪式，发表了声讨商纣王的檄文。这就是历史上著名的"孟津观兵"（或"孟津之誓"）。这次观兵的目的，是武王和姜子牙要实测一下各路诸侯的动向。孟津观兵之后，诸侯皆说：

"商纣可伐！"但武王和吕尚认为，当时商朝统治区虽成土崩之势，但内部尚无瓦解之兆，时机还不成熟。于是，周军断然班师回朝。

为什么周军要兴师动众地搞这么一次军事演习呢？

武王即位时，东至嵩高（即嵩山，在今河南省登封市），南及江汉，北上太原，西到巴蜀，这广大范围内的所有邦国和大部分少数民族部落都已归附周。其他地区的"殷之叛国"也越来越多。虽然如此，武王不知道当年答应他父亲共同伐纣的人还有多少人会拥护他，于是他和姜子牙才走了这么一步妙棋。这次行动是周灭殷商前的一次政治、军事预演，也是对天下人心向背的一次实测。此举又吸引了更多的诸侯听命于周，为后来的牧野之战积累了更大的势力。

牧野之战有什么重要意义？

公元前1046年，周武王亲率大军东征。不久后，周军抵达孟津，与庸、卢、彭、濮、蜀、羌、微、髳等部族会合，联军总数达4.5万人。

纣王惊闻周军来袭，无奈此时商军主力远在东南地区，无法即时征调，只好仓促武装大批奴隶、战俘，连同守卫国都的军队，开赴牧野迎战。

《逸周书·克殷》记载，周军先由吕尚率数百名精兵上前挑战，震慑商军并冲乱其阵脚，然后周武王亲率主力跟进冲杀，将对方的阵形彻底打乱。商军中的奴隶和战俘纷纷倒戈，商军迅速崩溃。纣王见大势已去，自焚于鹿台，商朝正式灭亡。

牧野之战是中国历史上以少胜多、以弱胜强、先发制人的著名战例，也是中国古代车战初期的著名战例。它终结了近600年的商王朝，确立了西周王朝的统治，为西周时期礼乐文明的全面兴盛开辟了道路。牧野之战中所体现的谋略和作战艺术，也对中国古代军事思想的发展具有不可估量的意义。

贤士商容为何不愿为官？

传说，纣王时期，主管祭祀宴会的乐官叫商容，因为严格遵循礼仪制度，妨碍纣王恣意寻欢作乐，被罢官后流落民间。他想积聚力量讨伐纣王，但力量不足，就到太行山躲了起来。

牧野之战胜利之后，周武王进入朝歌，听说了商容的义举，就在商容住过的街巷竖立旌旗，以示表彰。还想任用商容做三公，但商容推辞说："我不能规劝暴君，而只能躲避，是缺乏勇气；仇恨暴行又不能讨伐，这是愚蠢。一个无勇的蠢人怎么能当三公呢？"武王感叹说："商容真是一位贤人啊！"

箕子为何远走他乡？

箕子，是文丁的儿子，帝乙的弟弟，纣王的叔父，官至太师，封于箕（今山西太谷、榆社一带）。因为劝谏而触怒纣王，最后不得已装疯避祸。武王伐纣之后把他从监牢里释放出来。武王想留他在周朝，委以重任。但箕子不愿做周的顺民，因此不肯再出山，武王无奈而走。

据说，箕子一行到了黄海边，便乘了木筏向东漂去。几天后登上了一岛，因见山明水秀，芳草连天，一派明丽景象，便将那地方叫作朝鲜。从此，箕子带领的五千余人在那里定居下来。

周公是如何辅佐成王的？

灭商归来后，武王身染重病，不久就病故了。

武王死后，十多岁的太子诵继位，是为成王。武王之死使整个国家失去了重心，形势迫切需要一位既有才干又有威望的能及时处理问题的人来收拾这种局面，这个责任便落到了周公肩上。周公是武王的弟弟，采邑在周，故称周公。周公摄政后，发挥了王的作用。

公元前1042年，管叔、蔡叔鼓动武庚一起叛周。这对刚刚建立三年多的周朝来说，是个异常沉重的打击。周公首先稳定内部，保持团结，说服太公望和召公奭。第二年（公元前1041年），周公进行东征，讨伐管、蔡、武庚。经过三年的艰苦作战，终于平定叛乱，征服了东方诸国，收降了一大批商朝贵族。同时斩杀了管叔、武庚，放逐了蔡叔，巩固了周朝的统治。

平叛以后，为了加强对东方的控制，周公建议成王营建东都洛邑。然后在这里正式册封天下诸侯，并且宣布各种典章制度，也就是所谓的"制礼作乐"。同时，周公开始实行封邦建国的方针。他先后建置71个封国，把武王的15个兄弟和16个功臣，派到封国去做诸侯，以作为捍卫王室的屏藩。另外，在封国内普遍推行井田制，将土地统一规划，巩固和加强了周王朝的经济基础。

周公制礼作乐的第二年，也就是周公摄政的第七年，周公把王权彻底交还给成王。周公归政后，把主要精力用于制礼作乐，继续完善各种典章法规。年老病终前，他叮嘱说："我死之后一定要葬在成周，示意天下要臣服于成王。"成王则将他葬于文王墓旁以示尊崇，表示不敢以周公为臣。

周公是怎样以赤诚感化召公的？

东征平叛后，姜太公被封到齐国，周朝"三公"只剩周公、召公两人。由于成王年幼，周公几乎代理周王的一切政事，发布各种诰命都以周王的身份、口吻，召公渐渐对这种情况产生不满。成王对"二公"的矛盾很头痛，最后决定让二人分区各治，陕以西由召公治理，以东则由周公治理，这样，召公就留在宗周，周公则留在成周。

周公为了消除召公对自己的误会，写了一篇很长的诰词，开诚布公地表达了自己的心意。他说:"殷朝失掉了天命,周朝得到上天的护佑,但我们周室能不能永远昌盛,决定于我们能不能发扬文王的贤德。你说过,我能担当辅佐的大任,我也始终勤劳谨慎。殷是因为有众多贤臣的辅佐才延续数百年,这是我们必须吸取的经验。现在天子年幼无知,我们这些有德的长者怎能不兢兢业业、尽心辅佐?我绝不是为了子孙在谋求私禄,希望你放开心胸,消除误会。以前正因为你我二人和睦努力,才有上天的福泽。奭啊,我虽然不该说这么多话,但我实在是忧虑周的江山啊!"召公被周公的胸襟所感动,二人消除误会,更加团结。这篇诰词后来题为《君奭》,被收入《尚书》。

熊绎封楚的目的是什么?

周公平定四方叛乱,分封诸侯镇守边疆时,对南方叛乱无常的楚族特别关注。他经过反复思考,决定代表成王把鬻熊的曾孙、熊丽的孙子熊绎封到荆山西南今湖北秭归的长江边上。周公定熊绎封国的爵级为"子",分以方圆五十里的土地,在那里建立楚国,因此其国君称"楚子"。熊绎果然没有辜负周公的期望,他建立楚国后,经常跋涉山川,远道而来朝见成王,并贡献那里的土特产。

不过,熊绎对周王室的依顺,是暂时的权宜之计。后期,熊绎就把都城从秭归东迁了二三百里到今枝江市。楚人迁来后,由于经济发展的先进性,自然就成了那里土著蛮族的首领,周围的蛮族都顺服于楚,楚国很快发展壮大起来。

周王室封熊绎建立楚国,本想利用熊绎使楚族顺服,又利用楚族制服南方的蛮族,把楚国作为周朝在南方的屏障。不料楚国利用优越的自然条件和地理环境,征服周围的蛮族部落,在成王、康王二代积蓄力量,到昭王时就开始反叛周朝了。

成周、宗周分别指哪里?

周国原来的都城镐京在偏远的西部,已经不能适应统治天下的新形势。武王早已认定洛邑是天赐的福地,因此灭殷后就没有把九鼎迁到镐京,而是迁到了洛邑。周公摄政时,决定在这块"天室"之地兴建新都。

新都按照当时的都城规范建设,为四方形,边长九里。城外有郭,边长二十七里。城的四面各有三座城门,一共十二座。城内道路是棋盘式的网格,纵九经,横九纬。新都建造了将近三年,周公把新都命名为"成周",就是成就周室。同时,镐京改名为"宗周",就是周室的祖先之地。

宗法制是什么制度?

宗法制是按照血统远近以区别亲疏的制度。早在原始氏族时期宗法制就有所萌芽,但作为一种维系贵族间关系的完整制度形成和出现,则是周朝的事情。

夏、商、周被史学家称作"三代"。据《独断》记载,三代的"一夫多妻制"情况是这样的:"天子取十二,夏制也,二十七世妇。殷人又增三九二十七,合三十九人,八十一御女。诸侯一取九女,象九州,一妻八妾。卿大夫一妻二妾。士一妻一妾。"众多嫔妃、妻妾所生的一大堆子女如果不划分个先后次序,那就会乱套。这个章法就是以母亲的身份和孩子出生的先后,把所有的儿子(女儿不在其中)划分为"嫡"和"庶"两类。正妻为嫡,正妻所生的儿子谓嫡生、嫡子,即正宗之意。庶,旁支也,妾所生的儿子谓庶子、庶出。嫡长子为大宗,其余嫡子及庶子为小宗。

夏、商两代的国家最高元首称"帝"。夏朝的帝位由儿子接任,偶尔也有传给兄弟接任的。商朝的帝位大多传给弟弟,最后由最年幼的弟弟再传给长兄的长子。周王朝的王位明确规定只传嫡长子，而且是"传嫡不传庶，传长不传贤"。自此宗法制度被作为立国的原则世世代代延续了下来。在宗法制度下，"天子建国，诸侯立家，卿置侧室，大夫有贰宗，士有隶子弟"（《左传·桓公二年》），形成了系统而完整的制度。宗法制的一个关键内容是严嫡庶之辨，实行嫡长子继承制。其目的在于稳固贵族阶级的内部秩序。这一制度依靠自然形成的血缘亲疏关系以划定贵族的等级地位，从而防止贵族间对权位和财产的争夺。

周朝的分封制是怎么来的？

根据宗法制"传嫡不传庶，传长不传贤"的精神，周王朝规定：只有嫡长子才是继承王位或爵位的唯一合法者，这就使弟统于兄、小宗统于大宗。庶子虽然不能继承王位，但他们可以得到次于王位的其他爵位。为此，周王朝依据宗法制度的基本原则，又创设了"分封制"，其具体办法是：

第一，周王朝的国王以都城镐京为中心，沿着渭水下游和黄河中游，划出一大片土地，建立由周王直接统治的中央特别行政区，此谓之"王畿"。

第二，"王畿"以外的全国所有土地，划分为大小不等数块，分封给各路诸侯。诸侯国的分封有两种情况，其一，同姓封国。凡姬姓的周王室亲族，每人都可分到一块土地，在那里建立封国，此即同姓诸侯国。周初，先后分封了71个诸侯国，其中同姓诸侯国占大多数。其二，异姓诸侯。这又可分为两种情况：一是分封少数有功之臣；二是分封一些既不能征服又要防止其作乱的部落以笼络人心。

周王朝分封诸侯国之后，上古长期存在的"部落"自此逐渐消失，为封国所代替。周初封国地位平等，直属中央管辖，但国君的爵位各有高低，故封国的面积也大小不一。周王朝将封国国君的爵位分为"公、侯、伯、子、男"五级，五级以下还有第六级"附庸"。附庸国的面积更小，附属于附近较大的封国。这五级爵位的产生，系根据宗法制的大宗、小宗关系而定。

伯夷和叔齐的故事是怎样的？

商朝后期，当时孤竹国（今河北省秦皇岛市）国君生了三个儿子，长子名允，字公信，后来谥号为伯夷。幼子名智，字公达，后来谥号为叔齐。孤竹国君生前有意立叔齐为嗣子，继承他的事业。后来孤竹国君死了，按照当时的常礼，长子应该即位。但清廉自守的伯夷却说："应该尊重父亲生前的遗愿，国君应由叔齐来做。"于是他就悄悄地离开了孤竹国。大家又推举叔齐做国君。叔齐说："我如果当了国君，于兄弟不义，于礼制不合。"后来，他也跑到孤竹国外去了，和他的长兄一起过流亡生活。无奈之下，人们只好立中子继承了君位。

伯夷和叔齐听到西伯周文王兴起，国内稳定，生产发展很快，便相约到周国去。但是走在中途，就遇见了周武王伐纣的大军，原来这时周文王已经死去，周武王用车拉着周文王的灵柩奔袭商纣王。他们二人大失所望，并认为父死不埋葬，就发动战争，是不孝；以臣子身份来讨伐君主，是不仁。伯夷和叔齐认为这种做法太可耻了，发誓再也不吃周朝的粮食。但是当时各地都属于周朝了，他们就到首阳山上采薇菜充饥，后来饿死在首阳山之上。

他们的让国和不食周粟、以身殉道的行为，得到了儒家的大力推崇。儒家认为，人生价值不在于一个人能获得什么功名利禄，而在于后世对他的评价中所体现的人生价值，这就是所谓的留名千古。

"成康之治"是怎么回事？

"成康之治"是西周时周成王、周康王相继在位的四十余年间所形成的安定强盛的政治局面。

周成王及其子康王继承文王和武王的功业，务从节俭，克制多欲，以缓和阶级矛盾；又令周公制礼作乐，开展王朝各种典章制度的创立和推行，大规模进行自周武王时开始的分封制。西周分封，是以宗法血缘关系为纽带，建立起周天子统辖下的地方行政系统，从而在一定时期内起到了加强周王朝统治的作用。

分封制还为维护天子、诸侯、卿、大夫、士这一等级序列的礼制的产生，提供了重要前提。成康时代的诸侯，均由中央直接控制。康王之世，周还曾命诸侯征讨淮夷、东夷，加强对异邦的控制。

成康时期是周最为强盛的阶段，这一时期国力强盛、经济繁荣、文化昌盛、社会安定，史称四十余年未曾动用刑具。

昭王南征结局如何？

姬瑕，即周昭王，周朝第四代王，周康王之子。昭王欲继承成康事业，继续扩大周的疆域，从昭王十六年（公元前980年）开始，亲率大军南征荆楚，经由唐（今湖北随州西北）、厉（今湖北随州北）、曾（今湖北随州）、夔（今湖北秭归东），直至江汉地区，大获财宝，铸器铭功。

昭王十九年（公元前977年），昭王率大臣祭公等，以成卫宗周（镐京）的西六师再攻荆楚。在此期间，昭王进军十分顺利，沿途未遇到像样的抵抗。然而，当回师汉水时，周军却遭到了荆楚部队的强烈抵抗，同时又遭遇了异常的天气。相传昭王抵达汉水边，强迫当地船夫运送周军渡河。汉水边的土著痛恨周人的骚扰，便暗中破坏，给了昭王一艘用胶黏合的大船，结果船行至河心时解体，昭王不识水性，被淹死了。荆楚军队趁势出击，全歼群龙无首、陷入混乱的西六师于汉水中。这就是历史上著名的"昭王丧六师于汉水"。

南征的失败，不仅是周王朝由盛到衰的转折点，也是楚国强大到足以与周王朝抗衡的一个标志。后来楚国更成为春秋五霸之一，雄踞南方，问鼎周疆。

穆王西游有什么经历？

周穆王，名姬满，是周昭王的长子。在周昭王被淹死后继位为王。周穆王励精图治，勤修德政，逐渐恢复了国家的元气。

周穆王十三年（公元前964年），穆王以造父为车夫，伯夭做向导，驾着八匹骏马，带着七队精选的勇士，携带着大量珍宝，选了个好日子，从镐京集合完毕，就出发了。他们首先浩浩荡荡地沿着渭水向东前进，到了孟津，渡过黄河，然后沿太行山西麓向北挺进，直达阴山脚下，转而向西行进，到达"飞鸟之所解羽"的昆仑山，观"黄帝之宫"。之后，他们又向西走了很远，到达了一个风景秀丽的国家，即"西王母之国"。

后来，周朝发生了徐偃王叛乱，穆王听说后，决定动身返回。临别时，周穆王和西王母约定三年后再来，但是周穆王没有履行承诺，一去不复返。周穆王西游时，与沿途民族进行了频繁的物资交流，受到了当地人民的热情接待，促进了对外交流，这是中国与西域进行交流的最早记录，有着重大的历史和地理意义。

"国人暴动"是怎样爆发的？

西周到周昭王、周穆王时期，由于贵族内部的分化现象越来越严重，许多失势的贵族和贫困的士阶层的社会地位不断下降，无奈在城中与一般平民杂处，成为"国人"的组成部分。另外，在"国人"中还有百工、商贾等工商业者以及社会的下层群众。

周夷王死后，其子周厉王继位。为了改变朝廷的经济状况，周厉王任用荣夷公为卿士，实行"专利"政策，规定山林湖泽改由天子直接控制，不准国人进入谋生。

周都镐京的国人因不满周厉王的政策，怨声载道。周厉王又命令卫巫监谤，禁止国人谈论国事，违者杀戮。在周厉王的高压政策下，国人不敢在公开场合议论朝政。人们在路上碰到熟人，也不敢交谈招呼，只用眼色示意一下，然后匆匆地走开，这就是"道路以目"。

周厉王的高压政策，进一步激化了社会矛盾。公元前841年，因不满周厉王的暴政，镐京的"国人"集结起来，手持棍棒、农具，围攻王宫，要杀周厉王。周厉王下令调兵遣将。臣下回答说："我们周朝寓兵于国人，国人就是兵，兵就是国人。国人都暴动了，还能调集谁呢？"周厉王只好带领亲信逃离镐京，一直逃到彘，并于周共和十四年（公元前828年）病死于该地。

"国人暴动"动摇了西周王朝的统治，导致周王室日趋衰微，逐步出现了分崩离析的局面。

什么是共和行政？

周厉王逃跑后，国内无君。于是众大臣们经过商议，推举了召穆公和周定公主持贵族会议，暂时代替周天子行使职权。召穆公是召公奭的后代，而周定公是周公旦的后代。

召公和周公共理朝政，号称共和，这一年被称作共和元年，即公元前841年。中国在此之前的历史大多属于传说，主要是通过文物考古证实的，缺少文献依据，但从这一年起，史官开始做编年体记录，进而有了明确而不间断的纪年，意义非常重大。同时，"共和"一词也由此诞生。共和十四年，周厉王死于彘，此时太子静已经长大成人，于是，召公和周公扶立姬静即位为王，是为周宣王。

宣王中兴是怎么回事？

周宣王即位后，任用召穆公、周定公、尹吉甫等大臣整顿朝政，使日渐衰落的周朝一时复兴。

宣王的主要功业是讨伐侵扰周朝的戎狄和淮夷。宣王四年（公元前824年），任命秦仲为大夫，攻西戎，结果被杀。宣王又命其子秦庄公兄弟五人伐戎，得胜。宣王五年（公元前823年），宣王与尹吉甫一起伐猃狁（即西戎）于鼓衙（今陕西澄城西北）。尹吉甫在征讨猃狁的战争中起了重要作用，率师直攻至太原（今甘肃镇原一带），迫使猃狁向西北退走。对于侵犯江汉地区的淮夷，宣王命召穆公及卿士南仲、大师皇父、大司马程伯休父等率军讨伐，沿淮水东行，使当地大小方国中最强大的徐国臣服，向周朝觐见。宣王十八年（公元前810年），南仲派驹父、高父前往淮夷地域，各方国都谨遵王命，并进献贡物。这一时期，宣王还曾命方叔率师征伐荆蛮（即楚国）。

宣王的一系列作为使周朝再次稳定昌盛起来，但为时较短。宣王连年对外征战，耗费了大量人力、物力、财力，虽然使西周疆域扩大不少，但也在一定程度上加速了西周的灭亡。

第二篇

群雄逐鹿，中原争霸
——春秋、战国

春 秋

郑国为什么与周王室交恶？

郑武公、郑庄公父子先后担任周平王的卿士，权力很大。周平王因此大为不满，于是就暗暗把一部分权力托付给虢公。郑庄公发现了这个事情，就埋怨周平王。于是周、郑交换人质。周朝的王子狐在郑国做人质，郑国的公子忽在周朝做人质。

公元前720年，周平王去世了。在郑国为人质的王子狐还没有回到洛邑继位也去世了，王子狐的儿子姬林登基，是为周桓王。周桓王继位后便开始暗中谋划，准备把辅政大权交给虢公。这件事情引起了郑庄公的不满，郑国的祭仲领兵抢掠周王室的温地（今河南温县南）的麦子。秋天，又割取了周王室（今河南洛阳市东）的谷子。这些公然的挑衅行为使郑国和周王室的关系全面恶化。

公元前707年，郑国和周王室的长年积怨终于爆发为战争。大国争霸的时代正式开始。

郑庄公为何掘地见母？

《左传·隐公元年》记载，郑庄公弟兄二人的母亲武姜因生庄公时难产，因此对他心生厌恶，取名"寤生"，相反对其弟弟叔段却百般宠爱。寤生是老大，按照古制，顺理成章地继承了王位，成为郑国君主。母亲武姜更加心怀不满，千方百计培养叔段的势力，以便强大后取代庄公。于是她就替叔段请求封到京邑（在今河南省荥阳市东南约二十里），庄公同意了。叔段到京邑后，称京城太叔，招兵买马，修筑城墙，准备谋反。

郑庄公二十二年（公元前722年），叔段认为时机成熟，就和母亲商量谋反日期，而郑庄公早已发现他们的阴谋，即派公孙吕率二百辆兵车包围了京邑，叔段被迫逃到共城（今河南辉县市）后自杀。

庄公怨母甚过叔段，扬言"我俩不到黄泉不再见面"，后将武姜送到颍地（今河南省登封市颍阳）居住。过了一段时间，庄公有心与母亲讲和，又碍于先前说过"不到黄泉不见面"的话而有所顾忌。这时，颍地官员颍考叔给他出了一个主意。颍考叔在京邑很快挖成了一条地道，请庄公和母亲在那里见面。母子二人见面后抱头痛哭，从此言归于好。这就是著名的"掘地见母"的故事。

"大义灭亲"有何典故？

文学作品中，人们常用"大义灭亲"来形容一个人的高风亮节，那么这个词是怎么来的呢？

石碏是春秋时期卫国的大夫。州吁为卫庄公第三子，因是宠妾所生，以致娇宠成性，胡作非为，卫庄公不但不管，反纵他为所欲为。石碏屡次劝谏，卫庄公却充耳不闻。石碏的儿子石厚，常与州吁并车出猎，为非作歹。

庄公死后，姬完继位，称卫桓公，石碏见他生性懦弱无为，于是告老还乡，不参与朝政。此时，州吁更加横行霸道。公元前719年，州吁听计于石厚，刺杀桓公夺位。州吁、石厚为制服国人，立威于邻国，就贿赂鲁、陈、蔡、宋等国，大征青壮年去攻打郑国，弄得劳民伤财。

石碏早想除掉祸根，为国为民除害。于是，他设计将州吁和石厚骗至陈国。之前，石碏割破手指，写血书一封，派人先一步送给陈国大夫子针，恳求陈国捉拿二人。子针禀奏陈桓公，桓公应允，将二人抓住。后来，石碏急忙派人从邢国接州吁之兄继位，即卫宣公。众臣皆说州吁罪大应杀，石厚属从犯可免死。但石碏却认为，州吁之罪皆石厚挑唆，自己绝不会徇私情、抛大义。后派家臣赴陈国将石厚诛杀。

石碏为国大义灭亲之事，史学家左丘明记之，并被传颂至今。

齐大非偶讲的是什么事？

齐大非偶出自《左传·桓公六年》："齐侯欲以文姜妻郑大子忽，大子忽辞，人问其故，大子曰：'人各有耦，齐大，非吾耦也。'"

春秋时代，齐僖公想把自己的女儿嫁给郑国的太子忽。太子忽推辞说："每个人都得找到合适自己的配偶，齐国是个大国，齐侯的女儿不是我理想的配偶。"后来北戎部落入侵齐国，齐国向郑国求援，太子忽率领郑国的军队，帮助齐国打败了北戎。齐僖公又提起这件事，太子忽坚决推辞。别人问他，他说："以前没有帮齐国忙的时候，我都不敢娶齐侯的女儿。今天奉了父王之命来解救齐国之难，若娶了齐侯的女儿回去，这岂不是用郑国的军队换取自己的婚姻？郑国百姓会怎么说我！"就辞别而去。

齐襄公是怎么死的？

齐襄公十二年（公元前686年），大臣连称、管至父伙同公孙无知杀了齐襄公。

公元前687年，齐襄公命连称、管至父二人率兵守葵丘（今沂源璞邱，旧属临朐），允诺甜瓜再熟时换防，一年后到期却仍不换防。连称、管至父再三要求齐襄公换防，齐襄公就是不准。连称有妹为齐襄公妾，因齐襄公只钟情于文姜而未曾受宠，于是怀恨在心，私通公孙无知等密谋叛乱。公孙无知许诺若他能当上国君就让连称之妹做自己的夫人。这一年的十二月，齐襄公出游姑棼，到沛丘狩猎。在狩猎过程中从车上摔了下来，回宫后发现自己丢了一只鞋，就不分青红皂白地把替他看鞋的侍从鞭打了一通。

公孙无知与连称等人听说齐襄公受了伤，就来袭击行宫。被打的侍从对他们说："你们先不要进去惊动昏君，一旦惊动了他就不容易杀进去了。"公孙无知等人不信，侍从让他们看了自己身上的伤，他们才相信。于是他们派这个侍从先进去。侍从进去后，把齐襄公藏了起来。公孙无知等人进去后，怎么也找不到齐襄公。后来他们发现门后有人行走，正是齐襄公，于是他们将齐襄公杀死。之后，公孙无知自立为齐君。

齐桓公为何能当霸主？

齐桓公拜管仲为相，君臣同心，励精图治，对内整顿朝政、实行改革，对外打出"尊王攘夷"的旗号。这一时期，他起用了包括"桓管五杰"在内的一批各有所长、尽忠职守的出色人才，从政治、军事、经济各方面进行改革，为争霸打下了坚实的基础。

齐桓公五年（公元前681年），齐桓公奉了周天子的命令，向各诸侯发出通知，约定三月初一，在齐国北杏会盟，共同来确定

齐桓公与管仲画像砖

宋国君位。由于当时齐桓公威望不高，只有宋、陈、邾、蔡四国诸侯到会，而鲁、卫、郑、曹等国都在窥测风向。五国诸侯会见完毕后，共推齐桓公为盟主（因他手里有周天子的命令），并在会上订立了盟约。盟约规定：第一，尊重天子扶助王室；第二，共同抵御蛮、戎等部落侵入中原；第三，扶弱济困，帮助有困难的和弱小的诸侯。

会盟后，齐桓公首先率军灭掉了没来会盟的遂国，然后先后击败了鲁、郑两国，迫使他们求和。公元前679年，齐桓公又约各国在鄄地会盟，这一次，各诸侯国基本上承认了齐桓公的霸主地位。随后，齐桓公又征服了最后一个不服齐国的楚国，并借帮助周王室平定内乱之际，在宋国葵丘会合诸侯，招待天子使臣，又一次订立了盟约，这是齐桓公第九次也是最后一次会合诸侯，所以历史上把齐桓公称霸的过程也称作"九合诸侯"。

"鹿之谋"是怎么回事？

齐桓公为图霸业，加之大臣们纷纷请战，决定率兵攻打楚国。可是，管仲却以"两国兵力相当，恐两败俱伤"为由劝齐桓公不要着急。

齐桓公和大臣们觉得管仲的话很有道理，于是暂时打消了对楚国发动进攻的念头，等待管仲拿出好的主意来。

那时候，楚国盛产鹿，而齐国却视鹿为珍稀动物。管仲便以此为谋，用计使楚人相信齐王好鹿，愿重金购之。于是楚人上上下下皆开始弃田捕鹿，后来连军队里的士兵也开始参与其中。一年之后，楚国的百姓个个腰缠万贯。但是，楚国的大片良田却荒芜了，老百姓拿钱也买不到粮食。这时，管仲又下令各诸侯国不得将粮食运往楚国，楚国的老百姓饿死的饿死，逃荒的逃荒，最后连军饷也没有了，楚国上下一片混乱。

管仲见时机已成熟，率领大军向楚国进攻。楚国内外交困，无力招架，楚成王只好派大臣到齐国去求和。从此，楚国被齐国征服，齐国得以称霸天下。后来，人们把管仲的这个计谋称为"鹿之谋"。

齐桓公死后为何久久未下葬？

齐桓公是一位有治国才干和雄图大略的统治者，也是春秋列国中的第一个霸主。但是，他的晚年却有点儿悲惨，死后很长时间都没有下葬，这是何故呢？

管仲在世的时候，齐桓公把公子姜昭立为太子，并把他托付给宋国国君宋襄公照顾。管仲死后，齐桓公的儿子们钩心斗角，都想继承王位。齐桓公生病的时候，他的儿子们就开始拉帮结派争夺君位。等到齐桓公去世，他们更是互相攻打，闹得不可开交。因此宫中无人，齐桓公尸体也没有人敢装入棺材。结果，尸体在床上竟停放了六十七天，以致腐烂生蛆，蛆虫甚至爬出了门外。直到公子无诡登位，才将齐桓公装尸入棺，发出报丧的讣告，举行追悼仪式。

"管鲍之交"有何典故？

"管鲍"，是指公元前7世纪春秋时期的政治家管仲和鲍叔牙。管仲比较穷，鲍叔牙比较富有，但是他们之间彼此了解、相互信任。管仲和鲍叔牙早年合伙做生意，管仲出很少的本钱，分红的时候却拿很多钱，鲍叔牙毫不计较。管仲参军作战，临阵却逃跑了，鲍叔牙也没有嘲笑管仲怕死，他知道管仲是因为牵挂家里的老母亲。

后来二人开始从政。当时齐国朝政很乱，公子们为了避祸，纷纷逃到别的国家等待机会。管仲辅佐在鲁国居住的公子纠，而鲍叔牙则在莒国侍奉另一个公子小白。不久，齐国发生暴乱，国君被杀死。公子纠和小白听到消息，急忙动身往齐国赶，想抢夺君位。两支队伍正好在路上相遇，管仲为了让纠当上国君，就向小白射了一箭，小白趁机假死。后来，小白当上了国君，历史上称为齐桓公。

齐桓公一当上国君，就让鲁国把公子纠杀死，把管仲囚禁起来。齐桓公欲拜鲍叔牙为相，而鲍叔牙则劝其拜管仲为相。后齐桓公被说服，将管仲接回齐国。鲍叔牙则甘心做管仲的助手。在管仲和鲍叔牙的合力治理下，齐国成为诸侯国中最强大的国家，齐桓公则成为诸侯中的霸主。

鲍叔牙死后，管仲在他的墓前大哭不止，想起鲍叔牙对他的理解和支持，他感叹地说："生我者父母，知我者鲍子也。"

管仲和鲍叔牙之间深厚的友情，已成为中国代代流传的佳话。在中国，人们常常用"管鲍之交"来形容自己与好朋友之间亲密无间、彼此信任的关系。

"庆父不死，鲁难未已"是什么意思？

公元前662年，鲁庄公死去。在鲁庄公同母弟弟公子友的支持下，公子般成为国君，但在位不到两个月，便被庆父派人杀死，公子友逃往陈国。庆父另立公子启当国君，继续我行我素，制造内乱，企图浑水摸鱼。

齐桓公便派大夫仲孙湫到鲁国去了解情况。不久，仲孙湫把了解到的鲁国情况向齐桓公报告，并下结论说："庆父不死，鲁难未已！"事实果然如此。过了一年，庆父又杀死了公子启（鲁闵公）。两年之内，鲁国两个国君被杀，使鲁国的局势陷入了严重的混乱之中，百姓们对庆父恨之入骨。庆父见在鲁国实在无法再待下去了，便逃往莒国。鲁僖公继位后，知道庆父对鲁国是个严重的威胁，便请求莒国把庆父送回鲁国。庆父自知罪孽深重，回到鲁国没有好下场，便在途中自杀了。

息夫人为何导致两国败亡？

息夫人，春秋时期息国国君的夫人，出生于陈国的妫姓世家，因嫁于息国又称息妫，后楚文王以武力得之。因容颜绝代，面若桃花，故又被称为"桃花夫人"。

周庄王十三年（公元前684年），息妫出嫁路过蔡国，蔡侯款待时行为轻佻，息侯闻之大怒，设计报复。他先让楚文王出兵假攻息国，息国再向蔡国求救，诱其出兵。九月，楚兵于莘地（在今河南省汝南县）战胜蔡国，俘虏蔡侯。蔡侯不甘心，便向楚文王称赞息妫容貌极美。楚文王假借巡视各方为名来到息国，见息妫美色果然人间罕见，以至夜不能寐。次日就以武力俘虏息侯，抢走了息妫。

息妫入楚宫三年，生了两个儿子，即堵敖和成王，但一直不愿说话。楚文王问她是什么缘故，她回答说："我一个女人，伺候两个丈夫，又有什么话可说的？"楚文王道："这都是蔡侯的过错，我当为夫人报仇。"于是又兴兵攻打蔡国。

"欲加之罪，何患无辞"有何来由？

"欲加之罪，何患无辞"由"欲加之罪，其无辞乎"演变而来，是说想要给人强加上罪名，何愁找不到借口。那么，这句话有何来由呢？

春秋时期，晋献公在位时，最宠信一个叫骊姬的妃子。骊姬想让自己的儿子奚齐当国君，于是她千方百计地陷害太子申生，最终申生自杀身亡，他的两个哥哥重耳和夷吾逃往国外。

后来，晋献公病重，他把最信任的大夫荀息叫到床前，嘱咐他好好辅佐奚齐当国君，荀息答应了。有一个名叫里克的大夫，原来是太子申生的副将，一心想为申生报仇。晋献公死后，奚齐登上君位不久，里克就找机会把奚齐杀了。荀息只好又立了奚齐的弟弟卓子当国君，但里克又把卓子杀了，荀息也被迫自杀。这时候，流亡秦国的夷吾回国当上了国君，这就是晋惠公。晋惠公刚当上国君，就对里克说："你杀掉了两个国君和一个大夫，我如果不杀你，别人就不会信服我。"里克冷笑着说："如果我不杀他们，能轮得到你来当这个国君吗？你既然已经打定主意把罪名加到我头上，还怕找不到理由吗？"于是他自己扑到剑上结束了自己的生命。

骊姬倾晋是怎么回事？

骊姬（？—公元前651年），本是骊戎首领的女儿，公元前672年，被晋献公掳入晋国成为晋献公的妃子。她使计离间了晋献公与申生、重耳、夷吾父子兄弟之间的感情，并设计杀死了太子申生，制造了"骊姬倾晋""骊姬乱晋"事件。

嫁给晋献公之后，骊姬生子奚齐。骊姬以美色取得了晋献公的专宠，同时还想废去太子申生，立奚齐为太子。

骊姬买通晋大夫梁五和嬖五，此二人建议晋献公令公子重耳、夷吾去边关要塞防守。晋献公中计，只留下奚齐与卓子二人在身边，以伺机废立，史称"二五害晋"。之后骊姬再次设谋，把太子申生从曲沃送来的一块祭肉放上鸠毒献给晋献公，加罪于太子，又诬陷重耳、夷吾也参与了申生的阴谋，把两位公子也逼到狄国和梁国去了。见时机已经成熟，骊姬就逼晋献公立奚齐为太子。

晋献公二十六年（公元前651年），晋献公死，奚齐继位，但被大夫里克等人杀死，立公子夷吾为晋惠公。公元前650年，骊姬诬害太子的罪迹暴露，被杀死。

荀息为何死君难？

晋献公在位时，荀息是奚齐的师傅。晋献公病重，召见荀息，对他说："把这年幼的孤儿托付给大夫，你会怎样对他？"荀息拱手对晋献公说："我会竭尽全身之力，尽忠辅佐他。如果这样不济事，那我就以死来承担自己辅佐不力之责。"

公元前651年，晋献公死，奚齐继位。但大夫里克想让重耳回国继承君位，于是发起动乱。等到里克快要杀奚齐的时候，就来告诉荀息，荀息说："奚齐如果死了，我也将去死。"后来，里克把奚齐杀死在晋献公临下葬的时候。荀息将要为奚齐去死时，有人建议他立公子卓子为国君，于是，荀息立公子卓子为国君，并埋葬晋献公和奚齐。但一个月后，里克把公子卓子杀死在朝堂内，荀息随之自杀了。

为什么称百里奚为"五羖大夫"？

百里奚是秦穆公时的贤臣，著名的政治家。

百里奚饱读诗书，才学过人，妻子鼓励他出游列国求仕。百里奚历经宋国、齐国等国家，皆未被录用。在齐国郅地，遇见蹇叔，一番高谈阔论之后，二人结为知己。此后，在蹇叔的举荐下，百里奚到虞国当了大夫。

虞国国君爱财如命，因收了晋国之厚礼而应允晋国可以借路去征讨自己的邻国虢国。百里奚对虞国国君述说唇亡齿寒的道理，未果。后晋国灭掉虢国后，又灭掉虞国，百里奚也成了晋国的俘虏。后来秦穆公以政治联姻求于晋国，晋国便把百里奚作为陪嫁臣送给秦国。百里奚中途逃跑了，又落到楚国人的手里。

楚国国君不知百里奚胸有大略，令其为自己养牛。而刚登王位的秦穆公终于得知百里奚才能，便欲重金赎之。谋臣子絷认为不可重金赎之，否则一定会让楚国国君知道百里奚是难得一见的人才，所以应该贱赎。最后，秦穆公用五张黑公羊皮换回来了百里奚。到秦国后，秦穆公亲见百里奚，以礼相待，咨其以天下之事，拜为上大夫。后百里奚又举荐自己的好友蹇叔当上大夫，二人共同辅佐秦穆公。

羖，就是黑公羊皮的意思，所以世人又

称百里奚为"五羖大夫"。

主人为何称"东道主"？

"东道主"一词泛指接待或宴客的主人，在现代社会中被频频使用。那么，这个词是怎么来的呢？

公元前630年，晋文公和秦穆公的联军包围了郑国国都。老臣烛之武想出了一个解围的办法，于是在当夜，郑文公趁着天黑叫人用粗绳子把烛之武从城头上吊下去，私下会见秦穆公。

烛之武巧妙地利用晋国和秦国明争暗斗的矛盾，对秦穆公说："秦晋联军攻打郑国，郑国肯定要灭亡了。但没有了郑国其实对贵国并无一点好处。因为从地理位置上讲，晋处于秦国和郑国之间，贵国要越过晋国来控制郑国，恐怕是难以做到的吧？到头来，得到好处的还是晋国。晋国的实力强大了，秦国的实力自然就被削弱了。"秦穆公觉得烛之武说得非常有道理，烛之武又进一步说："如果你能让郑国存活，让它作为你们东方道路上的主人，你们使者来往经过郑国，郑国一定尽心招待，这难道不好吗？"

最后，秦穆公被说服了，他单方面跟郑国签订了合约。晋国没有了秦国的联合，也只得退兵。秦国在西，郑国在东，所以，郑国对秦国来说自称"东道主"。后来，"东道主"便泛指招待客人的主人。

"退避三舍"有何典故？

春秋时候，晋献公听信谗言，杀了太子申生，又派人捉拿申生的弟弟重耳。重耳闻讯，逃出了晋国，在外流亡十几年。经过千辛万苦，重耳来到楚国。楚成王认为重耳日后必有大作为，就以国君之礼相迎，待他如上宾。

一天，楚成王问重耳："你若有一天回晋国当上国君，该怎么报答我呢？"重耳说，楚国盛产珍禽羽毛、象牙兽皮，而且楚成王有许多美女侍从、珍宝丝绸，所以他不知道晋国有什么奇珍异宝可以送给楚王。楚成王坚持要求重耳有所表示，重耳接着说："要是我果真能回国当政，我愿与贵国交好。假如有一天，晋楚之间发生战争，我一定命令军队先退避三舍（一舍等于三十里），如果还不能得到您的原谅，我才肯与您交战。"

四年后，重耳真的回到晋国当了国君，就是历史上有名的晋文公。晋国在他的治理下日益强大。公元前632年，楚国和晋国的军队在作战时相遇，晋文公为了履行当初许下的诺言，下令军队后退九十里，驻扎在城濮。楚军见晋军后退，以为对方害怕了，马上追击。晋军利用楚军骄傲轻敌的弱点，集中兵力，大破楚军，取得了城濮之战的胜利。

重耳为何被称为"逃亡公子"？

作为春秋五霸之一的晋文公重耳曾有过一段辛酸、坎坷的逃亡生涯，六十二岁才回国继位，因此也得到一个"逃亡公子"的名号。

公元前666年，晋献公派三十二岁的重耳守护蒲城。公元前656年，重耳遭到骊姬之乱的迫害，离开晋国都城绛，到蒲城，晋献公派勃鞮刺杀重耳，重耳侥幸逃走。重耳的母亲是狄族人，他决定向狄族人的地方逃跑。

公元前651年，晋献公逝世，荀息当国相，骊姬立他儿子奚齐为国君，里克杀了骊姬、奚齐和卓子，荀息自杀，里克派人迎接重耳回国即位，重耳辞谢，时年四十七岁。

公元前650年，重耳的弟弟夷吾登上君主宝座，自立为晋惠公。公元前644年，晋惠公派勃鞮第二次追杀重耳，重耳决定去为齐桓公效劳，同时希望得到齐国的保护和帮助。

公元前638年，重耳到了宋国。宋襄公

款待他，并送给他 20 辆马车的礼物。后来重耳到了郑国，郑文公拒绝接待他。他又到楚国，楚成王设宴接待他，并问他以后打算如何报答楚国。重耳回答，"万一晋国和楚国之间发生了战争，我愿意命令军队撤退三舍（即九十里）"。楚国大夫子玉建议楚成王马上杀死重耳，以免给自己留下后患，但是楚成王没有采纳他的意见。最后，重耳到了秦国，秦穆公热情地接待他，并把自己的亲生女儿怀嬴许配给他。

公元前 636 年，秦穆公护送重耳回晋国。重耳即位，称晋文公。他大加奖赏有功人员，就连逃亡途中有仇于他的勃鞮、头须等人，也被重用。晋国大治，从而成就了春秋霸业。

晋惠公因何成了秦的俘虏？

晋惠公，名夷吾。春秋时期，晋国公子夷吾为了争取秦国支持他回国做国君，答应秦国事成之后，一定割让五座城池给秦国。可是，夷吾成为晋国国君之后，并没有履行诺言。

后来，晋国遭受自然灾害，晋惠公希望秦国卖粮食给他，秦国很慷慨地答应了。但是，当第二年秦国也发生饥荒并向晋国求援时，晋惠公却不想帮助秦国。晋国大夫庆郑认为晋惠公不应该这样，但另一个大臣却说："晋国不履行割五城给秦国的诺言，是根本问题，如果这个根本问题不解决，而只答应卖粮食，就好比只有毛而没有皮。既然

晋文公复国图卷 南宋 李唐

没有皮，毛又能依附在什么地方呢？（皮之不存，毛将焉附？）我们过去已经在割地的问题上违约了，秦国对我们早就产生了怨恨，现在即使答应卖粮，也不能平息秦国的不满，不如干脆连卖粮也不答应。"于是，晋惠公拒绝了秦国买粮的要求。庆郑说："国君这样做，将来一定会后悔的。"果然，第二年，秦晋之间发生战争，晋惠公战场失利，做了秦国的俘虏。

介子推为何隐居不仕？

介子推一作介之推，亦称介子，另有姓王名光之说。生卒年不详。

春秋时期，晋国发生内乱，重耳避难奔狄，随行贤士五人，其一便是介子推。

重耳出逃时，经常食不果腹、衣不蔽体。据《韩诗外传》记载，有一年逃到卫国，重耳无粮，为了让重耳活命，介子推到山沟里，把腿上的肉割了一块，与采摘来的野菜同煮成汤给重耳。当重耳知道那是介子推腿上的肉时，大受感动，声称有朝一日做了君王，要好好报答介子推。

19年的逃亡生涯结束后，重耳一下子由逃亡者变成了晋文公，介子推却并未邀功，而是隐居绵山，成了一名不食君禄的隐士。

邻居解张为介子推鸣不平，夜里写了封书信挂到城门上。晋文公看到后，后悔自己忘恩负义，赶紧派人召介子推受封，才知道他已隐入绵山。后晋文公亲自前往绵山寻访，却未寻得。因求人心切，便听人所言下令三面烧山。后发现介子推母子的尸骨，晋文公大悲，命人厚葬于此。

介子推功不言禄的行为是知识分子独立精神的体现，正因为如此，黄庭坚赞叹道："士甘焚死不公侯，满眼蓬蒿共一丘。"

"一鸣惊人"出自何处？

人们常用"一鸣惊人"来比喻那些平时没有突出的表现，却一下子做出惊人成绩的人。该成语出自《韩非子·喻老》记载的一个故事。

楚庄王是春秋时楚国最有作为的国君，楚穆王之子，公元前614年继位。登位三年，不发号令，终日郊游围猎，沉溺声色，并下令："有敢谏者，死无赦！"大夫伍举冒死进谏，正逢楚庄王左抱郑姬，右抱越女，坐于钟鼓之间。伍举请楚庄王猜谜语："有鸟止于阜，三年不飞不鸣，是何鸟也？"楚庄王答："三年不飞，飞将冲天；三年不鸣，鸣将惊人！"但数月之后，楚庄王依然如旧，享乐更甚。大夫苏从又进谏。楚庄王抽出宝剑，要杀苏从。苏从无所畏惧，坚持劝谏。于是，楚庄王罢淫乐，亲理朝政，并举伍举、苏从担任要职。后任用孙叔敖为令尹，稳定政局，发展生产，从而为楚国的争霸奠定了基础。

"麻隧之战"导致了什么样的结果？

公元前578年，晋厉公亲统晋国四军，另外加上齐、宋、卫、鲁、郑、曹、邾、滕等国联军共同进攻秦国，秦国亦起兵进至泾河以东迎战。双方在麻隧展开激战，秦军大败，残部败退。

麻隧之战的失败，使秦国数世不振，不再对晋国西部构成威胁。而晋国在取得麻隧之战的胜利后，完成了"秦、狄、齐"三强服晋的部署，中原诸国皆成为事实上的晋之属国。公元前575年，晋厉公在鄢陵之战中战胜楚国，实现了晋景公重建霸业的愿望。

"鄢陵之战"发生于何时？

"鄢陵之战"是公元前575年晋国和楚国为争夺中原霸权，在鄢陵（今河南鄢陵县）发生的战争。

公元前575年春，楚共王在武城（今河南南阳市北）遣公子成赴郑，以汝阴之田（今河南郏县、叶县间）向郑求和，郑遂投楚叛晋。晋国遂兴师伐郑。郑成公闻讯，向楚国求救。楚共王决定出兵救郑，与晋军战于郑地鄢陵。战斗从晨至暮，楚军略受挫，公子筏被俘，但双方胜负未定。楚共王决定次日再战。后楚共王得知晋军已有准备，无奈只得引军夜遁。

鄢陵之战是晋楚争霸战争中继城濮之战、邲之战后第三次，也是最后一次两国主力军队的会战，标志着楚国对中原的争夺走向颓势。晋国虽然借此战重整霸业（晋悼公复霸），但其对中原诸侯的控制力却逐渐减弱。

春秋诸侯为何要召开弭兵之会？

从春秋中期开始，晋楚两国为了争夺霸权，连年厮杀，导致民不聊生。经过数十年战争，晋楚两国都疲惫不堪，需要休整，各诸侯国更是普遍要求和平。在这样的形势下，宋国的华元多方奔走，约合晋楚两国，以调解两国的关系，促成晋楚和平相处。"弭兵"就是停止战争的意思。

公元前546年，第二次弭兵之会在宋国举行，晋、楚、齐、秦、宋、鲁、郑、卫、陈、许、曹、邾、滕、蔡等国参加了会议。会议决定晋国和楚国共为盟主，各国共订盟约，不再打仗；除齐、秦外，各国都要向晋楚两国同样朝贡。弭兵之会的结果是晋楚两国平分霸权。它为争霸各国提供了喘息和备战的时机，却没有也不可能真正消除战祸。弭兵之会在一定程度上带来了比较安宁的社会环境，中原地区战事减少，进入了和平时期，使得社会经济和文化渐渐发展和繁荣起来。

《春秋》记载了哪些历史？

《春秋》，又称《麟经》（《麟史》），是鲁国的编年史，经过了孔子的修订。记载了从鲁隐公元年（公元前722年）到鲁哀公十四年（公元前481年）的历史，是中国现存最早的一部编年体史书。《春秋》一书的史料价值很高，但不完备。

在中国上古时期，春季和秋季是诸侯朝觐王室的时节。另外，春秋在古代也代表一年四季。而史书记载的都是一年四季中发生的大事，因此"春秋"是史书的统称。传统上认为《春秋》是孔子的作品，也有人认为是鲁国史官的集体作品。

楚庄王问鼎的目的是什么？

"问鼎"意指图谋夺取政权，这一词出自春秋时期。

想问鼎的人是楚国的楚庄王。楚庄王觉得楚国实力雄厚，屈身于虚有其表的周王腋下很委屈，于是屯兵于周的疆界，扬言要和周分治天下。

当时，周定王刚刚登上王位。周定王见楚国屯兵于边界，就派大夫王孙满去"慰问"楚庄王。

王孙满见到楚庄王，问其所为何来。楚庄王面有得色地说："我听说早年大禹铸了九个鼎，已经传了三代，我此次来就是想看看鼎有多重，形状如何。"

王孙满才智非凡，当然知道楚庄王的真正意图，于是正色道："大禹铸鼎以来，已经相传三代了，这三代都是靠德得到天下，不是依靠区区几个鼎的。当年大禹铸鼎定国，到了夏桀无道，鼎就迁于商；商纣无道，鼎即迁于周。如果有德，鼎小亦重，如果无德，鼎重亦轻，周成王定鼎之时，曾经占卜得传三十世，共七百年，天命犹在，您问鼎有什么用？"楚庄王一听暗自惭愧，于是撤兵回国，终其一生再也不敢萌生夺取周天下的念头。

当时楚庄王灭周容易，得天下难，因为周天子只是一个象征，真正的对手是秦国、晋国、齐国这些诸侯。楚庄王不是被王孙满的舌头撑走，而是因为自己的幡然醒悟而退。想问鼎就必须有问鼎的实力，否则只会自取其辱。

樊姬为何被称为一代名妃?

一代名妃樊姬,以聪慧贤淑助楚庄王成就霸业而闻名于世。据传,在她的劝谏之下,楚庄王戒淫乐,励精图治,勤政于朝,罢免庸臣虞邱子,启用贤良孙叔敖,终至楚国成为称雄中原的霸主。

樊姬是楚庄王众妻妾中入宫较早的女人,终生受宠。樊姬病逝十年后,楚庄王依旧不允许任何人改动她房间的陈设。她以智慧与贤德赢得了一代春秋霸主的尊重。

纵观中国几千年的文明史,有不少宫廷后妃,樊姬实可谓"贤内助"之典范。对此,历代诗人赞誉有加。唐代诗人张说就赞称"楚国所以霸,樊姬有力焉"。张九龄在《樊姬墓》一诗中则对樊姬的贤能及其对楚庄王产生的影响与作用给予了充分的褒扬:"楚子初逞志,樊妃尝献箴。能令更择士,非直罢从禽。"

孔子为什么要周游列国?

我们都知道"圣人"孔子周游列国的故事。据史料记载,孔子周游列国是从鲁国出发,大致走了卫国、宋国、齐国、郑国、晋国、陈国、蔡国、楚国等地。按今名大致路线为曲阜——濮阳——长垣——商丘——夏邑——淮阳——周口——上蔡——罗山,然后原路返回。从五十五岁到六十八岁,孔子带着他的若干弟子,用了十几年的时间在鲁国周边游历。

孔子周游列国的原因在于,周室已衰微,周天子徒拥虚名,不能制约诸侯,而列国诸侯常受制于有实力之贵族。列国彼此相争,各国贵族亦常作乱。于是礼制崩解,传统习俗的规范力量消失,天下遂进入无序状态。孔子面对严重的时代问题,遂以重建一普遍秩序为己任。他认为留在鲁国不可能有什么作为,就领着一批学生离开鲁国到别处去推行他那套以礼治国的政治主张。

他周游列国14年,希望有机会推行他的政治主张。可是,那个时候大国忙着争霸战争,小国都面临被吞并的危险,整个社会正在发生变革。孔子宣传的那一套恢复周朝初年礼乐制度的主张,当然没有人接受。大家对他敬而远之,尊敬他却不重用他。他四处碰钉子,最后又回到鲁国。从此,他专心致志在家里编书和教授学生,直到七十三岁去世。

"诸子百家"有哪些?

诸子百家是对春秋战国时期各种学术派别的总称。

春秋时代王室衰微,诸侯争霸,学者们便周游列国,为诸侯出谋划策,到战国时代形成了"百家争鸣"的局面。传统上关于百家的划分,最早源于司马迁的父亲司马谈。他在《论六家要旨》中,将百家首次划分为"阴阳、儒、墨、名、法、道"等六家。后来,刘歆在《七略》中,又在司马谈划分的基础上,增"纵横、杂、农、小说"等为十家。班固在《汉书·艺文志》中沿袭刘歆的说法,并认为:"诸子十家,其可观者九家而已。"后来,人们去"小说家",将剩下的九家称为"九流"。

自此,中国古代学术界都依从班固,百家就成了"九流"。吕思勉在《先秦学术概论》一书中再增"兵、医",认为:"故论先秦学术,实可分为阴阳、儒、墨、名、法、道、纵横、杂、农、小说、兵、医十二家也。"其中以儒、墨、道、法四家影响最大。

儒家:代表人物有孔子、孟子、荀子。作品有《论语》《孟子》《荀子》。

道家:代表人物有老子、庄子、列子。作品有《道德经》《庄子》《列子》。

阴阳家:代表人物是邹衍。

法家:代表人物有韩非、李斯、商鞅。作品是《韩非子》。

名家:代表人物有邓析、惠施、公孙龙

和桓团。作品是《公孙龙子》。

墨家：代表人物有墨子。作品有《墨子》。

杂家：代表人物是吕不韦。作品是《吕氏春秋》。

农家：代表作品有《吕氏春秋》中的《上农》《任地》《辩土》《审时》等篇章。

纵横家：代表人物有苏秦、张仪。创始人为鬼谷子。主要言论传于《战国策》。

兵家：主要代表人物有春秋末期的孙武、司马穰苴，战国时期的孙膑、吴起、尉缭、魏无忌、白起等。今存兵家著作有《黄帝阴符经》《六韬》《三略》《孙子兵法》《司马法》《孙膑兵法》《吴子》《尉缭子》等。

医家：代表人物是扁鹊。相传《难经》为扁鹊所作。

战 国

"田氏代齐"是怎么回事？

田氏代齐，指战国初年齐国田氏取代姜姓成为齐侯的事件。

公元前545年，田完四世孙田桓子，联合鲍氏以及大族栾氏、高氏合力在齐灭了当国的庆氏。之后田氏、鲍氏又共灭栾、高二氏。

至齐景公时，公室腐败，剥削沉重。田桓子之子田乞，即田僖子，采取了一些争取民心的有效措施。他用大斗借出，小斗回收，于是"齐之民归之如流水"，田氏借此增强了势力。当时国、高二氏当权，田氏在表面上尽职于齐国公族，暗地里却组织力量，准备推翻国、高二氏。公元前490年，齐景公死，国、高二氏立公子荼为国君。田乞发动政变，赶走国、高二氏，另立公子阳生为国君。田乞自立为相，掌握了齐国的政权。

田乞死后，其子田恒（田常）代立为齐相，是为田成子。公元前481年，田成子发动武装政变，杀了齐简公，另立齐平公，进一步把持政权。公元前391年，国相田和将齐国国君齐康公放逐到海上，只留一城之地作为他的食邑，田和成了齐国实际上的国君。

公元前386年，周王室册命田和为齐侯，正式将他列为诸侯。过了几年齐康公病逝，齐国全部为田氏所统治，史称"田氏代齐"。因为仅国君易姓，国名并未改变，故战国时代的齐国往往被称为"田齐"。

"侯马盟书"的发现有何重大意义？

1965年山西侯马晋国遗址出土了大量盟誓辞文玉石片，称为"侯马盟书"，又称"载书"。盟书笔锋清丽，为毛笔所写，多为朱书，少为墨书。其书法犀利简率，提按有致，舒展而有韵律。它见证了春秋末期晋国赵鞅参与晋国内部由六卿内争至四卿并立的一场激烈政治斗争，正是这场政治斗争，拉开了作为标志战国时代开端的"三家分晋"这一重大事件的序幕。

"侯马盟书"是1949年以来中国考古发现的十大成果之一，也是山西博物院馆藏的十大国宝之一。盟书的发现，对研究中国古代盟誓制度和文字，研究晋国历史，以及中国由奴隶社会向封建社会过渡的情况有重大意义。

智瑶是怎样被灭的？

智瑶又称知瑶，后世多称知伯（智伯）、知伯瑶（智伯瑶）。由于智氏出于荀氏，故《左传》又称之为荀瑶。智瑶是春秋时期晋国卿大夫，智氏家族领主。

公元前485年，新兴地主阶级韩氏、赵氏、魏氏、智氏四家最大的卿大夫家族把持了晋国的朝政。这四家中，又以智家的势力最大，晋国的政事都是智瑶说了算。

狂妄的智瑶想侵占其他三家的土地，便先联合韩、魏两家一起发兵攻打赵襄子的据点晋阳。公元前453年，智瑶引晋水淹晋阳城，并且得意扬扬地说道："我现在才知道水也可以使人亡国的呀。"韩康子与魏桓子暗暗害怕，原来魏家的封邑安邑（今山西夏县西北）、韩家的封邑平阳（今山西临汾市西南）旁边也各有一条河。

此时有家臣提醒智瑶韩、魏两家肯定会反叛，但智瑶不以为然，于是家臣请求让自己出使齐国，以躲避大祸。晋阳危在旦夕之时，赵襄子手下一大臣深夜用一根绳子从城墙上溜下来，然后潜入韩、魏两家军营。他对韩康子与魏桓子说："唇亡齿寒，赵灭亡之后，接下来就轮到你们了。"于是韩、魏两家背弃智瑶，与赵襄子联合。

一天半夜，赵、韩、魏三军联合，击杀智军，灭掉了智氏一族。韩、赵、魏三家平分了智氏的土地和户口，各自建立了独立的政权，史称"三家分晋"。

豫让为什么要坚持刺杀赵襄子？

"士为知己者死，女为悦己者容。"这句流传了几千年的名言，出自春秋后期晋国的刺客豫让之口。豫让，姬姓，毕氏。在他身为范氏、中行氏家臣时，一直默默无闻。直到他做了智伯的家臣以后，才受到重用，而且主臣之间关系很密切，智伯对他很尊重。后来，智伯进攻赵襄子，赵襄子和韩、魏合谋将智伯灭掉了。

豫让逃到山里，思念智伯的好处，发誓要为智伯报仇，行刺赵襄子。

于是，他更名改姓，伪装成受过刑的人，进入赵襄子宫中修整厕所。他怀揣匕首，伺机行刺赵襄子，但被赵襄子发现，豫让直言不讳地说："欲为智伯报仇！"侍卫要杀掉他，赵襄子说："他是义士，我小心回避就是了。"最后将其放走。

豫让行刺赵襄子之心未死，再一次行刺时又被抓住。赵襄子虽理解他为主报仇的忠义之心，但又觉得不能再次放走他。豫让也知自己难逃一死，于是恳求赵襄子能让他用剑刺几下身上穿的衣服，也算是报答了智伯的知遇之恩。赵襄子感其忠心，遂其愿。豫让用剑刺了赵襄子的衣服后，伏剑自刎。

豫让行刺赵襄子，舍生忘死，备尝艰辛，虽未成功，却用生命报答了智伯的知遇之恩，他为知己献身的精神令人感佩。他是一个未能成功的刺客，但这个失败的过程却成就了他的人格。

墨子是如何阻止楚攻宋的？

鲁班被楚惠王请去当了楚国的大夫。他替楚惠王设计了一种攻城的工具，比楼车还要高，叫作云梯。楚国制造云梯的消息一传扬出去，列国诸侯都有点担心。

楚惠王准备攻打宋国。鲁人墨子向楚惠王进谏，反对楚国攻宋，楚惠王不听。

墨子见劝服不了楚惠王，就解下了身上系着的皮带，在地上围作城墙，再拿几块小木板当作攻城的工具，叫鲁班来演习一下，比一比本领。

鲁班采用一种方法攻城，墨子就用一种方法守城。一个用云梯攻城，一个就用火箭烧云梯；一个用撞车撞城门，一个就用滚木礌石砸撞车；一个用地道，一个就用烟熏。鲁班用了九套攻法，把攻城的方法都使完了，可是墨子还有好些守城的高招没有使出来。

鲁班见状，便在心中盘算着杀掉墨子。谁知墨子早看出了他的心思，便说："我来到楚国之前，早已派了禽滑釐等三百个徒弟守住宋城，他们每一个人都学会了我的守城办法。即使把我杀了，楚国也是占不到便宜的。"楚惠王看到了墨子守城的本领，知道无法战胜宋国，就决定不进攻宋国了。这样，一场战争就被墨子阻止了。

为什么会形成百家争鸣的局面？

春秋战国时期是思想和文化辉煌灿烂、群星闪烁的时代，出现了诸子百家彼此诘难、相互争鸣的盛况空前的学术局面。这一局面出现的原因有以下几个方面：

第一，政治因素。当时处于社会大变革时期，社会动荡不安，各诸侯国林立纷争。各诸侯国的国君为了在争斗中取得霸主地位，竞相招贤纳士，运用不同思想学说以使自己的国家富足强大起来。这便给百家争鸣创造了一个宽松的学术氛围。

第二，经济因素。当时经济有了极大发展，这使得某些人成为有闲阶层，有时间从事自己的学术活动。

第三，科技因素。科学技术取得了较大进步，如天文学、数学、光学、声学、力学、医学等方面在当时均达到较高水平。这些科技成果标志着人们认识水平的提高，丰富了人们的精神世界和物质生活。

第四，文化因素。当时"天子失官，学在四夷"，其结果是打破"学在官府"的局面，使原来由贵族垄断的文化学术向社会下层扩散，下移于民间（这种历史现象被称为"文化下移"），致使"私学勃兴"。

第五，学术自由因素。各学术团体虽从不同的社会集团的利益出发，纷纷著书立说，议论时事，阐述哲理，各成一家之言，但是他们并非政治附庸，并不依附于某个政治权势集团，而是"用我则留，不用我则去"。此外，各个学派之间、同一学派的不同流派之间，既相互斗争又相互学习和借鉴。这也是促成百家争鸣的另一重要因素。

百家争鸣发端于春秋战国之际的儒墨之争，战国时期渐成气候，是中国教育思想

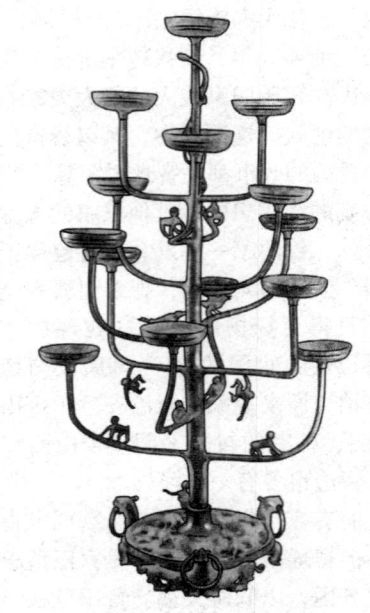

战国时期的十五连枝铜灯

史和学术史上空前繁荣和极为活跃的一次盛会，在中国思想发展史上占有重要的地位。

春秋战国为什么会有质子现象？

质子制度是春秋战国时期处理诸侯国之间关系的重要方式。当时，无论是大国还是小国，是媾和还是乞援，是加深友好关系还是消除芥蒂猜忌，抑或为了进行攻势外交或守势外交，通过交质活动来实现目的的情况比比皆是。《左传》《国语》《战国策》以及《史记》对交质之事多有记述，一些先秦诸子如荀子、韩非子也曾论及此事，足见质子制度在当时的重要地位及深远影响。

春秋战国时期是中国社会经济政治巨变、诸侯力征的时期，各诸侯都以耕战为立国的基础，以实力为解决彼此间争端的凭据。虽然他们也曾受过前代讲信修睦之风的影响，但诸侯们在处理相互关系时，首先顾及的是自己的切身利益。因此，质子制度逐渐变成各诸侯权衡利弊的一个筹码，成为诸侯们尔虞我诈的一种方法，其所带有的和平色彩也就变成了虚伪的外衣。

春秋战国时的封爵是怎样的？

战国以前，各诸侯国内部的爵位实际上有卿、大夫、士三级，每级又分上、中、下三等。各国按国家的大小而待遇有所不同，如《左传》中载："次国之上卿，位当大国之中，中当其下，下当其上大夫。小国之上卿，位当大国之下卿，中当其上大夫，下当其下大夫。"有不同的食封标准，如《国语》中载："大国之卿，一旅之田，上大夫，一卒之田。"《左传》中也载赵简子曾有"上大夫受县，下大夫受郡"之语。

战国时，各国的爵大致有卿、大夫等，如各国都曾有"上卿""亚卿""客卿"等，均为将相所得的高爵。大夫一级如有上大夫、中大夫、国大夫、五大夫等。战国各大国出现了侯爵，如秦有彻侯、关内侯，楚有通侯，其他各国均有侯。除侯外还有封君，侯、君封地或以县计，或以户计，但仅能食其封地的租税，无军政司法独立权，不世袭。除此以外，各国还有一些特别的爵称，如楚国的封爵还有执珪和执帛。

"战国七雄"是指哪几个？

战国七雄是战国时期七个最强的诸侯国的统称。春秋时期无数次战争使诸侯国的数量大大减少，到战国时期实力最强的七个诸侯国分别是齐、楚、燕、韩、赵、魏和秦，这七个国家被称为"战国七雄"。七个诸侯国之中，除秦国在崤山以西之外，其余六国均在其东，因此该六国又被称为"山东六国"。

为什么燕昭王要筑黄金台？

燕昭王是战国时期燕国的一位贤明君主，他即位的时候，正值燕国内乱。齐国趁机大举侵犯燕国之后，燕国国力空虚，百废待兴。为了报仇雪耻，救亡图存，他决定广招治国人才，振兴燕国。

当时，燕国有一位名叫郭隗的人，很有才能。燕昭王便亲自登门向他求教。郭隗对燕昭王讲了一个用五百金买千里马尸骨的故事。古时候有个国君喜爱千里马，他出一千金派人到处寻找。后来，有个侍臣打听到很远的地方有匹千里马，便带了一千金去买马，没想到等他到了那里，千里马已害病而亡，于是他就用五百金买回了千里马的尸骨。国君见了千里马的尸骨大怒，认为死马无用，但侍臣回答说："国君肯出重金买回千里马的尸骨，还怕没人把活的千里马送来吗？"果然不出一年，就有人送来了好几匹千里马。

郭隗讲完故事对燕昭王说："大王如果真心招揽人才，不妨从我开始。人们看到像我这样的人都受到重用，那些比我贤能的人，自然会来的。"燕昭王听了郭隗的建议，就把郭隗请到宫中，并委以重任。燕昭王下令在易水旁修筑一座高台，并在台上堆满黄金，作为招纳天下贤士的象征。这座高台后来被称为"黄金台"，成为燕昭王求贤若渴的标志。

燕昭王筑黄金台招纳人才的事很快就传开了，魏国的名将乐毅、齐国的邹衍、赵国的剧辛和东周洛阳的苏秦等人都会集到燕国，成为燕国复兴大业的骨干。后来，"黄金台"就成为礼贤下士、尊重人才的代名词。

战国时代为什么盛行养士之风？

春秋时期虽列国纷争，但表面上还维系着等级有序的一统局面，有极分明的公私观念。所谓"私"就是一切以下害上的言行，是为社会所不齿的。收养私属、私卒、私士，是被社会舆论所不容的。在当时的历史记载中，养士者往往被描绘成野心家，如公子光、白公胜等。

然而，到了公开兼并与竞争的战国时代，养士已成为上层社会竞相标榜的一种时髦风气。只要是有实力、有抱负的国君、权臣，无不以尽可能多地收养门客为荣。从战国初期的赵襄子、魏文侯，到以后的赵惠文王、燕昭王、"战国四公子"、秦相吕不韦、燕太子丹，门下都收养着数千人以上的门客，其养士之规模是春秋时期的人所不能及的。由于通过养士的方式可以大量集中人才，既能迅速抬高自己的政治声誉，以号召天下，又能壮大自己的政治力量，以称霸诸侯，所以上层权贵争相礼贤下士，不拘一格地网罗人才，形成了"士无常君，国无定臣"的人才流动和人才竞争的大好局面。

吴起变法为什么会失败？

吴起（约公元前440—前381），是战国初期著名的政治改革家，卓越的军事家、统帅和军事改革家。战国初期，楚国民不聊生，饿殍遍野，楚声王竟为"盗"所杀。而此时北方三晋正在兴起，国力强大，对楚步步紧逼。在内忧外困之时，公元前382年，楚悼王任命吴起为令尹，主持变法。吴起变法，从打击大贵族入手，其内容有：

第一，均爵平禄。楚国爵禄是世袭的，即先辈如有功受爵禄，后代子孙虽无功，亦可承袭享有爵禄，而后来一些在战争中立有大功者却无爵禄，极大地打击了将士的积极性。

第二，废除无用的官职，罢免无能的官员，剥夺王室贵族的特权，使他们不能徇私情、因私废公。

第三，春秋至战国时期，楚国用武力灭掉许多国家，开濮地、伐杨越等，得到了大片领土，但都未开发。吴起责令楚国一些与王室关系疏远的贵族到僻远的地方去开发。

吴起变法，旨在富国强兵。变法的内容是消灭世卿世禄制，任用贤能，因此，这又是一次打击世袭贵族政治经济特权的运动。吴起变法遭到楚国大贵族的激烈反对。楚国官员皆是楚王室宗支，决不许异姓插足。吴起作为一个外诸侯国的异姓人，跻身于楚上层贵族之间，依靠楚悼王的信任，打击大贵族特权和利益，所遇到的阻力之大、反对之烈，是可以想见的。楚悼王死后，在楚悼王的灵堂上，楚国的贵戚大臣作乱而共攻吴起。变法也因楚悼王和吴起的死而遭遇失败。

商鞅立竿与信赏必罚的经过是怎样的？

公元前361年，秦孝公继承王位，为了治理好国家，他下决心网罗天下人才，就发布了一道命令，任何国家的人只要能想办法使秦国富强起来，就委以重任。在卫国未得到重用的商鞅到了秦国，秦孝公任命他为左庶长，命他制定变法的条令。

条令制定好以后尚未公布，商鞅怕老百姓对新法不相信，就叫人在国都的南门外竖立一根三丈高的木头，布告百姓说："有谁能把这根木头移到北门去，就赏给他十金。"百姓大都不相信钱会这么好赚，所以没有一个人来搬。商鞅见无人愿搬，又说："能够搬移的，奖赏五十金。"这时人群中有一个人抱着试试看的心理，把木头搬到了北门，商鞅马上赏给这个人五十金。在取得人们的信任之后，商鞅便把新法公布了。

商鞅取消了刑不上大夫的贵族特权，不论平民、贵族，有功则赏，有罪则罚。有一次，秦国的太子反对新法，触犯法规，商鞅并未姑息，他说，太子犯法，他的师傅应当受罚。于是，商鞅拿太子的师傅公子虔和公孙贾开刀，一个被割掉了鼻子，一个脸上被刺了字。正因为商鞅坚决推行新法，那些贵族、大臣就都不敢反对了。

孙膑是怎样打败庞涓的？

据史书记载，孙膑和庞涓曾同在鬼谷子门下学习兵法。虽师出同门，但庞涓的才能赶不上孙膑。后来，庞涓在魏国做了大将，设计将孙膑骗到魏国，还剜掉了他的两块膝盖骨，使他成了残废。孙膑在齐人的帮助下逃到齐国，并担任了军队的将领。

公元前341年，魏国派兵攻打韩国。韩国向齐国求救。孙膑不去救韩，却直接去攻魏。魏国只得回击齐军，庞涓察看齐军扎过营的地方，发现齐军的炉灶足够十万人吃饭用。

第二天，庞涓带领大军赶到齐国军队第二次扎营的地方，数了数炉灶，只剩供五万人用的了。第三天，他们追到齐国军队第三次扎营的地方，炉灶只剩供两万人用的了。于是，庞涓认为齐国十万大军到了魏国，才三天工夫，就逃散了一大半，于是武断地认定齐军斗志涣散。他决定只带着一部分轻装精锐骑兵，昼夜兼程追赶齐军，一直追到马陵（今山东莘县西南，一说今河南范县西南，一说今河北大名东南，一说今山东郯城南）。庞涓吩咐大军摸黑往前赶去，忽然前面的兵士回来报告说前方道路被木头堵住。

庞涓上前一看，果然见道旁的树全被砍倒了，只留下一棵最大的没砍，那棵树的一面被刮去了树皮，上面影影绰绰写着几个大字，庞涓叫兵士拿火来照。趁着火光一瞧，那树上面写的是："庞涓死于此树下。"

庞涓大吃一惊，连忙吩咐将士撤退，可是为时已晚，四周不知道有多少箭，像飞蝗似的冲魏军射来。一时间，马陵道路两旁杀声震天，到处都是齐国的兵士。庞涓走投无路，只得拔剑自杀。齐军乘胜追击，前后歼敌十万余人，并俘虏了魏军主帅太子申。从此，魏国逐渐失去了中原的霸权，而齐国力量迅速发展，成了当时数一数二的强国。

齐威王是如何整顿吏治的？

齐威王在位初期，齐国面临的是昔日强国魏国和商鞅变法中的秦国所形成的双重压力。齐威王虽然任用颇有头脑的邹忌为相，但中下层官吏积弊已久，政令很难从上到下得到有效的贯彻执行。所以，为振国威，齐威王决定先从整顿吏治入手。

在古代，"官"和"吏"是不同的。官是主持大局的决策者，吏则是具体的执法者。乍看上去，吏是奉官之命行事，但在具体执法方面，比如掌握法令的尺度、执法的急缓轻重等，吏的作用比官更大。

齐威王先把即墨大夫召来表扬了一番，因为在他的治理下，即墨地区平和安宁，老百姓丰衣足食。更难能可贵的是，即墨没有贿赂大王身边的人为他说好话。于是齐威王大大奖励了即墨大夫，给了他很多田地。即墨大夫勤政为民的作风，成了官员们的榜样。

随后，齐威王又把阿大夫召来，斥责他没有保护好自己的属地，城邦都被别国侵占，还贿赂国君的近臣，为其说好话，欺骗国君。之后，齐威王让人支起了一口大锅，熬了一锅"阿大夫肉汤"。

此事过后，齐国的大臣们都恪尽职守，据说再也没有发生过那种文过饰非的事情。

赵武灵王为什么要推行胡服骑射？

"胡服骑射"这一成语最早见于《战国策·赵策二》："今吾（赵武灵王）将胡服骑射以教百姓。"在那个注重服饰礼仪的年代去学夷狄（胡人）的穿着，是非常不可思议的，当时就有人称这一做法为"变古之教，

赵武灵王胡服骑射图

易古之道,逆人之心"。那么,赵武灵王为什么不顾礼法,不尊祖训,不顾大家的反对,坚持这一做法呢?

赵国地处北边,经常与林胡、楼烦、东胡等北方游牧民族接触。赵武灵王看到胡人在军事服饰方面有一些特别的长处:穿窄袖短袄,生活起居和狩猎作战都比较方便;作战时用骑兵、弓箭,与中原的兵车、长矛相比,具有更大的灵活机动性。所以,为了富国强兵,赵武灵王提出"着胡服""习骑射"的主张,决心取胡人之长,补中原之短。

在赵武灵王的亲自教习下,国民的生产能力和军事能力大大提高,在与北方民族及中原诸侯的抗争中起了很大的作用。从胡服骑射的第二年起,赵国的国力就逐渐强大起来。后来,不但打败了经常侵扰赵国的中山国,而且夺取林胡、楼烦之地,向北方开拓了上千里的疆域,并设置云中、雁门、代郡行政区,管辖范围达到今河套地区。赵武灵王"胡服骑射"是我国古代军事史上的一次大变革,被历代史学家传为佳话。

西门豹如何治邺?

魏文侯时,西门豹任邺县令。他到邺县,通过询问当地一些年纪大的人,了解到这个地方"为河伯娶媳妇"是最让百姓痛苦的事情。为了给河伯娶媳妇,邺县的三老、廷掾每年都要向百姓征收几百万钱。他们只用其中的二三十万为河伯娶媳妇,然后和祝巫一同把剩余的钱拿回家去。那些有漂亮女子的住户也因此搬迁到别的地方去生活了。西门豹决定首先处理这件事情。

到了为河伯娶媳妇的日子,西门豹到河边与长老相会。西门豹以河伯的媳妇不漂亮为由,要求大巫婆去河里禀报河伯,过几日再重新给他找个漂亮女子,令差役们抱起大巫婆,把她抛到河中。过了一会儿西门豹又把大巫婆的一个弟子抛入河中,令其催巫婆"上岸"。之后又将另一个弟子抛入河中。

后来,西门豹认为女人不能把事情禀报清楚,就把三老抛入河中。这样一来,其他人都吓得在地上叩头,把头都叩破了,脸色像死灰一样。西门豹的做法让邺县的官吏都非常惊恐,从此以后,都不敢再提起为河伯娶媳妇的事了。接着,西门豹就征发百姓开挖了十二条渠道,把黄河水引来灌溉农田。在他的治理下,邺县的百姓逐渐安居乐业了起来。

谁发起了"五国相王"联合抗秦?

周显王四十六年(公元前323年),魏、韩、赵、燕及中山国为联合抗秦,采取了"五国相王"的行动。

从周显王中期开始,秦国通过商鞅变法,国势日益强盛,又纳张仪的建议,实行"连横"策略,使秦国对于东方诸国呈现出咄咄逼人的形势。这个时期的魏国自从马陵之战惨败于齐之后,国势已从鼎盛趋于衰落。从地理位置上看,魏国是秦东侵的主要目标,为了对付强秦的威胁,魏惠王采取十分积极的态度,展开频繁的外交活动以拉拢邻国。周显王四十四年(公元前325年),魏惠王与韩宣惠王在巫沙相会。同年,魏惠王与韩宣惠王携太子入朝于赵。次年,魏惠王、韩宣惠王在平阳会见齐威王,卑躬屈节,以求齐的支援。与此同时,秦国也积极展开外交活动,秦相张仪和齐、楚之相会见,目的是拉拢齐、楚。

这时,公孙衍为魏将,他采取"合纵"的策略与"连横"对抗。同年,公孙衍发起"五国相王",即五国国君相互承认其王号,以此表示相互联合。公孙衍原拟拉拢齐国,但齐国认为中山国小,不屑于与之同列,因此不承认中山有称王的资格。齐国欲联合魏、赵、燕三国迫使中山废除王号,却没有成功。所以"相王"的五国,实为赵、韩、燕和中山四国。

廉颇为什么要负荆请罪？

秦昭襄王听说赵惠文王得到了举世无双的和氏璧，非常高兴，他想将和氏璧占为己有，就声称愿用15座城池换璧，实际上这不过是个诱饵而已。赵王慑于秦国强大的国势，惧怕战争，只得派蔺相如带璧去咸阳与秦王相见。在咸阳宫里，蔺相如机智灵活，既打击了秦王的嚣张气焰，又揭穿了秦王夺宝的阴谋，完璧归赵。后来在渑池大会上，蔺相如又靠智勇力挫秦王的气焰，维护了赵王的颜面。赵惠文王感激蔺相如为国立了大功，封他为上卿。

廉颇是赵国的一员猛将，战功赫赫。他觉得自己为国家身经百战，而出身卑微的蔺相如的地位高过了自己，心中不服，就一直想当众羞辱蔺相如。蔺相如知道后处处回避，廉颇以为蔺相如胆怯，就更加瞧不起他了。蔺相如的门客不服，去问蔺相如："您为什么如此害怕廉颇将军？"蔺相如笑着问他们："你们说，廉颇将军厉害还是秦王厉害？"手下人都说秦王厉害。蔺相如又说："秦王我都不怕，我怎么会怕廉颇？今天秦国不敢侵犯我国，是因为有我和廉颇在。一旦我们不和，就会削弱内部力量，秦国就会乘机入侵。所以我不与廉颇争高低，为的是国家稳定。"

廉颇知道后，惭愧得无地自容。他脱去上衣，背上荆条，亲自到蔺相如家里请罪。从此，廉颇和蔺相如结成刎颈之交，将相和睦，共同抗敌，秦国就更不敢贸然攻打赵国了。

为什么田单能够复齐？

公元前284年，齐湣王内被人民所怨，外被秦国仇视其强大（当时齐国强大到令很多准备臣服秦国的国家转变态度，臣服于它），于是五国发兵攻齐，于济西大破齐军。燕国将领乐毅出兵攻占齐都临淄（今山东淄博东北），再于半年内接连攻下齐国七十余座城，仅剩莒（今山东莒县）和即墨（今山东平度市东南）两座孤城未能攻克。田单率族人以铁皮护车轴逃至即墨，被推举为城守。即墨全城军民由田单率领抵抗，双方交战五年。乐毅强攻不克，只好包围城市。

燕昭王死后太子即位，就是燕惠王。田单暗中派人到燕国去散布流言，说乐毅本来早就当上齐王了，只是为了讨先王（燕昭王）的好，才没接受称号。如今新王即位，乐毅就要留在齐国做王了。燕惠王本来就跟乐毅有矛盾，听了这个谣言，便决定派大将骑劫到齐国去代替乐毅。

骑劫下令围攻即墨，可是城里的田单早已把作战的步骤准备好了。

过了几天，燕国兵将听到附近百姓在谈论。有的说："以前乐将军太好了，抓了俘虏还好好对待，城里人当然用不着怕。要是燕国人把俘虏的鼻子都削去，齐国人还敢打仗吗？"有的说："我的祖坟都在城外，要是燕国军队真的刨起坟来，可怎么办呢？"这些议论传到骑劫耳朵里。骑劫就真的把齐国俘虏的鼻子都削去，又叫兵士把齐国城外的坟都刨了。即墨城里的人听说燕国的军队这样虐待俘虏，全都气愤极了。他们还在城头上瞧见燕国的兵士刨他们的祖坟，更是恨得咬牙切齿，纷纷向田单请求，要跟燕国人拼个死活。

田单挑选了一千多头牛，牛角上捆上尖刀，尾巴上系着一捆浸透了油的苇束。一天午夜，田单下令凿开十几处城墙，把牛队赶到城外，在牛尾巴上点上了火，一千多头牛被烧得牛性子发作起来，朝着燕军兵营方向猛冲过去。

燕将骑劫在乱军中被杀死，齐军乘胜反攻。那些被燕国占领地方的将士百姓，都纷纷起兵，杀了燕国的守将，迎接田单。不到几个月工夫，被燕国和秦、赵、韩、魏四国占领的七十多座城都被收复了。田单把齐襄王从莒城迎回临淄，齐国才从几乎亡国的境地中恢复过来。

"秦人智囊"是指谁？

嬴疾（？—公元前300），因居樗里又称樗里子，是秦惠王异母弟，母亲是韩国人。他能言善辩，足智多谋，被秦人称为"智囊"。

公元前317年，魏、赵、韩三国联军攻秦，他率军大破联军于修鱼，关东诸国大为震惊。公元前314年，领兵攻打魏国的曲沃、焦，迫使焦投降，曲沃成为一座空城，终于并入秦的版图。公元前313年，樗里子为将攻打赵国，俘其将赵庄，夺占赵地蔺。第二年又协助魏章攻打楚国，以离间计使楚将互不配合，大败楚军于丹阳，掳其将屈丐及裨将逢侯丑等70余将领，斩首8万人。嬴疾以战功卓著，封于严道，号为严君。秦惠王嬴驷死后，秦武王驱逐张仪、魏章，起用樗里子、甘茂为左右丞相，在樗里子等人势如猛虎的冲击下，各国谈秦色变。通过战争扩张，秦国渐渐强大起来。

白起为何被称为"战神"？

白起（？—公元前257），为白公胜之后，又称公孙起，战国时期秦国名将。白起号称"人屠"，又有人称之为"战神"。他是战国四大名将之一（其他三人分别是王翦、廉颇、李牧），是中国历史上自孙武、吴起之后又一个杰出的军事家、统帅。

白起前后征战沙场37年，从未败过，而且经常以少胜多。六国军队只要听说是他带兵来战，皆闻风丧胆。他为秦国的统一大业立下了不世之功，他的战绩创造了中国兵法的最高实战典范。

长平之战后，秦又发兵攻打邯郸。因白起有病在身，秦王派大夫王陵攻赵，未果。到第二年正月，白起病愈，秦昭襄王欲以其为将攻赵，但白起却以"国内空虚、远征有险、诸侯相应"等原因拒绝应战。昭襄王又派范雎去请，白起始终称病不起。

秦昭襄王攻赵决心已下，于是派王龁为大将出兵，但被楚魏联军打败。白起知道后，背地里埋怨秦昭襄王当初不听他的话。秦昭襄王听后大怒，强令白起出兵，白起仍称病不起。于是，秦昭襄王免去了白起的官职，降为士兵，令其不得留于咸阳，迁居阴密（今甘肃灵台县西）。白起因病未能及时成行。后秦昭襄王担心白起被贬心有怨恨，对己不利，便与范雎等人密谋将他处死。接着，秦昭襄王派使者给白起送去宝剑，命他自裁。白起死后，六国诸侯闻讯，皆酌酒相贺。

一代良将，就此含恨而死。

远交近攻之策是怎么回事？

范雎（？—公元前255），战国时魏国人，著名政治家、军事谋略家。他同商鞅、张仪、李斯先后任秦国丞相，对秦的强大和统一天下起了重大作用。

公元前266年，范雎出任秦相，辅佐秦昭襄王。他上承孝公、商鞅变法图强之志，下开秦始皇、李斯统一帝业，是秦国历史上继往开来的一代名相，也是我国古代在政治、外交等方面极有建树的谋略家。

对外，为达到兼并六国的目的，范雎提出了"远交近攻"的战略思想，对齐、楚等距秦较远的国家先行交好，稳住他们不干预秦攻打邻近诸国之事。魏、韩两国地处中原，有如天下之枢纽，离秦又近，应首先攻打，以除心腹之患。魏、韩臣服，则北可慑赵、南能伐楚，最后再攻齐。这样由近及远，得一城是一城，逐步向外扩张，好比蚕食桑叶一样，必能统一天下。公元前268年，秦昭襄王采用范雎的计谋，派兵伐魏，攻占怀（今河南武陟西南）。两年后又攻占邢丘（今河南温县东）。公元前265年，范睢又为秦昭襄王谋划攻打韩国，首先攻占地处韩国咽喉的荥阳，将韩国断为三截，致使其不得不听命于秦。后又经过一系列征战，使秦国越来越强大，为平定六国、统一天下奠定了基础。

范睢是怎样发迹的？

范睢是秦昭襄王的重要谋臣，在秦国征服六国的大业中做出了重要贡献。他发迹之前，曾是魏国大夫须贾的门客，过得很是狼狈。

有一回，须贾带着范睢出使齐国。齐襄王听说范睢很有才干，就暗地里打发人去见范睢，还送给他一百金和一些牛羊做见面礼，被范睢坚决地推辞了。但因为这件事，须贾怀疑范睢暗中串通齐国，回到魏国以后，就向丞相魏齐告发了。魏齐听了以后，非常生气，下令严刑拷问范睢，打得他肋骨断了几根，门牙也掉了几颗。范睢只好装死，于是看守把他用席子裹起来扔到厕所里。后来，范睢化名张禄，逃出魏国，到了秦国。

一天，范睢在城中看见秦昭襄王的车马来了，就故意装作不知道的样子，毫不回避。秦昭襄王身边护驾的侍从大声喊道："大王来了，赶紧回避！"范睢冷冷地说："什么？秦国还有大王吗？"

秦昭襄王没有实权，闻听此言，觉得自己遇到了知己。于是他赶紧把范睢请到宫里单独交谈。后感于范睢的雄才大略，拜其为客卿，并按照他的谋划，把魏国、韩国作为主要的进攻目标。

不久，秦昭襄王废除太后的权力，又收回了穰侯的相印，然后拜范睢为相，封地在应（今河南宝丰西南），号为应侯。五年后，范睢又为秦昭襄王出谋划策，帮助白起在长平大败赵军，俘虏了数十万赵国士兵。秦军又乘势包围了赵国的都城邯郸，前后持续一年之久。

吕不韦是怎样进行政治投资的？

吕不韦（？—公元前235），战国末年著名商人、政治家、思想家，后为秦国丞相。吕不韦原是阳翟（今河南禹州市）的大商人。秦时，商人地位低下，即使再富有，在高官贵族、文人学者眼里也是难登大雅之堂的。吕不韦为了改变自己的地位，决定弃商从政，以期成为贵族。

子楚是秦孝文王的儿子，被作为人质送到了赵国。他在当地的生活并不宽裕，不方便乘车，居所也很狭小，住着很不舒服。当时吕不韦正在邯郸做生意，见到子楚后，就打起了他的主意，认为子楚是一个可以囤积居奇的宝贝。于是他前去拜见子楚，对他说："秦王已经年迈体衰了，安国君被封为太子。我听说安国君十分宠爱华阳夫人，而华阳夫人自己没有生育。将来决定立谁为王室继承人的大权就握在华阳夫人手中。现在你们兄弟有二十多个人，你排行在中间，并不怎么受宠，还长时间地作为人质被送到别的国家。所以等到秦王去世，你根本没有资本与长子和其他那些整日围绕在安国君身旁的兄弟们竞争，被立为太子的机会很小。"子楚也深感自己的处境不利，吕不韦趁机说道："我虽然不是很富有，但仍愿资助你一笔财产，以供你回到秦国讨得安国君和华阳夫人的欢心。这样你就有机会被立为太子了。"

在吕不韦的帮助下，子楚后来终于即位为王，即秦庄襄王，也就是秦始皇的父亲。当然，吕不韦的"生意"就做得更大了。子楚当上秦国国君后，他受封为文信侯，担任秦国的相国。

王翦置田是怎么回事？

王翦（生卒年不详），是战国末期秦国著名战将，与其子王贲一并成为秦始皇兼并六国的最大功臣。后世人评战国四大名将，王翦便是其中之一。王翦不仅会打仗，还懂得为臣之道，他对"韬光养晦"这四个字深有研究。在伐楚之时，他就曾用请求赏赐田地的方法来消除秦王的疑心，并成为一个典故。

战国末期，秦王嬴政欲灭楚，倾心于年少壮勇的秦将李信，认为他贤能果敢。秦王曾问李信欲破楚需多少人马，李信表示二十万即可。秦王又问王翦，王翦道："非六十万不可。"秦王认为王翦年老胆怯，于是派李信及蒙武将兵二十万伐楚。王翦因秦王不用其言，就托病辞官，归频阳养老。最终李信军队被楚军大败。

秦王听闻秦军失败，大怒。他知道王翦确有远见，于是亲自到频阳向王翦谢罪，说："我没有听从将军的话，李信终使秦军受辱，如今楚军逐日西进，将军虽有病在身，怎能忍心背弃寡人？"王翦辞谢说："老臣疲弱多病，希望大王另择良将。"秦王坚持要王翦领兵，王翦说："若非要用老臣，必给我六十万大军。"秦王允诺。于是，王翦率六十万秦军伐楚，秦王亲自送至灞上。王翦行前多求良田屋宅园地，秦王说："将军既已出兵，何患贫穷？"王翦说："为大王部将，虽立战功却终不得封侯，所以趁大王亲近臣下之时，多求良田屋宅园地，为子孙置业。"秦王大笑。王翦的军队行至关口后，又五度派使者回朝求良田。有人认为他求赏太过，王翦却说："秦王粗暴又不信任他人，如今倾全国兵力交付于我，我只有以多请田宅作为子孙基业的方法来稳固自家，打消秦王对我的怀疑。"

公元前224年，王翦领兵伐楚，一年就平定了楚国，俘虏楚王负刍。王翦于是又率兵南征百越，取得胜利。后因功勋卓著而被封武成侯。

都江堰是谁修建的？

在美丽富饶的川西成都平原上，有一套完整的农田灌溉系统，这就是我国最早的规模宏大的水利工程——都江堰。其修建时间之早和收益之多，在世界上也是罕见的。两千多年来，它一直显示着中华民族的智慧和力量。

岷江发源于成都北部的岷山，它穿越层层陡峻的高山流入成都平原时，水势突然减缓，夹带的大量泥沙和山石随即沉积下来，淤塞河道，经常造成水灾。因此，征服岷江、变水害为水利，就成为成都平原人民的共同心愿。战国时期著名的水利家李冰，于公元前251年被秦昭襄王任命为蜀郡太守。他到任不久，便在儿子二郎的协助下，领导当地人民进行了治理岷江的工作。

都江堰按照灌溉和防洪的需要，合理控制了内、外江的江水流量，在当时有这样高超的科学设计和施工安排，堪称奇迹。直到现在，都江堰仍然完好，继续为人民造福。人们为怀念李冰父子的功绩，在都江堰附近修建了伏龙观和二王庙。今天，古老而宏伟的水利工程都江堰，也已成为旅游胜地，它时刻敞开胸怀，迎接着中外旅游者的到来。

秦国为何要修郑国渠？

秦国的基地位于关中，为达到一统全国的目的，需增强自己的经济力量，因此发展关中农田水利以达到粮食增产是当务之急。秦东邻的韩国便以善于兴修水利的郑国为间谍，派其入秦，游说秦国在泾水和洛水（北洛水，渭水支流）间开凿一条大型灌溉渠道。表面上说，是可以发展秦国农业，真实目的则是要耗竭秦国财力。

秦王本来就想发展秦国水利，于是很快采纳这一诱人的建议，并立即征集大量的人力和物力，任命郑国主持，兴建这一工程。在施工过程中，韩国"疲秦"的阴谋败露，秦王大怒，要杀郑国。郑国说："始臣为间，然渠成亦秦之利也。臣为韩延数岁之命，而为秦建万世之功。"秦王是一位很有远见卓识的政治家，认为郑国说得很有道理，加之秦国当时的水利技术还比较落后，所以对郑国仍然加以重用。经过十多年的努力，全渠完工，人称郑国渠。

郑国渠的修建极大地改善了关中地区的农业生产条件，使得关中平原成为沃野，粮食产量大幅提升。这不仅满足了国内民众的基本生活需求，还为秦国的战争和扩张提供了坚实的物质保障。另外，秦国利用郑国渠主导了中原地区的贸易市场，控制了铁矿等大宗商品的价格，从而在经济上打压了韩、赵、魏等诸侯国。

楚怀王为什么客死秦国？

楚怀王在位的第十六年，秦国想进攻齐国，可是楚国与齐国亲善，于是，秦惠王努力想打破楚齐联盟。他派说客张仪南下去拜见楚怀王。张仪用原属楚国的纵横六百里地的商於地区为诱饵，劝楚怀王与齐国断绝关系。楚怀王照做之后，张仪却说给楚国的土地是六里地，楚怀王知道自己被张仪耍了，大怒，出兵攻打秦国但大败而归。又过了一年，形势的发展使秦国想与楚国结为联盟，秦国愿意割让土地来跟楚国讲和。楚怀王说他只想得到张仪，于是张仪主动请求到了楚国。

张仪到了楚国都城，暗中勾结佞臣靳尚，靳尚替他请求怀王道："拘捕张仪，会让秦王不高兴。各国若看到楚国没有了秦国这个盟友，必定会轻视大王。"宠妃郑袖也在靳尚的鼓动下为张仪求情。楚怀王经不住靳尚与郑袖的劝说，与秦国结为联盟，放了张仪。

一年后，秦楚交恶，秦昭襄王要弄手段，挟持楚怀王到达秦国咸阳，要楚国向秦国割让土地。楚国大臣们为了断绝秦国的非分之想，另立新君，便是楚顷襄王。次年，楚怀王想从秦国潜逃回国，被秦国发现，封锁了所有通往楚国的道路。楚怀王于是改从小路逃到赵国，想绕回楚国去。赵国害怕秦国，不敢接纳楚怀王。楚怀王又想经魏国，这时秦军已经追上来了，他只得跟随秦国使者又回到了秦国。楚怀王惊恐劳累，因而生了重病，死在秦国，成了天下笑柄。

李牧为什么能大败匈奴？

李牧是赵国名将，长期驻守在赵国北边的雁门郡，防备匈奴的侵犯。

他教导战士苦练骑马、射箭等作战技术，严密看守烽火台，同时派了许多谍报员，随时掌握敌情，做好迎战的准备。他还向军队发布了一条命令：绝不擅自迎战，违令者斩。因此，匈奴每次入侵，他的军队总是守在营垒里，不与他们随便交战。

经过几年的养精蓄锐，李牧摸清了匈奴出没的规律，也积累了一套进攻匈奴的有效方法。他看到军民都群情激愤，时机和条件都已成熟，便决定向匈奴开战。同时，他动员老百姓把所有的牲畜都赶出来放牧。

匈奴看到满山遍野的牛羊马匹，垂涎三尺，就派出一小股部队入境抢掠。李牧这次一反惯例，出兵迎击。刚一接战，就假装战败，并故意丢弃了几千人马。匈奴单于认为赵国守军不堪一击，就率领人马大举入侵。李牧诱敌深入，同时把军队分为两支，从两侧包抄匈奴骑兵，以迅雷不及掩耳之势，杀得十余万匈奴骑兵人仰马翻，匈奴单于也仓皇逃命。匈奴经过这一次严重挫败，十多年间再不敢侵扰赵国的边境。

"战国四公子"是哪几个人？

战国末期秦国越来越强大，各诸侯国贵族为了对付秦国的入侵和挽救本国的危亡，竭力网罗人才。他们礼贤下士，广招宾客，以扩大自己的势力，因此养"士"（包括学士、策士、方士或术士以及食客）之风盛行。当时，以养士著称的有魏国的信陵君魏无忌、齐国的孟尝君田文、赵国的平原君赵胜和楚国的春申君黄歇。因其四人都是王公贵族（一般是国家君王的后代），时人称之为"战国四公子"。

信陵君"窃符救赵"是怎么回事？

信陵君的姐姐是赵国平原君的夫人。秦兵围邯郸，赵国多次向魏国求救，魏王派将军晋鄙领兵十万救赵。但在秦王"谁敢救赵，下一个就攻打谁"的威胁下，魏王令晋鄙军屯驻邺地，观望两国的胜败。

信陵君屡次去请求魏王下令出兵，门客们也用各种办法劝说，魏王始终不听。信陵君无奈，便决定带一百多辆车骑去跟秦军死拼。路过夷门，遇见侯嬴，侯嬴只说自己年老，不能跟随公子前去，就走开了。信陵君行数里后，总觉得不痛快，心想：我待侯嬴不薄，现在将去拼死，为什么他没有一言半辞送我呢？于是他又回来见侯嬴。侯嬴就给信陵君出了一个主意，建议他让魏王最宠爱的如姬去魏王卧室窃出兵符，调动晋鄙的兵将，就能救赵了。信陵君曾帮助如姬报了杀父之仇，所以如姬很感激信陵君。信陵君依照侯嬴的办法，果然得到了兵符。

信陵君带人要去调动晋鄙的军队，侯嬴又对他说："将在外，君令有所不受。晋鄙如果不听从，就危险了。要带朱亥去，必要时就把晋鄙打死。"信陵君一行到邺，要代晋鄙领兵。晋鄙合符后仍有怀疑，不想交出兵权。在这关键时刻，朱亥从袖子里抽出四十斤重的铁锥，把晋鄙打死。信陵君遂得兵八万，攻击秦军。秦军在魏军、楚军和赵军的夹攻下大败，邯郸之围遂解。赵王及平原君亲自到邯郸郊界迎接信陵君，平原君为信陵君背着箭袋在前引路。赵王一再感谢地说："自古贤人未有及公子者。"

乐毅破齐是怎么回事？

齐湣王当政后，齐国国力达到了顶峰，每个诸侯国都吃过他的亏。燕国是齐国北边力量较弱的一个国家，曾经被齐军打得大败，燕昭王即位后，重用贤臣乐毅，准备联合东方其他五国共同攻打齐国。

当时各国都难以忍受齐湣王的骄横暴虐，所以迅速地和燕国联合起来。燕昭王任命乐毅为上将军，由乐毅率领燕、赵、楚、魏、韩五国大军杀奔齐国，在济水西岸一举击溃了齐军主力。其他几个诸侯国纷纷撤兵，而乐毅则指挥燕军乘胜追击，渡过济水，一直打到了齐国首都临淄。

济水大败后，齐湣王四处逃跑。由于他十分傲慢无礼，哪个国家都不肯收留他，最后他来到莒县。楚国大将淖齿率军救援齐国，取得齐湣王的信任，被任命为齐相。然而没过多久，他就杀了齐湣王，打算和燕国瓜分了齐国的土地和财宝，最后被齐人王孙贾所杀。

第三篇

巍巍帝国，九州一统
——秦、汉帝国

秦

秦始皇为什么能统一中国？

秦统一前，国家处于分裂割据状态，战争频繁，严重阻碍了各地区经济文化的发展，同时给人民的生产、生活带来灾难。秦的统一，符合历史发展的趋势，也是各地人民的共同心声。秦王嬴政即位时，具备实现统一的三个客观条件：第一，社会经济发展，民族、地区之间联系加强，为统一提供了必要的社会基础；第二，人民苦于战乱，渴望统一；第三，秦国变法比较彻底，实力最强，具备进行统一战争的条件。秦国经过商鞅变法，封建经济和军事力量增强，逐渐成为七国中实力最强的封建国家，因此，在七国中秦国最有条件实现统一。

嬴政掌权后，采取了两方面的措施：其一，搜罗、任用外来人才，如楚国的李斯、魏国的尉缭；其二，谋划灭亡六国的策略，部署统一全国的战略。

秦王嬴政在用人上不以出身高低取人，不拘一格，广招人才，能够礼贤下士，任人唯能。他采纳李斯的建议，从弱小的韩国开刀，先扫除两翼，最后灭齐。任命王翦、李信、王贲、蒙恬等为将军，展开大规模的统一战争。秦于公元前230年灭韩，公元前228年灭赵，公元前225年灭魏，公元前223年灭楚，公元前222年灭燕，公元前221年灭齐。秦军像秋风扫落叶一样，不到十年的时间，就灭掉了东方六国。

秦朝征服六国后又发动了哪些战争？

秦朝征服六国以后，又发动了一系列对周边少数民族的战争。

北方，秦始皇派蒙恬率军三十万抗击匈奴。蒙恬于秦始皇三十二年（公元前215年）收复河套以南地区，即当时所谓"河南地"，第二年进一步斥逐匈奴。

南方，秦始皇在灭楚之后，很快降伏了居住在浙江一带的越族，建置会稽郡。接着于公元前221年，分别征服了居住在今温州一带的东瓯和今福建境内的闽越，设置闽中郡。公元前214年，秦始皇又征服了两广地区，建置了南海、桂林和象三郡。

秦始皇为何铸造十二金人？

唐代诗人李白在其诗《古风·秦王扫六合》中曾这样写道："秦王扫六合，虎视何雄哉！收兵铸金人，函谷正东开。"其中"收兵铸金人"一句就是指秦始皇完成统一大业后，收缴天下兵器聚之咸阳，销毁后铸成十二个金人一事。因当时的兵器主要用铜所铸，古人又把青铜称为金，所以这些青铜人就被称为"金人"。

秦始皇为什么要铸造这十二个金人呢？关于这个问题，至今还是众说纷纭。民间主要流传着以下两种说法。

一种说法是：有一天，秦始皇梦中遇到天象大变、昏暗无光，且鬼神作怪，遂惊恐不已。在万般无奈之际，有一道人前来指点迷津，说制十二金人，方可稳坐天下。秦始皇梦醒后，就下令将全国的兵器收缴集中于咸阳，铸成十二金人。

另一种说法是：秦始皇在统一全国后，始终在忧虑和思考着如何长治久安、使江山传之万世的问题。而要坐稳天下、江山永固，首先要解决的一个问题就是收缴和销毁流散在民间的各种兵器。于是就将兵器收缴铸成金人。

秦始皇巡游的目的是什么？

据《史记·秦始皇本纪》记载，秦始皇在帝位的十一年间共有五次出巡，历时长，范围广。他的这些举措，主观上是为了广播皇威，但客观上促进了交通的发展，并对后世交通线路的布局产生深远的影响。

为了达到宣德扬威、安定天下的政治目的，秦始皇在一统天下后，频繁出巡，以使六国人民从精神上对其臣服。从公元前220年到公元前218年，短短的三年内，秦始皇就在原六国的领地上巡游了一遍，在各地刻石颂功，涉及范围甚广。仔细分析不难发现，秦始皇在巡游中，有几个重要的活动区域，即齐地、燕北赵代之地和东南吴楚之地。这些地方恰恰是刚统一的秦帝国最不安定的地方。

在秦始皇东巡的意图中，还有一个政治目的不容忽视，这就是所谓"东南有天子气，因东游以厌之"。秦统一后，吴楚之地仍潜伏着取秦而代之的政治基础和浓郁的不满情绪。秦始皇视之如心腹之患，故借巡游和视察政务，予以镇压。

除此之外，秦始皇出巡也与秦人的文化传统及秦始皇本人的个性特征有关。秦人好慕远行，有其悠久的文化传统。秦国国君多有不辞辛劳、跋涉山川、蒙犯霜露、频繁远行的历史记录，而以秦惠文王、秦武王、秦昭襄王等为甚。

另外，秦始皇推崇五德始终说，到泰山封禅，在各地祭祀天地、山川、鬼神。秦始皇于称帝后的第二年去泰山封禅，并四次巡游齐鲁海滨，多次登临芝罘、琅琊、成山等地。

在上述原因的驱动下，秦始皇成为实践天子四方巡守政治思想的第一位帝王。他巡游四方的壮举，深深地影响了我国秦以后历代封建帝王的巡游行为，并且对中华民族多元文化生态产生了广泛而深远的影响。

秦始皇为何取消谥号？

谥号，是我国古代统治者或有地位的人死后，另起的称号，如"武"帝、"哀"公等。"谥者，行之迹也；号者，表之功也；车服者，位之章也。是以大行受大名，细行受细名。行出于己，名生于人。"帝王的谥号，由礼官议商；臣下的谥号，由朝廷赐予。

谥号制度的形成，传统说法是在西周早期，即《逸周书·谥法解》中提到的周公制谥。但是近代以来，王国维等根据金文考释得出的结论为谥法应当形成于西周中期的恭王、懿王阶段，这一说法现在得到广泛认同。秦始皇认为自己"德兼三皇，功高五帝"，就将"皇""帝"连起来开始称"皇帝"。他认为谥号有"子议父、臣议君"的嫌疑，因此把它废除了。但是到西汉又恢复了谥号。

秦始皇为何大杀宦官？

秦始皇想求仙，方士对他说："深居宫中勿令人知方能见到真人，得不死之药。"秦始皇便在咸阳旁边二百里内建宫观二百七十所，并用复道把它们连接起来。这样，他在什么地方就谁也不知道了。

有一次，秦始皇到梁山宫，从山上见丞相车骑甚众，心中很不高兴，有的宦官便把这事告诉了丞相。丞相听说后，马上把自己的车骑数量减少。秦始皇知道后，认为是身边的宦官泄露了他的处所，便把当时在身边的宦官全都杀了。此后再没有人知道秦始皇在何处了。

秦朝的法律形式都有哪些？

一统天下的秦朝为了维护和巩固新生的

政权,制定了完备的法律制度,其法律形式主要有以下几种:

第一,《秦律》。公元前361年,秦孝公下令求贤,商鞅离开魏国,携带李悝的《法经》入秦。在他的主持下,秦国于公元前356年、公元前350年两次变法改革。

秦朝立法源于秦国立法,秦国法律形式有律、令、制、式、法律答问、廷行事等。自商鞅主持秦国变法后,开了秦修订刑律的先河。秦朝建立后,承袭前代,刑律内容无大更改。变化的是,秦朝不断增修单行律条,以适应国家统一后不断变化的政治与经济生活的需要。如《田律》《工律》等二十九种单行律条。

第二,在秦朝,令、制、诏都是重要的法律形式,如《焚书令》《田令》等。

第三,在秦朝,式也是一种法律形式。式是办事规则、公文程式。如云梦秦简中曾有《封诊式》,具体规定了勘验、调查、审讯的法律文书程式。

第四,为了统一适用法律,还专门制定了官方的法律解释,以利于官吏依法判案。在云梦秦简中,《法律答问》就是秦制定法律解释的明证。它对秦国定罪量刑以及法律适用当中的重要问题,都做了具体解释,同刑律具有同等的法律效力,成为秦国法律形式的一种,秦统一后仍在沿用,并且影响到后世的法律解释。

秦始皇到底有没有"焚书坑儒"?

"焚书坑儒"是秦始皇加强专制统治的措施之一,千百年来人们在把这位"千古一帝"指责为暴君时,总忘不了提及"焚书坑儒"。我国学术界就秦始皇的评价问题曾多次展开热烈讨论,其中"焚书坑儒"乃是争论最激烈的一桩公案。

据《史记·秦始皇本纪》载,始皇三十四年(公元前213年),秦始皇采纳丞相李斯的建议,下令把秦国以外的史书和民间收藏的《诗》《书》及诸子百家之书全部烧毁。次年,一些为秦始皇觅求不死仙药的方士,因为旷日持久而没有效验,怕骗术被拆穿,就和一些儒生串通,私下诽谤秦始皇"刚愎自用""专任狱吏""乐以刑杀为威"。秦始皇闻讯大怒,令御史迅速查办。方士与儒生遂转相牵连告发,结果查出犯禁者460余人。秦始皇为"使天下知之,以惩后",将这批人全部坑杀于咸阳。以上就是历史上"焚书坑儒"的经过。

但有学者提出,秦始皇"焚书"有之,"坑儒"则无,所谓"坑儒"实是"坑方士"之讹。然也有学者认为秦始皇不仅"坑儒",而且还坑杀了两次,且双方俱有佐证。

秦始皇为何不立后?

秦人在秦孝公以后对于立后和立太子之事已制度化,而且,秦国在发展壮大过程中,各种国家制度已臻完善,统一中国后更全面建立了各种制度,并定出了皇帝的正妻为皇后、母亲为皇太后的制度。但是,秦始皇始终没有立皇后,这成为令人费解的千古之谜。

有人分析后认为,秦始皇之所以在多次有机会立后的时候没有立后,原因是很复杂的。

第一,秦始皇生性多疑,若立后,恐皇后掣肘。第二,秦始皇信道,渴望长生不老。即位起,他就开始遍寻长生不老的仙药,因此没时间考虑立后的事情。第三,史载,秦始皇的母亲行为失谨,秽乱后宫,并生了两个儿子。这使秦始皇在思想上受害甚深,为此,他把母亲永远赶出了咸阳。由于母亲的行为而形成的心理障碍,也是他迟迟不立后的原因之一。第四,统一六国后,东方六国佳丽尽充后宫,要想从中选一位名门之后的贤淑女子也是一个难题。况且,秦始皇自认功德超过了三皇五帝,所以择后的标准难定,立后就更难了。由于以上种种原因，秦始皇始终未立后。

开凿"灵渠"的最初目的是什么？

灵渠在广西壮族自治区兴安县境内，是世界上最古老的运河之一，有着"世界古代水利建筑明珠"的美誉。灵渠古称秦凿渠、零渠、陡河、兴安运河，于公元前214年凿成通航，距今已2200多年，仍然发挥着作用。

公元前221年，秦始皇吞并六国、平定中原后，立即派出三十万大军，北伐匈奴；接着，又挥师五十万南下，平定百越。为尽速征服岭南，秦始皇下令开凿灵渠。此项艰巨的任务，交由监御史史禄和三位石匠担纲。古人感佩于史禄开凿灵渠厥功至伟，称赞他"咫尺江山分楚越，使君才气卷波澜"，兴安县也留下了为纪念三位石匠的"三将军墓"。历经三年艰辛，这条体现我国古代劳动人民智慧和科学技术伟大成就的人工运河，终于凿成通航。灵渠在向世人展示中华民族不畏艰险、吃苦耐劳精神的同时，也展示了中华民族丰富的智慧和无穷的创造力。

张良为何要策划刺杀秦始皇？

张良是韩国人，他的祖父和父亲，曾先后担任五个韩王的相国。公元前230年，韩为秦所灭，张良拿出全部家财寻觅有本领的人去刺杀秦王政，决心要替韩国复仇。

张良曾东往淮阳游学，在那里，他遇见了一位行侠仗义的隐士仓海君。由于仓海君的关系，张良认识了一位勇猛有力的人，于是与他结为知己，谋划如何刺杀秦王。那位大力士准备了一个120斤重的大铁锤作为刺杀的武器。公元前218年，秦始皇到东方巡视抵达阳武（今河南原阳），张良和力士隐蔽在博浪沙，当秦始皇车队经过的时候，他们发动突然袭击。但因为判断错误，没有搞清秦始皇到底是坐在哪一辆车上，所以力士一锤打去，只是把一辆随从的车打坏了。后来，张良改名换姓逃到下邳，遇到了刘邦。

李斯是被谁诬陷致死的？

秦二世二年（公元前208年），各地起事者风起云涌，致使秦二世不断地责备李斯，说身为三公，却不能制止小小的盗贼。李斯不敢以实相告，只好曲意逢迎，建议秦二世加重打击力度，以"轻罪重罚"的方法加强对百姓和百官的镇压和控制。结果造成杀人越多，越能成为忠臣；征税越重，越会成为明吏的局面。而秦二世本人深居宫中，行乐不止，政事都由郎中令赵高决定。

对于赵高的独断专行，李斯时常不满，这使他逐渐成为赵高的眼中钉。后赵高向秦二世诬告李斯，说李斯准备裂地而称王，还说李斯的儿子李由与盗贼私通。李斯得知后，反斥赵高心术不正，行为不轨。李斯又与丞相冯去疾、将军冯劫进谏秦二世，请求减轻赋役，停止修建阿房宫。但是，在赵高的怂恿之下，秦二世认为李斯等人既不能禁绝外盗，又反对先帝的遗命，根本没有资格在位，就下令将三人下狱治罪。二冯自杀，李斯则被腰斩于市，株连三族。赵高被任命为丞相，大权独揽，最终把秦王朝推向灭亡的边缘。

大将蒙恬兄弟是怎么死的？

蒙恬（？—前210），秦朝名将，祖居齐国，祖父蒙骜、父亲蒙武皆为秦名将。

秦统一六国后，始皇三十三年（公元前214年），率领三十万秦军征伐匈奴，次年收复河南地（今内蒙古河套一带），击退匈奴七百余里，屯兵上郡（今陕西榆林东南）。蒙恬守北防十余年，匈奴慑其威猛，不敢再犯。而当时蒙恬之弟蒙毅也在做上卿。蒙毅曾判处中车府令赵高死刑，但后来赵高被赦免，从此蒙毅与赵高结怨。赵高和秦始皇幼子胡亥关系密切，曾私下教授胡亥法律方面的知识，颇受胡亥重用。

秦始皇的长子扶苏因屡次进谏皇帝而失宠，被贬至上郡，监守蒙恬军。始皇三十七年（公元前 210 年）秦始皇在出巡中于沙丘病故，李斯和赵高矫旨拥立胡亥继位，下令赐死扶苏。因为蒙恬与扶苏关系密切，于是同时也赐死了蒙恬。接到命令后，蒙恬觉得可疑，扶苏自杀后，蒙恬拒绝自杀，被解除兵权关押在上郡的阳周，所部军队交由裨将王离指挥。后来，由于扶苏已死，胡亥想释放蒙恬，赵高称蒙毅政治上倾向于扶苏，于是蒙恬、蒙毅兄弟均被处死，葬于今绥德县城西的马鞍山下。

为什么大泽乡起义被称为"揭竿而起"？

在我国的史书中，讲到农民起义，总会用到"揭竿而起"，那这一成语是怎么来的呢？

公元前 210 年，胡亥当上了皇帝，但大权实际上操纵在赵高手里。赵高为人阴险毒辣，专横跋扈，搅得全国上下怨声载道，对他恨之入骨。

公元前 209 年，一批九百多人的壮丁队伍被押送到渔阳去防守，当队伍走到大泽乡时，遇上连绵大雨，没法前进，只好暂时驻扎下来。当时陈胜、吴广二人担任屯长职务，负责带领这支队伍如期赶到渔阳，否则就要被杀头。夜里，陈胜跟吴广商量："眼看限期内赶不到渔阳，难道一个个白白去送死吗？"二人商量了一番，决定举兵起义。为了号召大家，他们利用当时大多数人都迷信鬼神的特点，想出一条计策。第二天，他们拿来一块白绸条，用朱砂在上面写上"陈胜王"三个大字，塞在一条鱼肚子里，让兵士买回去。剖开鱼，兵士们发现这绸布上的字，都感到十分惊奇。半夜里，吴广又来到附近的神庙里，点起一堆火，装着狐狸叫声喊："大楚兴，陈胜王；大楚兴，陈胜王。"兵士都听得又惊又怕。

在陈胜、吴广的号召之下，大伙儿都愿意跟随他们。于是，陈胜吩咐弟兄们搭了个大台，又做了面大旗，旗上写着一个大大的"楚"字。大伙儿一齐跪下，对天起誓：齐心协力推翻秦朝。起义军队伍壮大了，没有刀和旗子，他们就砍下树枝做刀枪，削了竹枝做旗杆，建立了一支强大的农民起义军。历史上称这件事为"揭竿而起"。

项氏是怎样起兵的？

项梁是原楚国大将项燕的儿子，因为杀死了一个仇人，便带着他的侄子项羽逃到会稽郡吴中。项梁见项羽聪明伶俐，就送他去读书，可项羽只学了几年，就不愿学了。接着，又送他去学习剑术，他刚学了几个套路，又不肯学了。项梁对此非常生气，项羽不以为然，撇撇嘴说："要学，我就学那种可以敌万人的本事。"

项梁见项羽小小年纪就胸怀大志，心里暗暗称奇。有一次，秦始皇到会稽游玩，横渡浙江时，项梁和项羽也挤在人群中看热闹。项羽突然说："那个人我可以取而代之。"项梁吓得连忙伸手捂住他的嘴，因为这话要是被人听到了，是要灭族的。陈胜、吴广起义的消息传到吴中后，会稽郡郡守殷通想发兵响应，让项梁和桓楚做自己的部将，指挥兵马。然而，项梁另有打算，他与项羽一起杀死殷通，召集部众，不久就凑齐了八千名精兵。项梁便自任会稽郡郡守，任命项羽为大将，镇抚下属各县。后来，项梁、项羽带着这八千子弟兵渡过长江、淮河，南征北战。

"约法三章"是何时提出的？

公元前 206 年，刘邦进咸阳后，本想住在豪华的王宫里，但他的心腹樊哙和张良告诫他别这样做，免得失掉人心。刘邦接受他们的意见，下令封闭王宫，只留下少数士兵保护王宫和藏有大量财宝的库房，随即还军霸上。为了取得民心，刘邦把关中各县父老、豪杰召集起来，郑重地宣布道："秦朝的严刑苛法，把众位害苦了，应该全部废除。现在我和众位约定，不论是谁，都要遵守三条法律。这三条是：杀人者要处死，伤人者要抵罪，盗窃者也要判罪。"父老、豪杰们都表示拥护这约法三章。接着，刘邦又派出大批人员，到各县各乡去宣传约法三章。百姓们听了，都热烈拥护，纷纷取了牛羊酒食来慰劳刘邦的军队。由于坚决执行约法三章，刘邦得到了百姓的信任、拥护和支持，最后取得天下，建立了西汉王朝。

哪次战役摧毁了秦军主力？

公元前207年，项羽率楚军到达巨鹿县南的漳水，立刻派遣英布和蒲将军率两万起义军渡过漳水，援救巨鹿，初战告捷。接着，项羽率领全军渡过漳水，命令全军破釜沉舟，只带三日粮，以示不胜则死的决心，以迅雷不及掩耳之势直奔巨鹿，断绝秦军粮道，包围了王离军队。经过九次激烈战斗，活捉了王离，杀死了秦将苏角，包围巨鹿的秦军就这样瓦解了。

巨鹿解围后，章邯军退至棘原，项羽军驻漳水之南，两军对峙。秦军的连续失败使章邯失去了秦朝廷的信任，项羽抓住时机，亲率大军破秦军于汙水。章邯固守棘原与项羽对峙，派部将司马欣向秦廷告急求援。当时，秦廷赵高专权，猜忌将相，对章邯不予理睬。项羽又派蒲将军率军日夜兼程渡三户津（古漳水渡口，今河北磁县西南），断秦军归路，自率主力大败秦军。在项羽的沉重打击下，章邯进退无路，不得不于当年七月在洹水南殷墟（今河南安阳）率其部众二十万投降项羽。

巨鹿之战是秦末农民战争所取得的一场巨大胜利。它基本上摧毁了秦军的主力，扭转了整个战局，奠定了反秦斗争胜利的基础。而项羽以六万破二十万，以如此悬殊的兵力取得巨大战果令无数后世人敬仰。

为什么项羽又称西楚霸王？

说起秦末的农民起义就不得不提到"力拔山兮气盖世"的"西楚霸王"项羽，那你知道这一称号有什么含义吗？

先谈"西楚"二字。《史记·货殖列传》："淮以北，沛、陈、汝南、南郡为西楚也。彭城以东，东海、吴、广陵为东楚也。衡山、九江、江南、豫章、长沙为南楚。"又《汉书·地理志》颜注引孟康语："旧名江陵为南楚，吴为东楚，彭城为西楚。"上述两说中的西楚都是旧楚国的一部分领土。项羽建都的彭城在西楚，但他又占有东楚之地，南楚也归他控制。可以说旧楚国的领土都被他掌握了，为什么国号又叫西楚呢？有史学家认为，这是因为当时还有个傀儡皇帝，即楚义帝熊心，算是天下的共主，他的国号是"楚"，项羽及刘邦等十八个王在名义上还是他的臣下。因此，项羽只好用"西楚"作为国号，加一"西"字，表示自己并非天子，自己的国土也不是整个天下。

为什么叫"霸王"呢？这里的霸王并非豪强霸道之意。"霸""伯"二字古音相同，可以通用。"伯"字的含义是"长"，"霸王"即诸王之长。项羽未能称帝，但又有能力宰割天下，封了十八个王。自称"霸王"表示他的地位虽在楚义帝之下，但又在十八王之上。《史记·秦楚之际月表》："西楚王伯项籍始。""王伯"当是"伯王"，大概是古代传抄时字颠倒了。这是"霸王"可以写作"伯王"的例证。

陈平是怎样除掉范增的？

有一次，刘邦被项羽围困在荥阳、成皋（都在今河南荥阳市）一带，谋士陈平便想出反间计，从楚军内部进行瓦解。

刘邦邀请项羽和谈，项羽派虞子期到城内谈判。虞子期进城后，暂到旅馆安歇，派手下人去了汉营。张良和陈平两人出来迎接，殷勤地把他们邀进一间公馆里，好酒好肉招待，顺便问起范增的起居近况，并偷偷地问："亚父有什么盼咐？"楚使说："我是项王的使臣，不是亚父派来的。"张良、陈平两人一听，假装吃惊，说："我们还以为你是亚父派来的呢。"说完便把那人带到另一间小屋里，改以粗茶淡饭招待，张良、陈平二人也不知道去哪儿了。

那人回来向虞子期报告，特别提到张、陈二人的话和态度，虞子期认为可疑，整衣去见刘邦。虞子期被带到一间密室休息，看到书桌上有许多秘密文件，他随手翻看中见到一封范增写给刘邦的信，说是要里应外合，共破楚军。虞子期大惊，忙把信藏在身上。见完刘邦，虞子期回见项羽，悄悄地密报在城内所见情况及张良、陈平的态度，又把偷回来的那封信呈给项羽。项羽看罢大怒，说："老匹夫居然想出卖我。务必要查出实情，若真如此，绝不饶恕。"范增知道后，在项羽面前力辩并无其事，说这都是陈平的反间计，离间君臣，可是项羽就是听不进去。范增大怒，随即辞行。范增一走，刘邦很快冲出了重围。

彭城之战有什么样的结果？

汉元年（公元前206年）二月，刘邦乘田荣起兵反楚，项羽出兵齐地（今山东大部）之机，袭占关中。二年（公元前205年）四月，齐、楚军胶着于城阳（今山东菏泽东北），楚都彭城空虚。刘邦即以项羽杀害楚怀王为口实，在洛阳聚集各路诸侯联军五十六万，分路进攻彭城。

项羽闻讯，亲自率精兵三万由鲁（今山东曲阜）迅速南下，出胡陵占领萧县，切断联军退路，随后，由西向东反攻。楚军乘刘邦纵情享乐、疏于防范之机，大举进攻，中午即大破联军。联军被楚军斩杀十余万人。此战，刘邦遭到严重挫折，诸侯纷纷背汉向楚。

此战不但歼灭刘邦主力，使刘邦陷入"发关中老弱未傅悉诣荥阳"的危机局面，更扭转了项羽孤立无援的政治局面，重新占据楚汉战争的主动权。但是这场完胜的战役却留下了遗憾，那就是使刘邦逃往西边，占据荥阳成皋之地利，依靠关中汉中之资源和优越的地理优势，凭借游击战，最终拖垮项羽，赢得天下。

韩信是怎样重出关中的？

项羽自立为西楚霸王后，为限制刘邦，封其为汉王。刘邦为了阻断项羽追击之路，不惜火烧栈道。

韩信从项羽那里历尽艰难险阻来到汉中，给刘邦分析天下形势道："大王，现如今项羽在东方战事不断，他已派了主力人马在那里厮杀，我们可以借此良机从背后攻打他。虽然关中的雍王章邯、翟王董翳和塞王司马欣是项羽的忠实家犬，时刻监视着我们的行动，但我们可以'明修栈道，暗度陈仓'，乘其不备，突出奇兵，打进关中，然后挥师攻打项羽。"

韩信派出一支老弱病残的队伍，去修复那些烧坏的栈道，让别人以为他要经过栈道，进攻关中。暗地里，他却率精锐部队，绕道陈仓，直指关中。

章邯得知汉军正在修复栈道的消息，心想：几百里的栈道，你一年也修不完。于是，他继续在宫中饮酒作乐，没有丝毫准备。直到大军逼近章邯的都城，章邯才仓促迎战。但他的士兵没有丝毫准备，节节败退。最后，韩信一举攻下了咸阳，收复了三秦。

西 汉

最早的太上皇是谁？

秦始皇统一中国后，曾追尊其父秦庄襄王为太上皇，这是太上皇称号的开始。中国历史上第一位真正做太上皇的人是汉高祖刘邦的父亲刘太公。

公元前202年，刘邦击败项羽，建立汉朝，做了皇帝。每当朝会，皇帝一到，百官山呼，依次奉贺。不过，有一件事却有损他的皇帝尊严，那就是碍于封建的孝道，刘邦在家中对自己的父亲刘太公，"五日一朝（看望）"，而且要拜见。刘太公的管家觉得不妥，便对刘太公说："现在您的儿子是天下万民之主，您尽管是皇帝的父亲，可也还是个臣子，如果让皇帝拜见臣子，皇帝就失去了权威。"刘太公等到刘邦再来看望时，就恭敬地拿着扫帚站到门口，并把管家的话告诉了刘邦，刘邦听了很高兴，便重赏管家，尊刘太公为太上皇。

"汉初三杰"哪个做到了功成身退？

"汉初三杰"说的是汉朝建立时的张良、萧何、韩信这三个人。

刘邦封赏功臣时，对张良的封赏是"自择齐三万户"，张良谢绝，只要了"留"这个地方。功成名就的张良此时已形同隐居，除了在封赏功臣、建都问题上出了点主意外，就是后来在保护太子上发挥了作用。在刘邦的三杰中，张良精通黄老之学，深知"不伐其功，不矜其能"、功成身退的道理，使得刘邦一直很尊重他。

萧何为何位列开国功臣的首位？

汉高祖刘邦封赏群臣后，又开始排列功臣的位次。群臣众口一词地说："平阳侯曹参身经百战，身受七十多处创伤，攻城略地，斩将杀敌，都不计其数，功劳最大，应该排在第一位。"

刘邦内心很想排萧何在首位，但不便开口。这时关内侯鄂千秋说："曹参确实有野战略地的功劳，但那只是一时之功。楚汉抗争五年，主上多次失军亡众，逃跑的人不计其数，主上虽然没有诏令，萧何却源源不断地从关中补充兵员，使主上和军队陷入困境时能及时得到援救。楚汉在荥阳对峙多年，是萧何征收粮草，从水路千方百计地运给汉军。陛下几次失去山东，萧何却始终保全关中这个大后方，支援陛下，这是万世之功。少了一百个曹参，汉王室又能损失什么？仅靠他们，汉王室也不一定得天下。绝对不能以一时之功盖过万世不灭的功勋。萧何应该排在第一位，曹参放第二位。"刘邦听后非常高兴，连声说："很好，很好。"于是，他把萧何列为第一，赐萧何可以佩剑穿鞋上殿，入朝时不必趋行。

刘邦驭臣有何高明之处？

刘邦的驭臣术，首先是联系乡情姻亲，建立小同乡骨干队伍。刘邦的心腹，主要是从沛县起事时就一直追随其左右的萧何、曹参、樊哙、周勃、夏侯婴、审食其、王陵等同乡及吕后的兄侄们。

其次，分别对待，避短扬长，各尽其

能。刘邦对待智谋之士与赳赳武夫是不同的。他尊重有真才实学的人，如晋封韩信为大将，并裂土而封为齐王；待张良以军师礼，言听计从；任用陈平，不为谗言所蔽。而对行伍出身的功臣武将，则满足他们的物质利益，使他们乐效匹夫之勇。

刘邦驭臣还有一个方法，就是总揽全局，分布方面，用而不疑。刘邦的知人善用还可以从临终遗言中得见一斑。吕后问："陛下百岁后，萧相国即死，令谁代之？"刘邦说："曹参可。"问其次，刘邦说："王陵可。然陵少戆，陈平可以助之。陈平智有余，然难以独任。周勃重厚少文，然安刘氏者必勃也，可令为太尉。"他的这些预见，完全被以后的事实所证明。这些都清楚地展示了刘邦驾驭臣下的才能。

刘邦为什么迁都关中？

汉高祖刘邦立国后，建都洛阳。齐人娄敬奉命西去戍守陇西，力荐将都城建在关中。他说："秦地背山面河，险峻的关塞是天然屏障，土地肥美，堪称天府之国。一旦发生紧急变故，百万之众进退自如，即使山东大乱，秦地也可保全。与人争斗，如果不能扼其咽喉而抚其背，算不上全胜。陛下定都关中，便扼住了天下的咽喉。"刘邦犹豫不定。他征询群臣的意见，然而，群臣几乎都是崤山以东的人，他们不愿意远离家乡，纷纷劝说刘邦留在洛阳。

留侯张良赞同娄敬的主张，他说："关中东有崤山和函谷关，西有陇山和岷山，沃野千里，南接富饶的巴蜀，北靠广阔的牧场，三面地势险要可以轻易防守，只留东面稳稳地控制诸侯。若诸侯安宁度日，黄河和渭河可以运输粮食，供应京都。一旦诸侯谋变，可以顺水而下，及时供给军队需要的粮草。娄敬的建议很有道理。"张良的一番话入情入理，使刘邦下定决心，迁都关中。

叔孙通是如何重整朝仪的？

刘邦登基后，废除了秦朝种种烦琐苛刻的礼仪法令。然而，文武大臣多半出自平民，他们无视礼节，弄得刘邦心烦意乱。博士叔孙通知道刘邦难以忍受这种乱糟糟的局面，征得刘邦同意后，去征召儒生制定礼仪。

叔孙通当年追随刘邦时，他的一百多位弟子也随他投奔汉军。可令他们不解的是，叔孙通从不向刘邦引荐弟子，现在，弟子们总算有了用武之地，他们跟随叔孙通演练礼仪，操练群臣。汉高祖七年（公元前200年）十月，长乐宫建成，各地诸侯云集。兵器排列整齐，旌旗迎风飘扬，诸侯大臣们在谒者的引导下鱼贯进殿。威武庄重的卫兵围绕宫殿内外，排列在宫中的台阶两侧，功臣、诸侯和将领们面东伫立，文官丞相面西恭候。刘邦乘辇由寝宫上殿，文武官员惶恐肃敬，依次趋前恭贺。行礼完毕，宫中酒宴开场，御史巡视执法，发现谁不依礼节行事，立即请出宫门。陪侍的群臣一改往日的喧闹，敬畏地低着头，按照尊卑次序，挨个向刘邦敬酒祝寿。

朝拜仪式圆满结束，刘邦当即任命叔孙通为太常，赏赐五百金。同时在叔孙通的引荐下，他的那些弟子都得到了刘邦的封赏。

西汉鎏金马

黥布谋反为什么失败？

异姓王相继被诛杀，淮南王黥布担心自己也难逃厄运。于是，他于汉高祖十一年（公元前196年）七月起兵造反。原楚国的令尹薛公向刘邦进言说："黥布造反不足为怪。假如他采取上策，崤山之东便不再归大汉所有了；如果他采取中策，两方谁胜谁负还难以预料；如果他采取下策，那陛下就可以高枕无忧了。"

刘邦问道："上策是什么？"

薛公回答说："向东夺取吴地，向西攻占楚地，吞并齐地，占领鲁地，然后给燕、赵两国送去檄文，让他们在本国坚守，那么，崤山以东就不再归大汉所有了。"

刘邦又问："中策是什么？"

薛公答道："向东夺取吴地，向西攻占楚地，吞并韩地，占据魏地，控制敖仓的存粮，堵住成皋口通道，那么，谁胜谁负就难以预料了。"

刘邦接着问："那下策呢？"

薛公答道："向东夺取吴地，向西攻占下蔡，然后把辎重送回越地，自己回到长沙，那么，陛下就可以高枕无忧了。"

刘邦又问薛公："那黥布会采取哪个计策呢？"

薛公说："一定会采取下策。"接着解释道："黥布原来不过是在骊山上为秦始皇修陵墓的刑徒，他靠自己的努力才爬到今天的位置，这些都说明他只会顾及自身，而不顾及后代，不会为老百姓做长远的打算。所以，他一定会采取下策。"

刘邦听完薛公的话，非常高兴。当时朝中无人，刘邦于是以抱病之身御驾亲征。黥布终究不是刘邦对手，不久即被斩杀。

白马盟誓是怎么回事？

汉高祖在讨伐黥布时受伤，第二年即公元前195年，他自知大限不远，便郑重其事地立下遗嘱，规定不许封异姓人为王。他带着文武大臣到太庙里去宣誓。汉高祖叫手下人牵来一匹白马，亲自主持了杀马宣誓的仪式。他举起一杯血酒起誓说："我自起事以来，已经十二年了。当年跟着我打天下的英雄豪杰，都给了他们应有的封赏，我问心无愧。可是这些人当中，有的居功自傲，贪心不足，想来抢夺我刘家的天下。现在，我在这里当着祖宗的灵位，立下一条不许违反的信条，希望大家发誓遵守。从今以后，凡不是刘姓的人，一概不许封王；没有功劳的人，一概不许封侯。谁违反这个盟约，天下人就共同讨伐他。"

汉高祖起誓完毕，把马血酒洒一半在地上，剩下的一半一仰头喝了下去。在场的人都照着他的样子喝了马血酒，发誓永不违反这个盟约。汉高祖杀马盟誓，是怕有异姓王造反，抢夺他的天下，可是他的妻子吕雉，却是违反这个盟约的第一个人。

刘邦是怎样铲除异姓王的？

刘邦分封异姓王，是一种不得已的做法。他深知这些异姓王很有能耐，害怕他们将来会夺取他的江山。所以在封王后不久，他就开始寻找各种借口杀戮功臣。

很快，刘邦就借口燕王臧荼谋反，亲自带兵征讨，俘虏了臧荼，改封自己的亲信卢绾做燕王。第二年，他听说韩信收留了曾在项羽帐下的钟离昧，便认为韩信有谋反的意图。但他深知韩信的军事能力，就采纳了陈平的计策，对外宣布将前往云梦泽游猎，并在陈县（今河南淮阳）会合诸侯，以此作为诱捕韩信的契机。韩信在接到刘邦的诏书后，由于内心的疑虑和恐惧，陷入了两难境地。有人建议他牺牲钟离昧以取悦刘邦，但这一建议并未能完全消除他的担忧。最终，韩信还是决定前往陈县谒见刘邦。当韩信抵达陈县时，刘邦利用此次会面的机会，当场将其逮捕。随后，刘邦以谋反罪将韩信贬为淮阴侯。

看到臧荼、韩信等人的下场，还有梁王彭越被刘邦剁成肉酱，黥布非常寒心，于是他便起兵造反。汉高祖听说黥布造反，亲自率领大军去讨伐。最终，他平定了这次叛乱。就这样，刘邦一个一个地收拾异姓王，把空出来的王位改封给自己的兄弟子侄。

田横五百士为何慷慨赴死？

齐国被灭后，齐相田横率领下属追随者约五百人逃入海中，据岛自安。汉高祖很为这件事忧心，就派使臣到岛上去宣布赦免田横等人的一切罪过，还允诺他们若回来便封王封侯；最后又不无威胁地说，再不服从就要派兵上岛了。事情已经到了这一步，田横只得带了两名随从，随使臣归朝听命去了。

当他们一行人走到尸乡（今河南偃师），田横对使臣请求洗沐修饰以示庄重。趁使者不在时，田横拔剑自刎，死前让两名随从带着自己的头颅去见刘邦。于是，使者和随从只好捧着田横的头去见刘邦。刘邦心里很高兴，嘴上却感叹不已，并下令以王侯的身份厚葬田横。同时，封田横两名亲随为侯。

不料，营葬完毕，两名已被封侯的随从立即在田横墓边自杀身亡了。刘邦这次着实震惊不小，他赶紧派使臣到岛上去召还驻留的田横的追随者，然而使者很快回来报告说："岛上的五百名田横亲信，一听说田横自杀了，也立即全体自杀。"刘邦听了唏嘘不已，深感五百壮士的贞节与义气，下令褒奖并厚葬他们。

为什么说"成也萧何，败也萧何"？

韩信经萧何举荐被刘邦任为大将军，为汉朝的建立立下很大功劳，后被封为楚王。汉高祖十年（公元前197年），任赵国相的陈豨举兵反叛。刘邦亲自带兵平叛，长安空虚。有人告密韩信准备在长安举事，吕后同萧何商议，最后，由萧何出面，假称北方传回捷报，邀请韩信进宫向吕后贺喜。结果韩信刚入宫门，就被事先埋伏好的武士一拥而上，捆绑起来，被残忍地杀害了。

韩信的成功是由于萧何的大力推荐，韩信的败亡，也是萧何出的计谋。所以民间就由这个故事概括出"成也萧何，败也萧何"这句成语。

刘邦在白登是如何突围的？

汉高祖七年（公元前200年）冬天，大汉与匈奴之间起了严重的冲突。冒顿单于驻扎代谷，坐镇晋阳的刘邦派使者出使匈奴，刺探匈奴的军情。使者回报说："匈奴只剩下老弱残兵和瘦瘠的牲畜，不堪一击。"

刘邦半信半疑，他又派郎中刘敬再去探听虚实。刘敬还没回来，几十万汉军浩浩荡荡已经越过句注山追击匈奴了。

一天，刘邦出城巡视，不料匈奴的骑兵从天而降，将他们团团包围。

面对重兵，强行突围困难重重。时间一

匈奴武士复原图

天天过去，刘邦一行粮草供应紧张，第七天清早，浓重的大雾弥漫于天地之间，几步开外便不见人影。匈奴骑兵稍稍后撤。这是突围的好机会，护军中尉陈平对刘邦说："胡人的兵器全是弓矛，应该让士兵在强弩上安上两支利箭，箭头向外，慢慢地突围。"不久，汉军援军也匆匆赶到。匈奴骑兵只得退却。

汉朝对南越采取了什么政策？

公元前196年，汉高祖刘邦派遣大夫陆贾出使南越，劝赵佗归汉。在陆贾的劝说下，赵佗接受了汉高祖赐给的南越王印绶，臣服于汉朝，成为汉朝的一个藩属国。此后，南越国和汉朝互派使者，互相通市，刘邦成功地通过和平方式使得南越归顺。

公元前195年，吕后掌控朝政后，开始和赵佗交恶。赵佗凭借他的军队扬威于南越一带，也开始以皇帝的身份发号施令，与汉朝又对立起来。

吕后是如何掌控政权的？

刘邦称帝的八年间，吕后协助刘邦，镇压叛逆，打击割据势力，对巩固汉朝统一政权起了重要作用，并为她日后掌权做了充分准备。

公元前195年，刘邦驾崩。十七岁的刘盈即帝位，吕雉为太后。刘盈年幼仁弱，大权操在吕太后手中。为剪除异己，吕太后毒杀赵王如意，砍断戚夫人手足。刘盈不满其母的残忍，弃理朝政。公元前188年，惠帝刘盈忧郁病逝，立（前）少帝刘恭，吕太后临朝称制，行使皇帝职权，为中国皇后专政的第一人。

吕后虽实际掌握大权，但她还是遵守刘邦临终前所做的重要人事安排的，相继重用萧何、曹参、王陵、陈平、周勃等开国功臣。而这些大臣们都信奉无为而治，从民之欲，从不劳民。在经济上，实行轻徭薄

吕雉像

赋，对工商实行自由政策。在吕后统治时期，政治、法制、经济和思想文化各个领域都得到了发展，为"文景之治"奠定了坚实的基础。

戚夫人与赵王如意是怎么死的？

刘邦登基后，他最宠爱戚夫人和她的儿子赵王如意，曾几次想改立如意为太子，这些都让吕后对如意母子恨之入骨。

刘邦死后，太子刘盈继位，朝中大权落入了太后吕雉的手中。

一天，吕太后下令把戚夫人关进深巷里，剃掉头发，穿上囚服，让她一天到晚在那儿舂米。接着，为了铲除刘如意，吕太后又三次派人到赵国召如意回长安。汉惠帝刘盈素来与如意感情深厚，知道吕太后想杀害如意的消息后，他亲自去霸上迎接如意。从这之后，汉惠帝终日与如意形影不离，就连吃饭睡觉都在一起，使得吕太后想杀如意，却始终找不到机会。

到了第二年年底，一天汉惠帝一早出去打猎，眼见如意年纪幼小，睡得正香，所以就没有叫醒他。吕太后立即派人用毒药将如意毒死了。之后，吕太后又下令砍断戚夫人的手脚，挖去眼珠，熏聋耳朵，灌下哑药，

让她待在厕所里，称为"人彘"。吕太后还让汉惠帝去看，得知这就是戚夫人，汉惠帝号啕大哭，回到宫中后就生了一场大病，几年后郁郁而死。

为什么有诸吕之乱？

公元前 195 年，刘邦病死于长乐宫，他的儿子刘盈即位，即为汉惠帝。汉惠帝生性仁弱，朝中大权被操纵在太后吕雉手中。

公元前 188 年，年仅二十三岁的汉惠帝病死了。汉惠帝无子，于是吕后立汉少帝，并由吕后临朝称制。四年后，吕后又废汉少帝，开始立恒山王刘弘为帝。吕后临朝，企图削除刘家势力，培植吕家势力，吕台、吕产、吕禄及吕通都被封了王，刘邦"非刘不王"的限制被打破。公元前 180 年，吕后病重，临终前下令由吕禄掌握北军，吕产掌握南军。

吕雉在政治上的发迹，可说是始于诛杀异姓王。史载，吕雉"为人刚毅，佐高祖定天下，所诛大臣多吕氏力"。汉高祖出征异姓王时，吕雉居京师，开始参与朝政。她曾策划阻止刘邦废太子并左右讨伐黥布的军事部署，而且干预刘邦身后将相人选的安排，慢慢培植亲信党羽，从而形成一股势力。

周勃是如何铲除吕氏的？

吕雉死后，吕家的政敌密谋铲除吕氏家族。齐哀王刘襄率先出兵，吕产等人赶快派大将军灌婴带兵去阻击。灌婴却同齐哀王订了密约，准备一起除掉诸吕。这样他们就在东面对诸吕形成了强大的军事压力。

京城里面，周勃和丞相陈平商量除掉诸吕的办法。他们听说曲周侯郦商的儿子郦寄和吕禄是好朋友，于是就派人把郦商软禁起来，叫郦寄去劝说吕禄，请吕禄交出兵权，请吕产交出相印，各自回到自己的封地上去，这样做，齐哀王就会退兵，大家就都能过太平日子。

吕禄相信了郦寄的话，把自己掌握的北军军权交给了周勃。这样，北军全部被周勃接收过来了。但另一吕家掌权的人物拒绝交出南军，并准备冲进皇宫，控制皇帝。不过谋划被周勃知道了，于是他派朱虚侯刘章把吕产抓来杀了，又派军队到吕禄的封地上逮捕了吕禄，也把他杀了。接着，又到各地去搜捕吕氏一族的人，不论男女老少，杀个一干二净。经过老臣周勃、陈平等人的努力，政权重又回到刘氏手里。老臣们决定立汉高祖的儿子——代王刘恒为帝，他就是历史上有名的汉文帝。

西汉婚俗是怎样的？

从史料中，我们看到西汉婚俗的特点是通行早婚，注重生育。汉代统治者标榜孝道，以孝治天下，"五辟之属，莫大不孝"。孝道是西汉宗法道德的核心，孝道中又以"无后为大"，正是基于种族繁衍发展的需要和多子多福的价值认同。西汉社会崇尚早婚，但早婚早育，使人口质量降低。西汉后期，外戚专权，都因皇帝年幼，不能独立执政，本为汉祚有继，却造成大权旁落。

早婚是为了多子，女方能否生育至关重要。如果女方不能生育，即使是政治联姻，甚至已立为皇后的也会被废黜。为了帝祚后继有人，只要能生儿育女，就认为吉祥，所以婚娶不计较妃后的出身，就和政治上用人不计品流一样。妃后出身既不十分讲究，"立子以嫡不以长，立嫡以长不以贤"的宗法制度也就不太严格。此外，西汉婚姻不但娶女不论出身，而且不论行辈。

汉代为何倡导以孝治天下？

周秦以来，孝道是天人合一宗教思想的道德支柱。它包含双重意义：一是尊祖，二是敬天。尊祖为孝，敬天为德，所谓"德以对天，孝以对祖"就是这个意思。

汉代统治者从建国伊始，就极力宣扬

和推行孝道，把它当作治国安民的基本国策。除了高祖刘邦和光武帝刘秀以外，从西汉惠帝始，迄于东汉献帝，都以"孝"字为谥号，取"孝子善述父之志"的意思。而凡有作为的帝王，又常常身体力行，率先实行孝道。如文帝刘恒为代王时，其母薄太后染病卧床，刘恒陪侍，目不交睫，体不解衣，汤药不亲尝不进，三年如一日。对于他的孝行，群臣认为即使是古代的大孝子曾参也比不上。

由于统治阶级的高标倡行，孝道成为社会道德、行为规范标准。为了推行以孝治天下的基本国策，汉代统治阶级又进一步把孝道纳入察举制度之中，用以选拔人才，考核官吏。凡行孝道，孝名远播者，即察孝廉，推荐为官。但是任何事物发展到极致都不可避免地产生负面效应，在功名利禄的诱使下，汉代的孝道也孕育出了种种沽名钓誉、名实不符的伪孝者。

"文景之治"是怎样出现的？

"文景之治"是指西汉文帝、景帝统治时期，中国历史上出现的一段盛世时期。汉初，社会经济衰弱，朝廷推崇黄老治术，采取"轻徭薄赋""与民休息"的政策。

汉文帝二年（公元前178年）和十二年（公元前168年）分别两次"除田租税之半"，租率最终减为三十税一。汉文帝十三年（公元前167年），全免田租。同时，对周边敌对国家也不轻易出兵，维持和平，以免耗损国力。这就是轻徭薄赋的政策。汉文帝的生活也十分节俭，衣不曳地，帷帐不施文绣，更下诏禁止郡国贡献奇珍异物。因此，国家的开支有所节减，贵族官僚不敢奢侈无度，从而减轻了人民的负担。这就是休养生息的政策。

随着生产日渐得到恢复并且迅速发展，出现了多年未有的稳定富裕的景象。人民的生活水平得到了很大程度的提升，同时汉王朝的物质基础大大增强，出现了中国皇权专制社会的第一个盛世，这也为后来汉武帝征伐匈奴奠定了坚实的物质基础。

"七国之乱"是怎么回事？

吴楚"七国之乱"是以刘邦之侄吴王刘濞为首发动的一次同姓王联合大叛乱。参与叛乱的人分别为吴王濞、楚王戊、赵王遂、济南王辟光、淄川王贤、胶西王卬、胶东王雄渠。吴王濞为这次叛乱的主谋，且蓄谋叛乱为时已久。

这场变乱的导火线是汉景帝三年（公元前154年），汉景帝和晁错认为吴王刘濞有罪，欲削他的会稽和豫章两郡。刘濞就乘机串通楚、赵、胶西、胶东、淄川、济南六国的诸侯王，发动了联合叛乱。刘濞发兵二十万，号称五十万，又派人与匈奴、东越、闽越贵族勾结，用"请诛晁错，以清君侧"的名义，举兵西向。叛军顺利地打到河南东部。汉景帝因此很惶恐，先从袁盎议杀了晁错，想满足他们"清君侧"的要求换取他们退兵。但晁错已死，叛军非但不退，还公开声言要夺皇位。叛军至梁国（治今河南商丘），为汉景帝之弟梁王武所阻。至此时，汉景帝才决心以武力进行镇压。他命太尉周亚夫与大将军窦婴率三十六将军，以奇兵断绝了叛军的粮道，只用了三个月的时间，就大破叛军。刘濞逃到东越，为东越人所杀。其余六王皆畏罪自杀，七国都被废除。

为什么汉景帝要杀晁错？

晁错，颍川人，为人刚直而又严峻苛刻，他博学多才，善于分析。汉景帝即位后，其受宠程度远远超过了所有九卿。汉景帝即位的第二年，便提升晁错为御史大夫。

当初，汉高祖刘邦分封诸侯王，随着各诸侯王领地的不断发展壮大，到汉景帝称帝时，这部分诸侯王们更加骄横了。故此，晁错劝汉景帝对诸侯王的封地进行逐步削减。

晁错的父亲因为怕儿子的建议引来祸害，就服毒自杀了。果然，很快吴、楚等七国就以诛除晁错为名举兵叛乱。

先前，晁错一直与吴国的丞相袁盎互不相容。袁盎前来朝见汉景帝，建议说："吴王和楚王造反，其目的就是诛杀晁错，恢复原有的封地。现在的对策，唯有斩晁错的首级，派出使者宣布赦免吴、楚七国举兵之罪，恢复他们原有的封地，才可以平息叛乱。"过了十多天，汉景帝私下授意丞相陶青等人以晁错辜负皇恩、想把城邑送给吴国之大逆不道之罪判处其腰斩之刑。第二天，汉景帝便派人召晁错，让他坐车巡察东市，结果到了东市他就被腰斩了。

谒者仆射邓公从前线回来，向汉景帝上书分析战争的情况，并告诉汉景帝诛晁错只不过是吴王举兵叛乱的借口，汉景帝也很后悔杀了晁错。

周亚夫因何而死？

平定"七国之乱"以后，汉景帝刘启任命太尉周亚夫为丞相。汉景帝废黜太子刘荣时，周亚夫极力争辩，坚决反对，汉景帝固执己见，不听劝阻，从此疏远周亚夫。没多久，匈奴王徐卢等五人投降汉朝，汉景帝打算封他们为侯，以鼓励后来者归降。周亚夫又极力阻止，但汉景帝还是坚持封徐卢等人为侯。周亚夫见自己的意见不被采纳，便称病不朝。后来，汉景帝就罢免了他的丞相职务。

汉景帝后元二年（公元前142年），周亚夫的儿子为父亲预备丧葬用品，向工官购买了五百件盔甲盾牌。他催逼紧迫，又不给工钱，佣工便上书控告他盗买皇家禁器，反叛朝廷。

汉景帝下令交狱吏处理，狱吏一条条地列举周亚夫的罪状，周亚夫保持沉默，一言不发。汉景帝将周亚夫交廷尉处治。廷尉慢条斯理地问道："周君是不是想造反了？"周亚夫说："臣买的都是殉葬的器具，怎么是造反呢？""周君即使活着不造反，也想在地下造反。"廷尉强词夺理，并不断折磨侮辱他。周亚夫心中怒气难平，干脆不再开口。五天后，吐血而死。

汉王朝与匈奴之间有哪些战争？

匈奴是中国北方的一个游牧部族。汉武帝统治时期，汉朝的国力达到了鼎盛期，再也不能容忍匈奴的侵袭。因此，汉武帝开始了讨伐匈奴的战争。

汉朝讨伐匈奴的战争主要有三次：

第一次是在公元前127年，大将军卫青率领汉朝大军自云中向西迂回，击败匈奴白羊王、楼烦王，收复秦朝时的河南地，并在此建立了朔方郡（在今内蒙古河套南）。

第二次是在公元前121年，骠骑将军霍去病自陇西两次出击，斩获匈奴四万余人，控制了河西地区，开辟了通往西域的走廊。同年，匈奴浑邪王领数万人前来投降。自金城（今甘肃兰州）以西至盐泽（罗布淖尔）一带，匈奴从此绝迹。

第三次是在公元前119年，卫青、霍去病各率领骑兵五万人，战马四万匹，步兵、辎重兵约十万人，分道深入漠北，捕捉匈奴主力。结果，卫青出定襄塞外千余里，大败单于，单于率领数百骑突围远逃；霍去病出代郡塞外两千余里，大败匈奴东部兵，斩获七万余人。

经过这几次大战，虽然汉军损失也很严重，但汉朝胜利、匈奴失败的局面已成定局。

李广利为何死在匈奴？

公元前90年，匈奴大举入侵汉朝边境，于是汉武帝就派贰师将军李广利率精兵七万从五原出塞，抗击匈奴。

李广利动身前，对丞相刘屈氂说："希望你早一点奏请皇上立昌邑王为太子，昌邑王继位,你也就无忧无虑了。"刘屈氂满口答应。昌邑王刘髆是李广利的妹妹李夫人的儿子,李广利的女儿又是刘屈氂的儿媳妇,所以两人都希望立刘髆为太子。不料,他们的秘密被郭穰探知并禀告给了汉武帝。不久,刘屈氂和他的夫人都被处死。李广利的妻子和儿女也被捕入狱。当时李广利正在出兵途中,匈奴单于狐鹿姑亲自率领五万骑兵拦截李广利,李广利兵败投降。汉武帝听说后,便将李广利满门抄斩。

李广利投靠匈奴后,非常受单于狐鹿姑的赏识。为此,丁灵王卫律十分忌恨他。一天,碰巧狐鹿姑的母亲病了,卫律便买通巫师,陷害李广利。巫师对狐鹿姑说:"过世的老单于发火了,他曾经发过誓,如果生擒李广利,一定要用他来祭祀天地。你们为什么不用他来祭祀呢?"狐鹿姑听信了巫师的话,就把李广利抓了起来,当作祭祀品杀了头。

张骞为什么要出使西域?

西汉王朝经过四十年的"文景之治",人民休养生息,社会经济得到恢复和发展,军事实力也大大增强。于是汉武帝开始有时间和精力来考虑几十年来汉朝政府屡遭匈奴人欺凌和侵扰的问题。

很久以前在河西走廊至敦煌一带,生活着一个强大的部落,叫作大月氏。大月氏建立的是一个游牧国家,人民生活安定,社会风气淳朴。后来,强暴的匈奴人用武力征服了这个国家,并残酷地杀害了大月氏国王。大月氏人势单力薄,只得怀着国破家亡的深仇大恨向西迁移,起初迁至伊犁河一带,后来又移到今阿富汗东北部。

汉武帝决定下一道招贤榜,募集天下的仁人志士出使西域去联络大月氏人,劝说他们迁回故乡,以便共同抗击匈奴。招贤榜贴出以后,有一名年轻的小官吏前来揭榜应召,这个人便是张骞。汉武帝于是派张骞担任使节,出使西域。

丝绸之路在哪里?

丝绸之路,是指西汉时,由张骞出使西域开辟的以长安(今西安)为起点,经甘肃、新疆,到中亚、西亚,并连接地中海各国的陆上通道(这条道路也被称为"西北丝绸之路",以区别日后另外两条冠以"丝绸之路"名称的交通路线)。因为由这条路西运的货物中以丝绸制品的影响最大,故得此名。其基本走向定于两汉时期,包括南道、中道、北道三条路线。

南道(又称于阗道):东起阳关,沿塔克拉玛干沙漠南缘,经若羌、和田、莎车等至葱岭。

中道:起自玉门关,沿塔克拉玛干沙漠北缘,经罗布泊、吐鲁番、焉耆、库车、阿克苏、喀什到费尔干纳盆地。

北道:起自安西,经哈密、吉木萨尔、伊宁,直到碎叶。

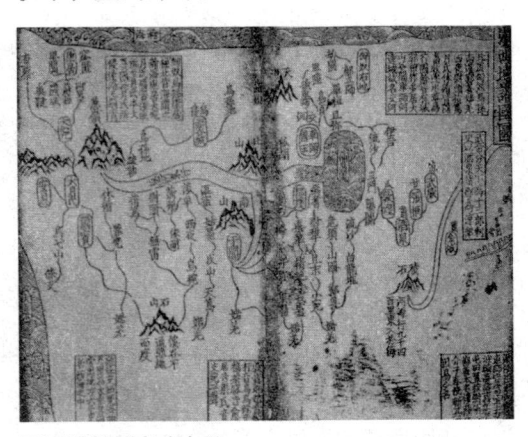

西域城邦国家分布图

汉朝为什么要设置都护府?

汉武帝对西域发动了几次军事行动,最后征服了大宛。由于交通线太长,补给困难,汉朝虽然控制了天山南路,但对天山以北还不能控制,那里的国家还受到匈奴的威胁,不敢完全服从汉朝。又经过多次战争，到汉宣帝神爵二年（公元前60年），汉朝终于取得决定性胜利，完全控制了天山北路，设置了西域都护府，汉宣帝任命郑吉为西域都护。西域都护府的辖境包括自玉门关、阳关以西的天山南北，直到今巴尔喀什湖、费尔干纳盆地和帕米尔高原以内的范围，初期有三十六国，以后增加到五十国，治所设在乌垒城（今新疆轮台）。

西域都护府既是汉朝的军事驻防区，也是一个特殊的行政区。一方面它与内地的正式行政区不同，不设置郡、县，依然保留原来的国，汉朝一般不干预它们的内部事务，但掌握它们的兵力和人口等基本状况；另一方面，都护代表朝廷掌管这些国家的外交和军事权，可以调动它们的军队，决定它们的对外态度，必要时还可直接废立他们的君主，甚至取消某一个国。西域都护府的设置，使西域正式进入汉朝版图。

汉武帝为何要施行"推恩令"？

元朔二年（公元前127年），汉武帝实行"推恩令"，加强中央集权统治。

汉朝立国之初，由于中央政府力量有限，于是就部分沿用了周朝的分封制。可到刘邦晚年，异姓封王已被各个击破消灭。到汉景帝时，势力较大的同姓王也全部被铲除，余下的只是些力量有限的王侯。但是，汉武帝还是担心这些王侯们联合起来对付皇帝，于是就在这一年采纳中大夫主父偃的建议，开始推行"推恩令"。

具体规定是，诸侯王除嫡长子继承王位外，其余诸子都要在原封国内受封为侯。新封的侯国不再受原王国管辖，而是直接受各郡的管理。这样一来，本已地盘有限的封国，就更加支离破碎、势单力孤了。为防止王侯们结党营私、网罗人才，武帝又规定，凡是在诸侯国为官的，便不再仕于王朝。同时，严禁封国官吏与诸侯王相互串通，发展势力。与此同时，汉武帝又使用种种手段，逐个剥夺诸侯的爵位。所以，这个"推恩令"，看上去是把王国的恩泽推及更多的人，其实是化整为零，为全部消灭王侯做准备。

桑弘羊为汉代做了哪些贡献？

公元前119年，汉武帝让人按桑弘羊的建议实施改革措施。

桑弘羊所做的第一件事是发行白鹿皮币和白金币。白鹿皮币是用白鹿皮做成的，大约一尺见方，周围画上彩色的花纹，每张价值四十万钱。白金币由银锡合金制成，分为三千钱、五百钱和三百钱三种面值。第二件事，实行算缗、告缗的政策。算缗是向富商、高利贷者征收财产税，以增加国库的收入；告缗则是针对不如实汇报财产的商人，一旦发现，便罚他守边疆一年，并没收全部财产。第三件事便是实行盐铁业官营。

公元前115年，桑弘羊接替孔仅为大农丞（大农令的副官）。在做大农丞期间，桑弘羊又做了三件大事。首先是发动了一次更大规模的告缗运动。其次是统一币制，将铸币权集中到中央，使用新的五铢钱。桑弘羊一面禁止郡国私自铸钱，一面统一货币，将铸币权收归中央。最后是试办均输，这解决了各郡国向中央进贡货物所遇到的问题与矛盾。

除此之外，桑弘羊又发展了两项新的政策。一是推行平准，即由大农令设置一个"平准"机构，将国家和长安所有的物资都储存在这个机构里。当长安市场上某种商品价格过高时，平准长就以低价抛售；如果某种商品价格下降，平准长就进行收购。通过这样的方式，使物价能够保持在一个比较稳定的水平上，同时也打击了一部分商人的投机倒把活动，对国家的统治是极为有利的。二是实行酒类专卖。这使汉王朝在财政上获得了丰厚的收益。

公孙贺为什么不愿做丞相？

西汉初期的丞相多由开国功臣担任，这些人资历老、声望高，任相后位尊权重，功高震主。汉武帝对丞相分权的现状极为不满，即着手改变这种局面。他直接起用出身寒门的儒生公孙弘为相，不仅打破了列侯拜相的旧制，而且摧毁了军功贵族的特权。

汉武帝进而削弱相权，并频繁地对丞相进行谴责、黜免，甚至处死。先后在汉武帝手上作为政治牺牲品被处死的丞相有很多：元狩五年（公元前118年），丞相李蔡自杀；元鼎二年（公元前115年），丞相庄青翟自杀；元鼎五年（公元前112年），丞相赵周下狱死。丞相石庆虽属自杀死亡，但亦多次被武帝严词指责，活得战战兢兢，如履薄冰。所以，到拜公孙贺为相时，出现了戏剧性的一幕。许多人梦寐以求的丞相之位，却被公孙贺视同烫手的山芋，死活不肯接，甚至"顿首涕泣不肯起"。但是汉武帝的意思是：这个丞相你当也得当，不当也得当。公孙贺从宫中出来后就说："我从今以后危险了。"

果如其言，后来公孙贺因巫蛊大案被牵连入狱并死于狱中，全家被诛。

董仲舒为儒学发展做出了什么贡献？

董仲舒（公元前179—前104），汉代思想家、哲学家、政治家和教育家，广川郡（今河北景县）人。汉武帝元光元年（公元前134年），任江都易王刘非国相十年；元朔四年（公元前125年），任胶西王刘端国相，四年后辞职回家。此后，居家著书，朝廷每有大议，令使者及廷尉就其家而问之，仍受汉武帝尊重。董仲舒以《公羊春秋》为依据，将周代以来的宗教天道观和阴阳、五行学说结合起来，吸收法家、道家、阴阳家思想，建立了一个新的思想体系，成为汉代的官方统治哲学，对当时社会所提出的一系列哲学、政治、社会、历史问题，给予了较为系统的回答。

董仲舒为人正直廉洁，敢于直言不讳。当时，丞相公孙弘研究《春秋》的功底不如董仲舒深厚，董仲舒认为公孙弘是阿谀奉承之徒，就引来了公孙弘的忌恨。胶西王刘端是汉武帝的兄长，残暴凶狠恣肆，屡屡迫害二千石的下级官吏。为了报复董仲舒，公孙弘就建议汉武帝说，只有董仲舒可以胜任胶西相。刘端早就知道董仲舒是贤能的大儒，于是他对董仲舒礼敬有加。但董仲舒唯恐时间一久，容易获罪，便托病辞官回家。董仲舒先后做过两地的国相，都是侍奉骄纵的诸侯王，这期间他数次据理上奏谏诤，以正身率下，深受人们的敬仰。辞官回家后，董仲舒终日专心治学著书，不过问家务事、产业。一旦朝廷有大事，汉武帝总是派使者与廷尉张汤前往他家求教，每次他都提出明确的策略。

董仲舒对儒学思想做了进一步的发展，提出了"罢黜百家，独尊儒术"等大一统思想，使儒学从此成为西汉乃至后来封建王朝的统治思想。

李陵真的投降匈奴了吗？

李陵（？—公元前74），字少卿，陇西成纪（今甘肃静宁西南）人，飞将军李广的孙子。年轻时为侍中建章监。

李陵投降匈奴后，汉武帝曾派公孙敖带兵设法救回李陵。公孙敖去匈奴后无功而返，为了逃避惩罚，他便谎称李陵在匈奴训练匈奴兵，要攻打汉朝。汉武帝听后大怒，命人把李陵母亲、弟弟及妻儿都杀了。

事实上，替匈奴训练士兵的人是一位早年投降匈奴的汉都尉，叫李绪。公孙敖显然是张冠李戴了。李陵在匈奴营中曾宴请被匈奴扣留的使节苏武，对他说投降的目的原本是想找机会劫持单于，为汉朝廷效劳。却不料汉皇不了解他的心志，杀了他的亲人，绝了他的归路。苏武也深知李陵为人处世的态度，对他的处境深感无奈。

李陵与苏武宴罢，曾吟唱了一首《别歌》："径万里兮度沙漠，为君将兮奋匈奴。路穷绝兮矢刃摧，士众灭兮名已颓。老母已死，虽欲报恩将安归？"从中也可看出李陵身在异邦心在汉，并不是真的投降匈奴，而是被迫无奈之下的举动。

苏武牧羊是怎么回事？

苏武（公元前140—前60），西汉大臣，字子卿，杜陵（今陕西西安）人。公元前100年，匈奴新单于即位。汉武帝为了表示友好，派遣苏武率领一百多人，带了许多财物，出使匈奴。不料，就在苏武完成出使任务，准备返回时，匈奴上层发生了内乱，苏武一行受到牵连，被扣留下来，并被要求背叛汉朝，臣服于单于。

最初，单于派卫律向苏武游说，许以丰厚的俸禄和高官，苏武严词拒绝了。匈奴见劝说没有用，就决定用酷刑。当时正值严冬，单于命人把苏武关入一个露天的大地穴，断绝食物和水，以改变苏武的信念。苏武在地窖里受尽了折磨。渴了，他就吃一把雪；饿了，就嚼身上穿的羊皮袄。单于知道无论软的还是硬的，让苏武投降都没有希望，也敬重苏武的气节，不忍心杀苏武，但又不想让他返回中原，于是决定把苏武流放到今西伯利亚的贝加尔湖一带，让他去牧羊。

苏武在流放地牧羊达十九年之久。后来，新单于执行与汉朝和好的政策，汉昭帝立即派使臣接回苏武。在昭帝始元六年，即公元前81年，苏武终于回到了长安。

司马迁为什么要忍辱著《史记》？

苏武被匈奴单于扣留以后，汉武帝大为震怒，立刻派贰师将军李广利带兵征讨匈奴。第二年，汉武帝又派骑都尉李陵率步兵五千深入匈奴的领土作战。不幸的是，由于孤军深入，李陵被匈奴骑兵团团围住，弹尽粮绝之后，被迫投降。

李陵投降的消息使汉武帝大怒。太史令司马迁为李陵辩护，司马迁的话让汉武帝更加愤怒，他认定司马迁是在为李陵的叛国投敌辩解，于是将司马迁抓进监狱。

司马迁的父亲司马谈是汉朝的太史令。他计划写一部全面记述中国历史的"史书"。但由于自己年老多病，已经不可能完成了，因此，他在临终前郑重地嘱咐儿子一定要完成自己的这个遗愿。正当司马迁进行了长达二十年的知识积累，开始写作这部历史巨著的时候，李陵事件发生了。当时朝廷专管刑法的廷尉杜周，为了迎合和讨好皇帝，竟给无辜的司马迁判了"腐刑"。

遭受如此的酷刑，是人生的奇耻大辱。但是，父亲的遗志还没有完成，自己用一生的精力所搜罗的材料，以及想要表达的观点和思想，如果就这样付诸东流，他又不甘心。司马迁决心抛弃个人的悲痛与屈辱，去完成自己的宏愿。司马迁出狱后，以巨大的毅力忍受着从朝廷上下投来的鄙视与嘲讽的目光，又经过了十数年坚韧不拔的努力，终于完成了这部空前伟大的历史巨著。这部著作，当时称作《太史公

苏武牧羊图

书》，后人称为《史记》。

《太初历》有何历史意义？

《太初历》是西汉时期由司马迁、落下闳、唐都等人在长安制定的我国历史上第一部较完整的历法，亦是我国历法史上的第一次大改革。它将一日分为八十一分，所以又称"八十一分律历"。

元封七年（公元前104年），汉武帝接受司马迁等人的建议，下令招募民间擅长历算之士二十多人，制造浑仪，实测天象，制成《太初历》，并以元封冬至朔日甲子日夜半为新历起算之始，改元封七年为太初元年。《太初历》首次把二十四节气订入历法，它以冬至所在之月为十一月，以正月为岁首，对回归年和朔望月长度的调整，仍采用十九年七闰的方法，但置闰规则却一反过去年终置闰或年中置闰的混乱情况，而以没有中气的月份作为闰月。这种置闰规则一直延续到今天。

该历还在我国历史上第一次计算了日食和月食发生的周期，在135个朔望月中，有23个"食季"（每个食季可能发生1—3次日食和月食）。这就明确地指出了日食和月食的发生有一定的规律性，为我国古代的日食和月食预报打下了基础。该历的缺点是把天文数据和毫不相干的黄钟（十二音律之首）联系起来，以显示数据的神圣和奥秘。它在朔望月日数和回归年日数的计算上误差较大（与东汉《四分历》相比）。至东汉章帝时，才由李梵等人对它进行改革，制定了《四分历》。

什么叫"巫蛊之祸"？

"巫蛊之祸"是汉武帝末年封建统治集团内部发生的重大政治事件。巫蛊为一种巫术，当时人认为使巫师祭祷或以桐木偶人埋于地下，诅咒所怨者，被诅咒者即有灾难。

征和二年（公元前91年），丞相公孙贺遭人告发，说其子与阳石公主（武帝之女）私通，在甘泉驰道埋偶人并指使巫者祝诅，危及皇帝。由此，公孙贺一家被灭族。私通是有的，埋偶人却是设计陷害。不久，汉武帝因身体不适常住甘泉宫，梦见许多小木偶人持棒要击打他，惊醒后，感到精神恍惚，很不舒服。绣衣使者江充因得罪过太子，乘机进言称，致病是宫中有人以巫蛊作祟，汉武帝命他审理此案。江充等挖地三尺，严刑逼供，从皇宫御座下挖起，最后在太子宫中挖出大量由他事先预谋埋好的桐木人。太子十分恐慌，想去向武帝谢罪。少傅石德劝太子先下手为强，抓捕江充。太子只好假传诏书，发兵将江充擒获并亲自监斩。但一同查办巫蛊案的章赣、苏文逃至甘泉宫，向汉武帝报告说太子谋反。汉武帝大怒，命丞相刘屈领兵平乱，与太子在长安城中激战五日，太子败亡出逃，不久自杀。最后"巫蛊之祸"以丞相刘屈被腰斩告终。

天马之战是怎样爆发的？

大宛是西汉时期西域的一个小国，这里盛产汗血马。自张骞出使西域后，大宛就与西汉建立了友好关系。

一次，汉朝使者从西域归来后说："大宛有好马，大宛王毋寡把它们藏在贰师城，不肯献给汉使。"由于汉武帝十分喜爱大宛的汗血马，并将它称为"天马"，听到这个消息后，立即派壮士车令带着千金、一匹用金子铸成的金马，到大宛去换取天马。

汉朝使者来到大宛，将来意告诉大宛国王，国王想交换又舍不得，不想交换又怕得罪汉朝，召集群臣商议之后，拒绝了汉朝的要求。汉使车令非常恼火，就用铁锤砸毁金马，怒冲冲地回国去了。

大宛贵族认为汉使砸毁金马的行为是对他们的侮辱，于是就让东边的郁成王半路拦截汉使。郁成王杀死汉使车令，并抢走了他们的财物。汉武帝闻讯，勃然大怒，就任命李广利为贰师将军，带领六千骑兵和几万步兵，讨伐大宛。天马之战爆发。

汉武帝晚年为什么发布"罪己诏"？

汉武帝刘彻是一位雄才大略的皇帝，在文治武功上均颇有建树。六十五岁时，准备安享晚年。谁料这年却发生了一桩绵延数年的"巫蛊之乱"。

巫蛊案导致西汉政坛上层出现了严重危机。大批官员受牵连，或因办案不力，或因暗助太子，或是无辜受害。最后，被诛杀者有太子、皇后、公孙贺及刘屈两位丞相、汉武帝的两个女儿及三个皇孙，还有许多公卿大臣和重要人物，都城长安死者数以万计。后经细查，汉武帝渐渐悔悟这是一桩冤案，为了追悔，汉武帝在太子自尽处建了一座"思子宫"，以悼念太子。

征和四年（公元前89年），武帝下《轮台罪己诏》，对自己以往的政策和做法表示悔意和检讨，表示从今往后将"以明休息，思富养民"。

汉武帝为什么要杀心爱的女人？

在汉武帝的后妃中，遭遇最为悲惨的是汉昭帝的生母赵婕妤。赵婕妤姿色佳，生而右手拳曲不伸，望者以为奇女。汉武帝闻讯，派人召至，一握其手，竟自伸开，由是得幸，号"拳夫人"。晋为婕妤，居钩弋宫，又称"钩弋夫人"，大受宠爱。况且汉武帝六十二岁时，钩弋夫人又为他生下皇子刘弗陵。汉武帝想立刘弗陵为太子，又担心其年幼母少，犹豫不决。后来令画《周公辅佐成王图》，群臣于是知道汉武帝决意立刘弗陵为太子。不久，汉武帝找借口赐死了钩弋夫人。

汉武帝既然立其子为太子，为什么要处死其母呢？他的回答是："往古国家所以乱也，由主少母壮也。女主独居骄蹇，淫乱自恣，莫能禁也。"原来他怕重蹈吕后擅权专政的覆辙，使江山改姓，所以宁可托命大臣辅政，也不要钩弋夫人活着。实际上，汉武帝和其他帝王一样，一方面贪图美色，把女人作为传宗接代的工具；另一方面，一旦满足了他们的欲望之后，又视女人为祸水，任意蹂躏摧残，甚至加以杀害。《汉书·郊祀志》记载，汉武帝听了方士公孙卿编造的黄帝铸鼎上天的谎言后，曾无限向往地说："嗟乎！诚得如黄帝，吾视妻子如脱屣耳。"一语道破了他专制利己的本质。

酷吏张汤为何自杀？

因为汉文帝刘恒陵园中殉葬的钱币被盗窃，汉武帝非常气愤。丞相庄青翟和廷尉张汤约好一起向汉武帝谢罪。到了汉武帝面前，张汤却说庄青翟一年四季都会到陵园中行走，却没有发现盗贼，当然应该谢罪，而他又没跟庄青翟一起，根本不用谢罪，因此他就没有谢罪。由此庄青翟非常憎恶张汤。

庄青翟的三个长史朱买臣、王朝、边通都受过张汤的排挤或蔑视，因此也想陷害他。他们派捕吏逮捕并审问张汤的宾客田信等人，然后禀报说张汤每一次想要上奏的内容，田信事先都知道，然后田信囤积货物致富，与张汤共同分享。后来汉武帝果然以为张汤心怀诡诈、当面欺君，就把张汤关进了监狱。

张汤给汉武帝写信谢罪说："汤无尺寸之功，只是起步于刀笔吏，有幸得到陛下的重用，得以名列三公。微臣无法塞责，然而陷害微臣的人，其实就是朱买臣、王朝、边通三个长史。"写完就自杀了。张汤的兄弟和儿子们想要厚葬张汤，张汤的母亲说："张汤是天子的大臣，被恶言诬陷而死，怎能厚葬呢？"就用牛车载着尸体，只有棺材没有外椁。

汉武帝听到这种情况，知道张汤蒙冤而死，就将三位长史都处死，庄青翟也被迫自杀。

为什么王昭君要远嫁匈奴？

王昭君于汉元帝时期被选入宫为宫女，传说她虽然相貌出众，但不似他人用各种手段以谋求得到皇帝的宠爱。她不肯贿赂画工，汉元帝不知其美丽，于是"入宫数岁，不得见御，积悲怨"。竟宁元年（公元前33年），匈奴呼韩邪单于来朝请求和亲，王昭君自愿请求嫁与匈奴。直到临别时，汉元帝方知王昭君之貌美，后汉元帝盛怒之下杀了画工毛延寿等人。

昭君出塞，实现了匈奴人向往和平的愿望，呼韩邪单于封她为"宁胡阏氏"（阏氏为匈奴语，王后之意）。王昭君去世后，她的子孙继续为汉匈和平友好做着努力。王昭君出塞六十年，"边城晏闭，牛马布野，三世无犬吠之警，黎庶无干戈之役"。

赵飞燕是怎样被立为皇后的？

汉成帝刘骜喜欢微服出行，有一次来到阳阿公主家，他见公主家的舞女赵飞燕姿色艳丽、楚楚动人，就把她带进宫中，让她日夜侍奉自己。后来，赵飞燕的妹妹也被召进宫。

汉成帝将赵飞燕姐妹俩都封为婕妤，对她们宠爱有加。许皇后和班婕妤便因此失宠。为保住自己的地位，赵飞燕就向汉成帝进谗言，说许皇后与班婕妤串通一气，用妖术诅咒后宫得宠的美人，甚至连皇上也不放过。汉成帝听信谗言，下令废黜许皇后，把她迁到昭台宫。

汉成帝想封赵飞燕为皇后，但王太后嫌她出身微贱，不同意。王太后姐姐的儿子淳于长时任侍中，他就帮助汉成帝反复劝说王太后。一年后，王太后才默许了此事。

谏大夫刘辅听说此事后，无比愤慨，便冒死上书说："陛下纵情声色，倾心迷恋贱女，想让这样的女子做国母，俗话说：'腐木不可以为柱，人婢不可以为主。'上天和百姓都不赞成的事情，必然是有祸无福，臣为此痛心，不敢不冒死劝谏。"汉成帝读了奏章，气得暴跳如雷，立即派侍御史逮捕刘辅，将他关押入狱。不久，汉成帝正式立赵飞燕为皇后。

汉平帝刘衎是怎么死的？

汉平帝刘衎（公元前1—公元5年在位），原名刘箕子，是汉元帝之孙，汉成帝的侄子、汉哀帝的堂兄弟、中山王刘兴之子。汉哀帝于公元前1年病死后，王莽为便于弄权，迎立年仅九岁的刘衎为帝。第二年改年号为"元始"。

5年，刘衎已经十四岁。他耳闻目睹王莽的阴险刻毒，知道自己这个皇帝不但纯粹是个摆设，而且亲舅家一族已几被灭绝，母亲卫姬虽活着，却被人为分离，骨肉不能相见，所以常常对王莽面露愠色，有时还在背地里吐露对王莽的怨念。王莽知道后，担心刘衎成人后难以对付，决定除掉他。同年十二月，大臣们给刘衎祝寿。王莽乘机敬上毒酒，刘衎一饮而尽。到了晚上，刘衎腹痛如绞，大声呼叫，却不见有人来抢救，辗转哀号，接连挣扎了几天，后死于长安未央宫。死后葬于康陵（今陕西咸阳）。但也有刘衎确为病死一说。

王莽是如何发迹的？

西汉到汉成帝时，朝廷的大权已基本掌握在皇太后或皇后亲戚的手中。汉成帝的母亲有八个兄弟，除了一个叫王曼的早死之外，最大的王凤被封为大将军。王曼有一子叫王莽，跟随王凤生活。

大将军王凤在朝中权位显赫，王莽深知其伯父的地位，平时对王凤毕恭毕敬。王凤临终前专门恳请太后和汉成帝多多照顾王莽，于是，王莽不久就当上了黄门郎，很快又被升为射声校尉。接下来的几年，王莽的官位越高，他反而越谦恭。他仗义疏财，常周济天下落魄之士,注意招揽人才,还结交了很多将相公卿和士大夫。不但当时在位的官员推荐他,连普通的老百姓也到处谈论他,他的名望和声誉越来越高。公元前8年,汉成帝因为王莽揭发奸臣,就夸奖他忠诚正直。王莽的叔父大司马王根乘机推荐他接替自己,得到了汉成帝的恩准,于是王莽做上了大司马,时年三十八岁。

有一次,王莽的母亲生病,朝中公卿列侯纷纷派夫人前去探视,王莽的妻子出来迎接,因穿着俭朴,来访的人还以为她是王府的奴婢,问了之后,才知是王莽的夫人。此后,王莽的威望越来越高,为后来自己篡夺帝位、顺利改制准备了条件。

王莽是怎样篡位的?

公元前1年,汉哀帝突然驾崩,太皇太后召来时任新都侯的王莽,让他辅佐大司马董贤办理丧事。王莽接旨后,积极怂恿尚书弹劾董贤,随即以太后诏书罢免了董贤,逼得董贤自杀。最后太皇太后决定任命王莽主管尚书事务。

王莽当上大司马后,就利用外戚的权力,在宫廷内外结党营私,排除异己。因为当时的大司徒孔光是著名的儒家学者,在朝中地位极高,他就极力结交讨好孔光。

在拉拢朝中重臣的同时,为了给自己专权扫清障碍,在他一手操纵下,曾反对他担任大司马一职的何武、公孙禄两人都被免去官职。后来,众公卿在王莽的授意下,逼迫太皇太后下诏规定,从今以后只有封爵的事才禀告自己,其他事务全都由安汉公王莽和四辅决定。这样一来,王莽的权力几乎和皇帝一样了。8年,王莽逼宫,迫使太皇太后交出玉玺,正式即位称帝,改国号为新,从此结束了西汉二百多年的统治。

东 汉

何为"光武中兴"?

中国古代的封建王朝,奉行的是一家一姓的"家天下"制度。古代把一个姓氏崛起从而建立国家的过程叫作"兴",对于刘氏家族来讲,刘邦建立西汉的过程叫作"兴",刘秀建立东汉的过程叫作"再兴",即第二次兴起之意。刘氏是中国封建社会历史上唯一的"一姓之再兴"的家族。为表日后刘家江山在刘邦、刘秀之后能够一次又一次地兴起,东汉统治者便把刘秀建立东汉王朝的过程叫作刘氏江山的"中兴",意思即这不是刘氏江山的最后一次兴起。

刘秀领导春陵等起义军,扫灭新莽,绍续汉业。在他当政的中、后期乃至汉明帝时期,出现了一个"马放牧,邑门不闭""四夷宾服,家给人足,政教清明"的稳定和谐的社会局面。因此刘秀统治时期,史称"光武中兴"。

"云台二十八将"里因何没有皇室成员?

云台二十八将,指的是汉光武帝刘秀麾下助其一统天下、重兴汉室江山的二十八员大将。汉明帝永平年间,汉明帝追忆当年随其父皇打下东汉江山的功臣宿将,命人绘制二十八位功臣的画像于洛阳南宫的云台,故称"云台二十八将"。后世民间传说,云台二十八将对应上天二十八星宿,是天上的二十八星宿下凡转世。

耿弇就是汉明帝时与班超、窦固齐名

的名将耿秉、耿恭的叔叔，祭遵的胞弟是名将祭彤。另外伏波将军马援有大功，但因为女儿为汉明帝的皇后，汉明帝避嫌未将其列入。云台二十八将里只要和皇室有亲戚关系的都没被列入，如汉光武帝的表兄来歙功劳很大，最后也未被列入。

光武帝刘秀是怎样加强中央集权的？

刘秀（公元前5—公元57），字文叔，汉族，南阳蔡阳（今湖北枣阳）人。《后汉书·光武帝纪》说他是汉高祖的九世孙。新朝末年，海内分崩，天下大乱，西汉皇族后裔刘秀与兄在家乡舂陵乘势起兵，与众英雄并争天下。25年，他获得了农民战争的胜利果实，重新建立起刘汉政权，建都洛阳，史称"东汉"。刘秀建国之后，采取了一系列的政治措施，以加强中央集权。

第一，刘秀着意防范功臣、宗室诸王及外戚专权，通过各种办法加以控制。在他执政期间，大多数功臣以列侯奉朝请，让他们享受优厚的待遇，而不参与政治。对于朝中诸臣，督责尤严。

第二，为加强中央集权，刘秀一方面削弱三公权力，另一方面则扩大尚书台的权力。一切政务不再经三公管理，尚书台成为皇帝发号施令的执行机构，所有权力集中于皇帝一身。

第三，秦汉以来，地方政权机构为郡、县二级制。为了监察地方的政绩，汉武帝时已分州派遣刺史，进行视察。刘秀为了进一步加强对地方的控制，把刺史固定为州一级的地方长官。刺史处理地方政务，不通过三公，可直接上奏给皇帝，使地方郡县也直接置于皇帝的控制之下。

刘秀为何定都洛阳？

25年，刘秀登基成为皇帝，定都洛阳。之所以定都洛阳，有以下几个原因：第一，洛阳地处中原，交通很发达，也是当时出名的富庶之地，即使是在西汉也是"经济"首都。第二，定都洛阳，也有远离西域的意思。因为在东汉国力较弱的情况下，已经无法完全压制西域。第三，因为王莽和历年战争的关系，长安的建筑损毁严重，基于财政节约的原则，选择原本就有大量宫廷建筑的洛阳进行迁都，也是一个当然之举。第四，就中国整个历史进程来看，因为对海洋了解的加深，以及江浙、闽越等沿海省份的逐渐开发，国家的重心逐步从内陆转移到沿海，所以都城的选址也相应地一步步从西向东转移。

汉光武帝皇后阴丽华有何贤德？

汉光武帝刘秀，自幼钟情于阴丽华，少年时期就立下一个心愿——娶妻当娶阴丽华。刘秀定都洛阳后，在册立皇后的问题上犯了难。

郭氏是刘秀患难相随的红粉知己，在戎马倥偬中，郭氏一直追随左右，而阴丽华是刘秀的结发妻子。刘秀有意把皇后的位置留给阴丽华，不料她却以困厄之情不可忘，而且郭氏已经生子为由，坚持不肯接受皇后的册封。汉光武帝迫不得已，只好立郭氏为后，封阴丽华为贵人。但建武十七年（41年），刘秀草拟诏书，称郭皇后"怀执怨怼，数违教令，不能抚循他子，训长异室"，废掉郭皇后，册立阴丽华为皇后。

阴丽华一生相夫教子，主理后宫，不曾干预朝政，更能约束家人，使刘秀无后顾之忧，专心国事，才出现了与"文景之治"并称的"光武中兴"时代。刘秀死后，阴丽华的儿子即位，就是汉明帝，尊阴丽华为皇太后。又过了七年，阴丽华去世，享年六十岁，合葬在刘秀的原陵。

马援因何投奔刘秀？

刘秀刚刚建立东汉王朝的时候，各路豪强分别占据一方，这些豪强之中势力最大的是在成都称王的公孙述。

当时，另一个势力稍弱一点的豪强隗嚣派部下马援前去拜访公孙述，想找一条政治上的出路。马援与公孙述自小就认识，他想公孙述一定会热情地接待他。谁知到了成都之后，公孙述竟然以帝王的姿态高居殿上，要马援以臣子之礼拜见，并且没说上几句话就退朝回宫。马援很是气愤，便跟手下人说："现在各地正在争夺天下，还不知道谁胜谁败，公孙述这样大讲排场，怎么能接纳有才干的人共同建立功业呢？"

马援回去后对隗嚣说："公孙述就好比井底的青蛙，看不到天下的广大，自以为了不起，妄自尊大，我们不如到洛阳去投靠刘秀，到他那里去寻找出路。"于是，马援就去洛阳投靠了刘秀，刘秀非常热情地接待了他。马援在刘秀手下做了大将军，尽力帮助刘秀统一天下。最后，公孙述被刘秀打败了。

马援是怎样平定交趾的？

东汉光武帝建武十七年（41年），交趾女子徵侧、徵贰姐妹聚众造反，攻陷郡城，并得到九真、日南、合浦等地少数民族部落的响应。汉光武帝得到消息后，就任命马援为伏波将军，以扶乐侯刘隆为副将，率军南征交趾。

马援率军沿海边向南进军，逢山开道，遇水架桥，长途跋涉一千多里。因不适应南方气候，路途中有不少将士得病死去。到第二年春天，大军抵达浪泊，开始与叛军交战，一举击溃叛军，杀敌数千，俘虏和纳降一万多人。马援率军继续追击徵侧。他连续出击，彻底击溃叛军，徵侧等四散奔逃。不久，徵侧、徵贰被抓获斩首，首级送往京都洛阳报捷。朝廷下诏嘉奖，汉光武帝封马援为新息侯，食邑三千户。随后，马援率大小楼船再次进击九真地区，剿灭徵侧的余党都羊等人。最后岭南地区全都被平定了。

为安定刚收复的地区，马援经禀报朝廷，将有三万二千户、地处边疆的西于县分为封溪、望海二县。凡经过的郡县，马援都组织人力修治城垣，挖河造渠，兴修水利。另外，他还把南越地区与汉朝律法有出入的十余条律法奏明朝廷，并向越人重新申明原有的制度，对他们加以约束。从此以后，南越地区一直奉行着马援确定的秩序。到建武二十年（44年）秋天，马援见这里百姓安居乐业、社会安定，就率大军凯旋回朝了。

"糟糠之妻不下堂"是谁说的？

在刘秀朝中有一位大司空叫宋弘，他为人耿直，敢于直谏时弊。

一次，沛国人桓谭被推荐做了朝廷的议郎、给事中。由于桓谭善于弹奏，于是刘秀经常召他弹琴。宋弘知道后很不高兴，认为皇上长期沉湎于歌舞，会误国家政事。于是等到桓谭从宫中出来，他就穿上公服，坐在大司空府中，派官吏去召桓谭。

桓谭到后，宋弘故意不给他让座，责备他说："你自己能改正过失吗？还是要我根据法律检控你？"桓谭听完连忙磕头谢罪。过了很久，宋弘才让他回去。后来有一次，刘秀在朝中与群臣宴乐，就让桓谭弹琴。桓谭看见宋弘在场，紧张得连弹的曲调都走了样。刘秀觉得很奇怪，宋弘赔罪说："我推荐桓谭，是希望他能以忠义之心辅佐君主，而他却让朝廷终日沉湎于靡靡之音，这是我的罪过呀！"刘秀听后非常惭愧。

刘秀的姐姐湖阳公主年纪轻轻就守了寡，于是刘秀就想为姐姐寻觅一如意郎君。谈话中，公主对宋弘的威仪容貌和道德气度赞叹不已，刘秀了解了姐姐的心事。

不久，刘秀找借口召见宋弘，并劝导宋弘说："地位尊贵了，可以换朋友；财富增加了，可以换妻子。这是人之常情。"宋弘听完回答道："贫贱之交不可忘，糟糠之妻不下堂。"听完宋弘一席话，刘秀无言以对。

"有志者事竟成"语出何处？

建武三年（27年），刘秀派光禄大夫伏隆去招降张步，没想到张步杀了伏隆投靠了军阀刘永。刘秀大怒，派大将耿弇去讨伐张步。耿弇军与张步军展开激战，张步大败，仓皇逃回剧县老巢。

过了几天，刘秀亲自犒劳军队，大会群臣。刘秀对耿弇的功劳大加赞赏，说他堪比韩信当年开创大业，韩信进攻的是残军，而耿弇却独自打败了强大的敌人，建功比韩信更为艰难。接着，刘秀又说："从前郦食其被田广烹杀，等到田广投降刘邦时，高祖曾经下诏，让卫尉郦商不要报仇。张步以前也杀了伏隆，现在他若前来归顺，我也会下诏，化解大司徒伏湛的怨恨。以前在南阳的时候，将军你定下这个重大的策略，我总觉得计划庞大，难以成功。但现在证明，有志者事竟成啊！"

"有志者事竟成"，这是刘秀夸奖耿弇的话，从此以后即成为成语。

"置之度外"一词是如何来的？

东汉政权建立之初，国内尚未统一，许多地方势力也有着相当的实力，并不服从于东汉。

刘秀用了五年多的时间，基本统一了全国，只剩甘肃的隗嚣和四川的公孙述两大势力不肯归服。四川自古就易守难攻，而甘肃又路途遥远，到底是攻还是不攻呢？刘秀的部下们分成了两派，争执不下。刘秀对将领们说："且当置此两子于度外耳！"刘秀的想法是让部队好好整顿和休养一下，毕竟已是连续苦战多年，将士们疲惫不堪，国力也不堪其重。至于隗嚣和公孙述这两个人，暂且放他们一马，日后再作打算。后来，刘秀经过一番养精蓄锐，终于发兵，先消灭了隗嚣，接着又把公孙述的独立王国攻破。

成语"置之度外"即由刘秀所说的"且当置此两子于度外耳"演变而来，指不把某些事或人放在心上，根本不予考虑。

谁带领南匈奴归附了东汉？

日逐王比（？—63），东汉初南匈奴单于。原名比，呼韩邪单于之孙。孝单于舆当政时，封比为日逐王，统领匈奴南边及乌桓八大部落。按法右谷蠡王即王昭君之子知牙师当立为左贤王，左贤王即单于王储，但舆欲传位给自己的儿子，于是杀了知牙师。比的父亲为前单于，理应继立为王储。知牙师被杀，比内心恐惧，很少去单于王庭朝会。孝单于怀疑比有异心，派两名骨都侯去监督统领比部。孝单于死后，其子蒲奴继位。比不得立，愤恨愈深。

建武二十二年（46年），匈奴贵族之间爆发了争立单于的斗争，互相猜忌，出现裂痕，加上蒙古草原上连年旱蝗，"人畜饥疫，死耗太半"。建武二十四年（48年）正月，八大部落首领共同拥立比为呼韩邪单于，是为南匈奴单于。匈奴遂分裂为南、北两部。刘秀接受了南匈奴的归附，令其入居云中，东汉政府每年给南匈奴一定数量的粮食、牛马及丝帛等物资。南单于则遣质子入朝，分置诸部于北地、朔方、五原、云中、定襄、雁门、代郡、西河等缘边八郡，协助东汉防御北匈奴的侵扰。

为什么董宣有"强项令"的称号？

董宣（生卒年不详），字少平，陈留郡圉地人。东汉初任北海相、江夏太守、洛阳令等职。当时汉光武帝的姐姐湖阳公主的家奴杀了人，藏匿在公主家里，官吏无法抓捕。董宣等到公主出门，这个家奴陪乘在身边时，拦住公主的车马，大声数落公主的过失，呵斥家奴下车，接着便把家奴打死了。公主盛怒之下向汉光武帝告状。

汉光武帝极为愤怒，要鞭死董宣，董

宣磕头说："皇上您因德行圣明而中兴复国，却放纵公主家奴杀害百姓，将来拿什么来治理天下呢？臣下我不需要鞭子打，情愿自裁。"当即头撞柱子，顿时血流满面。汉光武帝于是免其死罪，但命令董宣向公主磕头谢罪。董宣不答应，汉光武帝命宦官强迫他磕头，董宣两手撑地，终究不肯就范。公主气愤地说："过去弟弟做百姓的时候，尚敢隐藏逃亡犯、死刑犯，使官吏不敢到家门。现在做了皇帝，在一个县令面前反而拿不出应有的威严吗？"汉光武帝笑着说："正因为现在我是皇帝，才不能像当初做百姓时那样行事了。"于是趁机对董宣说："你这个强项令还不退下。"

董宣从此抓捕打击依仗权势横行不法之人，没有谁不害怕得发抖。京城称之为"卧虎"。

东汉时王景是怎样治理黄河的？

王景（约30—85），字仲通，乐浪郡誹邯（今朝鲜平壤西北）人。东汉时期著名的水利工程专家。汉平帝时，黄河决口，在汴渠一带泛滥了六十余年，兖、豫地区多遭水患。

永平十二年（69年），汉明帝擢用王景，发民卒数十万治河。王景测量地势，开凿山阜，建立水门，自荥阳东至千乘（今山东高青）筑堤长千余里，使黄河、汴水分流，黄河由东北入海，汴渠由东南入泗水。

治理后的黄河河道穿过东郡、济阴郡北部，经济北平原，最后由千乘入海。这条河道距海较近，地形低下，行水较浚利，使得黄河决溢灾害明显减少，出现了一个相对安流的时期。治理黄河不仅解决了水患问题，还促进了沿河地区的经济发展。大片土地得到开垦，农业生产得到恢复和提高，同时也带动了商业和交通的发展。汉明帝在完工后亲自巡视，并按照西汉制度恢复河防官员编制。王景的随从官员，都因治河修渠有功升迁一级，王景则连升三级为侍御史。

班超为什么要投笔从戎？

班超（32—102），字仲升，扶风安陵（今陕西咸阳东北）人，是徐县县令班彪的小儿子。班超很有口才，广泛阅览了许多书籍。

汉明帝永平五年（62年），班超的哥哥班固受朝廷征召前往担任校书郎，他便和母亲一起随哥哥来到洛阳。因为家中贫寒，他常常受官府所雇以抄书来谋生糊口，非常辛苦。他曾经停止工作，将笔扔置一旁叹息道："身为大丈夫，虽没有什么突出的计谋才略，总应该学学在域外建功立业的傅介子和张骞，以封侯晋爵，怎么能够老是干这笔墨营生呢？"周围的人听了这话都笑他。班超便说道："凡夫俗子又怎能理解志士仁人的襟怀呢？"后来，汉明帝有一次问起班固："你弟弟现在在哪里？"班固回答说："在帮官府抄书，以此所得来供养老母。"于是汉明帝任命班超为兰台令史，他由此走上了仕途。

"不入虎穴，焉得虎子"有何故事？

东汉时候，班超跟随奉车都尉窦固和匈奴打仗，立有功劳，后被派出使西域。他首先到鄯善国，刚开始国王对班超十分敬重，但没过多久，忽然变得怠慢起来。

班超召集部下说："鄯善国王最近对我们很冷淡，一定是北方匈奴也派人来笼络他，使他踌躇不知顺从哪一边。聪明人要在事情刚萌芽的时候就发现它，何况现在事情已经很明显了。"后经暗查，果然如此。班超对所有的手下说："我们现在处境很危险，匈奴使者才来几天，鄯善国王就对我们这么冷淡，如果再过一些时候，鄯善国王可能会把我们绑起来送给匈奴。你们说怎么办？"当时大家都表示愿听他的主张。他便继续道："不入虎穴，焉得虎子？现在唯一的办法，就是在今天夜里袭击匈奴来使，迅速将他们杀掉。只有这样，鄯善国王才会诚心归顺汉朝。"

于是在当夜，班超带领随从三十六人冲入匈奴人住所，奋力死战，用少数人力战胜了多数的匈奴人，达到了预期目的。后人便用"不入虎穴，焉得虎子"来说明做事如果不下决心，不身历险境，不经过艰苦的努力，是不能达到目的的。

中国第一位女历史学家叫什么？

东汉有一个女子，在史学上做出了重要贡献。她去世时，当朝的皇太后亲自素服举哀，为她行国葬之礼。这个女子，就是我国第一位女历史学家班昭。

班昭（49—120），又名姬，字惠班。其父班彪，很有学问；长兄班固，是著名的历史学家、文学家；次兄班超，乃立功西域的一代名将。家庭的熏陶、父兄的影响，加上自身的聪颖努力，使班昭成为一个博学广识的学者。她对东汉文化事业的突出贡献，是整理并续成重要的史学巨著《汉书》。

班彪去世后，班固继承父志，在《史记后传》的基础上，着手编写"包举一代"、囊括西汉历史的史书《汉书》。92年，班固因受统治阶级内部政争的牵连，入狱而死。这样，班氏父子花费几十年心血编纂的《汉书》，尚有八表和《天文志》未能写完，同时整部书稿面临着散佚的危险。班昭毅然担起整理、续写《汉书》的重任。她补撰了八表，又在马续的协助下，写出《天文志》，终于最后完成了全部《汉书》的编纂工作。

班昭是我国第一位有著述的女学者。在妇女受歧视、受压迫的封建社会里，她是古代妇女智慧的代表，也是古代妇女的骄傲。

古代的专科学校有哪些？

在古代的教育体系中，除建立学习儒家经典的学校系统外，还设立专科学校，培养各种掌握实用技能的专门人才。

早在东汉时，就建立了古代第一所文艺专科学校"鸿都门学"。直到明、清，曾设立过律学、医学、武学、阴阳学、算学、书学、画学、玄学、音乐、工艺等各种专科学校。此外，还有如唐朝咒禁学、崇玄学等特殊的专门学校。

即位时年龄最小的皇帝是谁？

即位时年龄最小的皇帝是东汉殇帝（刘隆），他生下来只有一百多天就当皇帝了。

刘隆（105—106），106年在位，只做了八个月的皇帝，于延平元年八月得了场大病后驾崩于襁褓之中，谥号孝殇皇帝。汉殇帝是中国帝王中即位年龄最小、寿命最短的皇帝。

为什么称梁冀为"跋扈将军"？

梁冀（？—159），字伯卓，安定乌氏（今宁夏固原）人，是东汉时期外戚出身的权臣。125年，东汉第七个皇帝汉顺帝即位，外戚梁家掌权。梁皇后的父亲梁商、兄弟梁冀先后做了大将军。

梁冀是一个十分骄横的家伙，全不把皇帝放在眼里。汉顺帝死后，梁冀就在皇族中找了一个八岁的孩子接替，即汉质帝。汉质帝虽然年纪小，但对梁冀的蛮横劲儿也看不惯。有一次，他在朝堂上当着文武百官的面朝着梁冀说："真是个跋扈将军！"

梁冀听了，气得要命，只是当面不好发作。背后一想：小小年纪就那么厉害，长大了还了得？就暗暗把毒药放在煎饼里，把汉质帝毒死了。

梁冀害死了汉质帝，又从皇族里挑了十五岁的刘志接任皇帝，就是汉桓帝。梁冀就是这样，专立年幼的皇子当皇帝，从而自己掌握朝廷大权。

梁冀夫妇为何畏罪自杀？

梁冀的妹妹是东汉顺帝的皇后，父亲梁商是东汉王朝的大将军。梁商死后，汉顺帝就任梁冀为大将军。梁冀从小就放荡不羁，任大将军后更加横行霸道了，稍不如意，就杀死对方。

梁冀的妻子孙寿有几分姿色，生性嫉妒狠毒。梁冀大修府邸，孙寿也在街对面大修宅院，竞相炫耀华丽奢侈。金玉珠玑和外国的奇珍异宝堆满仓库，连西域的汗血宝马都弄来了。同时，他又大造园林，挖土筑山，仿照东西崤山，弄成十里九坡的样子，其中森林茂密，溪涧险绝，就像自然天成的一样，珍禽驯兽在园中飞来走去。梁冀不断向外扩展园林，规模就像皇帝的禁苑一样。

梁冀又在河南城西建造了一座兔苑，方圆数十里，征调所属各县的民夫去修建亭台楼阁，费了几年的时间才完成。梁冀在城西也建造了房舍，专门收容那些为非作歹的逃亡罪犯。有时把无辜百姓抓去，充当奴婢，人数多达数千人，还把这些人称为"自卖人"。

后来，汉桓帝也感到梁冀权势太大，作恶太多，准备除掉他。汉桓帝没有实权，只能依靠身边的宦官。159年的一天，汉桓帝在宦官的帮助下，突然宣布逮捕梁冀。梁冀夫妇没有准备，只能畏罪服毒自杀。梁冀死后，百姓们都欢呼雀跃，敲锣打鼓表示庆祝。

东汉土地兼并导致了怎样的后果？

在东汉后期，出现了一种特别的社会现象，就是土地的高度兼并。地主豪强勾结官府（很多官员本就是大地主）大量兼并农民的土地，从而引发了两个社会问题：

第一，广大农民失去土地，一些人成为佃农，一些人沦为豪强地主的家奴，广大劳动人民陷入无尽无休的被剥削的状态中。他们生产了几乎所有的社会财富，但社会给予他们的是衣不暖身、食不果腹、卖儿卖女的苦难生活。

第二，豪强地主通过兼并土地等各种手段，大大地提高了自身的社会地位，与地方官吏相勾结，拥有了一定的政治势力。豪强地主发展成割据一方的政治集团势力。

土地兼并导致农民更加贫穷，地主势力更加强大，阶级矛盾必然加深，国家动荡不安，必然会威胁到东汉政权的存亡。

第一次党锢事件的起因是什么？

官僚、儒生集团的斗争，给宦官以很大的威胁。因此，宦官集团寻机进行报复。166年，宦官集团发动了一次大规模的迫害活动，即党锢事件，其导火线是张成事件。

方士张成与宦官来往密切，因事先知道朝廷将要大赦，故怂恿儿子杀人。当时任河南尹的李膺却不顾赦令，坚持将张成的儿子处死。宦官乘机唆使张成的弟子宋脩上书，告发李膺交结太学，共为部党，诽谤朝廷。在宦官的怂恿下，汉桓帝下令逮捕李膺、范滂等二百余人。宦官更是推波助澜，大肆制造冤狱，他们用酷刑逼供，牵引同党，企图将其一网打尽。"钩谓相牵引也"，所以，对这些党人也称"钩党"。第二年，汉桓帝迫于舆论压力，释放了党人，但把李膺等人遣送还乡，禁锢终身。这就是第一次党锢之祸。

贤士张俭是怎样逃过官府诛杀的？

东汉灵帝建宁二年（169年）十月，汉灵帝刘宏下诏，再次搜捕党人。东部督邮张俭是朝廷通缉的要犯，世人敬重张俭的声名和德行，冒着家破人亡的危险，保护他。

张俭逃到东莱郡李笃家里，外黄县县令毛钦闻讯，带兵前来搜捕。李笃对毛钦说张俭名闻天下，逃亡并非他的罪过。毛钦也有意放过张俭，遂告辞而去。

张俭和孔褒是旧友，当他去投奔孔褒时，刚巧孔褒不在家。孔褒的弟弟孔融年仅十六岁，自作主张将张俭藏匿在家中。不料走漏了风声，鲁国相带兵抓张俭时，张俭逃跑了，孔褒、孔融却被逮捕入狱。审讯时，孔褒、孔融争相承担罪责。官吏讯问他们的母亲，她斩钉截铁地说："我是一家之主，应当办我的罪。"母子三人争相赴死，弄得官吏无法判决，只好上报朝廷。汉灵帝下诏，将孔褒处死。

就这样，张俭四处逃亡，因为收容他而被官府诛杀的有十多人，被牵连遭到逮捕和审讯的几乎遍及全国。这些人的亲属，也被牵连，所在郡县因此而残破不堪，但没有一个人出卖他。

东汉外戚、宦官之间是如何斗争的？

汉灵帝死后，宦官杀了外戚何进，豪族袁绍把宦官一网打尽，斗争才告结束。这个长时期的宦官外戚斗争，大体可以分为两个阶段。从汉和帝到汉桓帝初是第一个阶段。在这一阶段，外戚占优势。汉桓帝到汉灵帝死，是第二阶段。这一阶段，宦官先占优势，但最后却是彻底失败。

在第一阶段中，宦官外戚有四次显著的大斗争。第一次是汉和帝在宦官的协助下与外戚窦宪的斗争。最后窦宪被处死，这是宦官和外戚斗争的第一个回合，宦官胜利。宦官在政治上弄权，也就从此时开始。第二次是汉安帝和宦官同外戚邓氏的斗争。第三次是汉顺帝和宦官孙程等人同外戚阎显的斗争。最后阎显等人皆下狱被杀，孙程等十九人皆封侯。宦官的势力，自此大盛。第四次是汉桓帝和宦官单超等人同外戚梁冀的斗争。结果梁冀被诛杀，单超、徐璜等五人同日封侯。

第二阶段，汉桓帝以后，是宦官在政治上占优势的时期。汉桓帝、汉灵帝时，外戚、官僚贵族和太学生联合起来反对宦官，但都失败了，造成党锢之祸。中平六年（189年），汉灵帝死，司隶校尉袁绍曾和何进同谋诛杀宦官。何进死，袁绍就和他的从弟虎贲中郎将袁术领兵包围宫禁，逮捕宦官，"无少长，皆杀之"，死者两千余人。

东汉宦官、外戚间的斗争，从汉和帝时开始，一直斗到东汉末年汉灵帝时止。

谁发动了黄巾大起义？

东汉后期，政治极端腐败，宦官、外戚争相专权，地方豪强兼并土地，农民纷纷破产流亡，阶级矛盾十分尖锐。广大农民不断起来进行反抗斗争。如果将各地的起义队伍团结起来，掀起更大规模的斗争，就能给封建统治者以更沉重的打击，那么如何将各地的农民起义组织统一起来，就成为当时的一个重要问题。在这样的背景下，太平道领袖张角出现了。为了提高自己的权威性，增强号召力，他利用广大农民盲目崇拜宗教的心理，借助太平道发动和组织各地农民，并成为东汉末年农民起义的领袖。

在经过充分准备以后，184年，八州二十八郡诸方的信徒同时起义，张角自称"天公大将军"。因各地起义农民头裹黄巾，被称为"黄巾军"。"旬日之间，天下响应，京师震动"，给当时的统治者以沉重的打击。

"苍天乃死"字砖 东汉
字砖中"苍天乃死"四字与黄巾起义的口号不谋而合，起义军广泛传布太平道，表达民众推翻汉朝的普遍心情。

军阀董卓有哪些暴行？

董卓率军初次进兵洛阳时，就放纵手下士兵，实行所谓"收牢"运动。这些士兵到处杀人放火，奸淫妇女，劫掠物资，把整个洛阳城闹得鸡犬不宁，怨声载道。

汉献帝初平元年（190年）二月，董卓部属的羌兵在阳城抢劫老百姓。他们杀死全部男子，凶残地割下他们的头颅，血淋淋地并排在车辕上。此外，他们还趁机掳走大批妇女和大量财物。在一次宴会上，董卓曾把几百名反叛者押到会场，先命令士兵剪掉他们的舌头，然后有的人被斩断手脚，有的人被挖掉眼睛。迁都长安时，董卓将整个洛阳城以及附近二百里内的宫殿、宗庙、府库等大批建筑物全部纵火烧毁。为了攫取财富，董卓还派吕布洗劫皇家陵墓和公卿坟冢。董卓掌权后，国家制度朝令夕改，严重阻碍了整个国家政权机器的正常运转。

为了聚敛巨额财富，董卓大量毁坏通行的五铢钱，老百姓陷于极度痛苦之中。董卓却整日歌舞升平，生活荒淫无度。

曹操为何大兴屯田？

汉魏之际，连年的军阀混战，到处是荒芜的土地、废弃的民居，再加上水旱灾害的肆虐，百姓被推到绝境，粮食成为全社会关注的焦点，也是军阀们或成或败的物质条件。可以说，谁能使军粮的供给正常进行，谁就可能成大器。曹操做到了，这是他高于众人之处，也是他在北方能够兼并群雄的原因之一。

曹操的办法就是大兴屯田。曹操用强制手段把抓到的流民组织起来，编制成屯，命令他们在配给的田地上耕种。建安元年（196年），曹操开始屯田，一年就得谷百万斛。这样，曹操再不为军粮而犯愁了，也为其最终统一北方提供了经济基础。曹操大兴屯田，还解决了一部分流民问题，使劳动力和土地重新结合起来。这对中原地区的经济复苏和发展起到了一定的作用。

官渡之战曹军是如何以少胜多的？

官渡之战中，袁绍与曹操相持三个月之后，曹操处境困难，前方兵少粮缺，士卒疲乏，后方也不稳固，曹操几乎失去坚守的信心。荀彧给予曹操很大决心，使曹操得以坚持危局，加强防守。

建安五年（200年）十月，袁绍又派车运粮，并令淳于琼率兵万人护送，囤积在袁军大营以北约二十千米的故市（今河南延津县内）、乌巢（今河南延津东南）。巧的是，袁绍谋士许攸投奔曹操，建议曹操轻兵奇袭乌巢，烧其辎重。曹操立即付诸实施，在夜色的掩护下走小路偷袭乌巢。袁绍获知曹操袭击乌巢后，只派轻骑救援，主力则猛攻曹军大营。可曹营坚固，攻打不下。曹操在乌巢励士死战，大破袁军，杀淳于琼等人，并将其粮草全数烧毁。袁军前线闻得乌巢被破，导致军心动摇，内部分裂，大军由此溃败。袁绍仓皇带八百骑退回河北，曹军先后歼灭和坑杀袁军七万余人。

官渡之战是汉末乃至中国历史上有名的以少胜多的战役，也是曹操与袁绍争夺北方霸权的转折点。官渡一战之后，曹操终于一反之前的劣势，为自己统一北方奠定了基础。

第四篇

沧桑分合，离析与交融
——三国、两晋、南北朝

三 国

三国鼎立的局面是如何形成的？

东汉末年，国势衰微，政治腐败。184年，黄巾起义爆发，从此开始了近一百年的战乱时代。

董卓（？—192），字仲颖，陇西临洮（今甘肃岷县）人。官至太师、郿侯。原本屯兵凉州，于汉灵帝末年的十常侍之乱时受大将军何进之召率军进京。黄巾起义被镇压后，189年，董卓控制了朝廷。地方州郡长官在反董卓战争及后来的相互攻伐中逐渐壮大实力，形成了地方军阀割据。在军阀割据混战中，曹操经过多年的南征北战，在官渡之战中击败了袁绍，最终统一了北方。

208年，曹操率军南征宿敌刘备以及割据东南的孙权。在刘备谋士诸葛亮与孙权重臣鲁肃的共同推动下，孙刘结成联盟。其后孙刘联军与曹操爆发了赤壁之战，曹军大败，退守北方。战后，刘备占据荆州后又夺取了益州，而孙权则攻取了刘备的荆州，自此三足鼎立的局面正式形成。

薄葬之风是由谁开创的？

两汉时期，社会上下崇尚厚葬。后在葬俗上革故鼎新，改变一代风气面貌的人正是曹操。

建安十年（205年），曹操打败袁绍父子，占据冀州，很快便在全境下令禁止厚葬和墓前立碑。他本人以身作则，带头薄葬。建安二十三年（218年）六月，曹操亲自选择一块"瘠薄之地"建为寿陵，并确定"因高为基，不封不树"的葬式。临终前，他又留下遗令：以日常的衣服作为殓装，墓中不殉葬金玉珍宝。曹操还要求僚属不许因丧事影响公务。曹操之子曹丕代汉称帝，严格遵奉父亲的遗教。由曹魏开创的薄葬风气，对于后世影响很大。魏晋时期的薄葬与两汉的厚葬形成极为鲜明的对照。

曹操为何至死不称帝？

曹操不称帝，主要考虑到以下几个方面：

第一，孙权劝他称帝是从东吴的利益出发的。首先，孙权认为这样做可以获得曹操的信任，从而实现吴、魏之间的和解，东吴就可以专心对付蜀汉。孙权阳奉阴违，曹操看穿了孙权的意图，不肯轻易上当。

第二，从当时的形势看，贸然称帝，会给政敌和拥汉派势力一个舆论上的借口，使自己在政治上陷入被动。

曹操像

第三，从建安十五年（210年）起，曹操一再"自明本志"，说自己绝对没有代汉自立的意图。如果突然改变主意，否定自己的话，对自己的声誉名节必然会造成不利影响。

第四，曹操是一个讲求实际的人，只要掌握了实权，虚名并不重要。

此外，建安二十四年（219年），曹操已经六十五岁，在当时属于高龄，估计自己将不久于人世。总之，曹操不当皇帝，是从策略上全面权衡得失后所做出的决定，是一种周密而明智的谋略。

曹丕首征东吴之战结果如何？

黄初三年（222年）九月，曹丕督三路大军进攻东吴。统率中路军的魏国大将军曹仁于次年二月，挥师进逼濡须城，采取声东击西的谋略，引诱朱桓分兵救援羡溪（今安徽裕溪口），然后率步骑数万直扑濡须城。朱桓急令派往羡溪的援兵返回，但曹仁已兵临城下。

当时朱桓只有五千余守城兵士，人心惶惶。朱桓向部下分析敌之不利和己之有利条件，激励将士，使士有了必胜信心，并下令偃旗息鼓，外示形弱，诱曹军攻城。果然，曹仁令其子曹泰率兵攻城，又派将军常雕、王双等乘油船（一种涂桐油的皮筏子），袭击吴军眷属住地中洲（今湖北长江枝江沱水间）。大臣蒋济认为不可贸然涉险，曹仁不听。

朱桓亲自率部众抵御曹泰，临危不惧，适时发起迅猛反击，焚毁曹营，曹泰战败。朱桓趁势反攻，斩常雕，俘王双，魏军临阵被杀及淹死千余人，对濡须城的进攻失败。

司马懿是怎样蒙骗曹爽的？

曹芳即位后，封司马懿、曹爽为侍中，共同执掌朝廷大权。曹爽是皇室宗族，野心勃勃，要独揽大权。司马懿于是谎称年迈有病，不上朝参与政事。

曹爽对司马懿仍然不放心，于是安排李胜以探望为名，到司马懿府中去探听虚实。

李胜来到司马懿府门，求见司马懿。司马懿衣冠不整，不断地喘息着，由两个侍女一左一右地架着，从内室慢慢走出。旁边走过一个侍女，请司马懿更衣。司马懿颤颤巍巍地伸手去拿衣服，刚拿起衣服，手便无力地往下一垂，衣服掉在了地上。侍女赶忙拾起衣服，帮司马懿穿上。

李胜对司马懿说他要去荆州赴任，特来辞行，但司马懿却故意听成李胜要去并州上任，并对李胜说他老了，耳聋眼花，不中用了。

李胜后来见到曹爽，把这一切告诉了他。从此以后，曹爽就根本不把司马懿放在心上了。司马懿趁机加快了夺权的步伐。

"高平陵事变"是怎么一回事？

"高平陵事变"是曹魏后期司马懿发动的政变。

魏明帝死后，司马懿与大将军曹爽共执朝政，政治矛盾日益尖锐。曹爽上表请将司马懿转为太傅闲职，剥夺其军政大权，并竭力排斥司马懿在朝中势力。司马懿装病不起，有意麻痹曹爽，暗中策划。

正始十年（249年）正月，司马懿乘曹爽兄弟随魏帝祭扫魏明帝高平陵（在河南洛阳）之机，发动政变。司马懿夺取武库，派长子司马师屯兵司马门，自己和太尉蒋济出屯洛水浮桥，断绝曹爽归路，救出被曹爽软禁的郭太后（魏明帝的皇后）。郭太后下令废曹爽兄弟官职。曹爽最终为求活命而同意交出大权。数日后，司马懿以谋反罪名诛杀曹爽兄弟及亲信等人。自此以后，曹魏政权实际落入司马氏集团手中。

"司马昭之心，路人皆知"有何典故？

司马昭是司马懿的次子。司马昭总揽大

权后,野心更大,总想取代曹髦。他不断铲除异己,打击政敌。年轻的曹髦知道自己迟早会被司马昭除掉,就打算铤而走险,用突然袭击的办法,干掉司马昭。

一天,曹髦对自己的心腹大臣说:"司马昭之心,路人皆知也。我不能白白忍受被推翻的耻辱,我要你们同我一道去讨伐他。"几位大臣知道这样做等于飞蛾投火,都劝他暂时忍耐。但曹髦不接受劝告,亲自率领左右仆从、侍卫数百人去袭击司马昭。谁知大臣中早有人把这个消息报告给了司马昭。司马昭立即派兵阻截,杀掉了曹髦。后来,人们用"司马昭之心,路人皆知"来说明阴谋家的野心非常明显,已为人所共知。

羊祜是怎样广施仁政的?

羊祜是晋武帝司马炎时期的重要谋臣,在晋朝建国的过程中发挥过重要作用。公元269年,司马炎任命羊祜掌管荆州各项军事,镇守襄阳。

羊祜赴任后,广施仁政。在与东吴的斗争中,他的军队抓获了大量的东吴俘虏,他下令善待他们。对于那些不愿继续当兵的人,只要他们愿意回家,就为他们发放路费,让他们顺利回乡。

每次与东吴交战,他都事先与对方约好开战日期,从不搞突然袭击。每次羊祜的军队行军进入东吴境内,割取路上的谷子充当军粮时,他都要求手下准确记下数量,以便送回等值的绢帛补偿主人。每次他与部下一起在长江、沔水一带打猎时,从不跨界。如果赶上猎物先被吴人打伤,然后被晋兵得到的情况,他都要求兵丁送还吴人。通过这些做法,羊祜很好地塑造了晋国的形象,使东吴边境的老百姓心悦诚服。

关羽"华容道释曹操"是真的吗?

赤壁大战后,曹操被周瑜的一把火烧掉了八十多万兵马。之后曹操败走华容道,

关公秉烛夜读图

幸亏守华容的关羽顾念旧恩,放了曹操一马,才没使曹操英雄早亡。这是小说《三国演义》里提到的情节。然而史实果真如此吗?

三国时期实有华容之地,位于今湖北长江北岸的监利市北面约六十里处。曹操在赤壁战败后,欲逃回江陵,过华容县是最短的路线,而曹操也确实选了这条道路。在《三国志》和裴松之《三国志注》中,提到的是赤壁之战后,诸葛亮并没有派兵埋伏于华容道,而是曹操引着残兵败将走到华容道时,遇上狂风暴雨,道路泥泞,难以通过。后来下令士兵以草填路,让骑兵通过,在这一过程中死了不少人。当刘备等人知道曹操从华容道逃跑时,急忙前去追赶,可惜太晚了,曹操已跑掉了。

荆州是刘备借的还是孙权送的?

"刘备借荆州——有借无还",现在人们常用这句话来形容一个人出尔反尔,不讲信

用。不过，历史上荆州真的是刘备借的吗？

赤壁之战曹操败了，但他没有完全退出荆州，而是留下曹洪守着南郡、襄阳一带。周瑜拿下了南郡。刘备作为同盟军，见荆州南部成了空虚之地就掉头向南冲了过来，几个太守纷纷投降，于是刘备就拥有了半个荆州。

按理说，孙刘联合后孙权承认了刘琦和刘备成为荆州首领，刘备也在战争中出了力，孙权就应该将属于荆州的南郡让给刘备，后来刘备就请孙权把江陵还给他，可周瑜不肯。所以直等到周瑜死后鲁肃才主张将南郡让给刘备。刘备从孙权手里拿回了南郡，并以南郡治所江陵为他统治下的荆州首府。所以说，荆州实际上是刘备的战果，而不是"借"来的。

关羽是如何水淹七军的？

关羽进攻樊城，曹操命大将于禁为南征将军，庞德为先锋，统率七路大军，星夜去救樊城。关羽得信，亲自披挂前去迎敌。关羽、庞德大战百余回合，后庞德取箭，关羽躲闪不及中箭，回营养伤。十日后，听关平说曹兵移到城北驻扎，关羽骑马登高观望，看到北山谷内人马很多，又见襄江水势凶猛，于是，水淹七军之计油然而生。遂急命部下准备船筏，收拾雨具，又派人堵住各处水口。

此时庞德与众将商议，山谷不宜久留，准备第二天将军士移入高地。就在当夜，风雨大作，庞德在帐中，只听万马奔腾，喊声震天，出帐一看，大水从四面急剧涌来。七军兵士随波逐浪，淹死很多。于禁、庞德率将士登上小土山躲避，关羽带大军冲杀而来，于禁见四下无路，便投降关羽。庞德和身无盔甲的残兵败将，被关羽的兵马团团围住，战不多时，众将全都投降。只有庞德夺一小船，想顺流西去，却被周仓的大筏撞到水中，后被生擒。

诸葛亮为何七擒七纵孟获？

"七擒孟获"是诸葛亮平定南中叛乱过程中对南中豪强首领孟获采取的攻心战策略，目的是彻底消除南中少数民族的反叛心理。建兴三年（225年）三月，诸葛亮亲自率军平定南中叛乱。诸葛亮听到孟获为当地人所信服，便想通过生擒迫使他归顺，从而达到收服南中民心的目的。五月，大军渡过泸水，与孟获军交战，成功俘虏孟获，诸葛亮带他到营阵观赏，问他觉得蜀军如何，孟获回答说："向者不知虚实，故败。今蒙赐观看营阵，若只如此，即定易胜耳。"

诸葛亮用马谡提出的"攻心为上，攻城为下，心战为上，兵战为下"的策略，要使孟获心服口服，因此便笑着将他放走再战。诸葛亮将孟获七擒后，仍要继续放他走。孟获及其他土著首领终于对诸葛亮彻底信服，不肯离去。蜀军遂成功平定南中。

七擒孟获图

汉中之战的结果是什么？

汉中之战是东汉献帝建安二十三年至二十四年（218—219年），刘备与曹操为争夺汉中而发起的战争。

由于汉中是益州北方的一个郡，接近三辅地区，而且易守难攻，因此刘备在公元214年平定益州后，于公元217年进攻占领了汉中的曹操，战事持续了两年。最终，刘备打败曹操占据汉中，在秋天自立为汉中王。

此战刘备用兵灵活，赵云智勇兼备，以空城计大破曹军。刘备占领汉中要地，为其以后的发展打下了基础。

刘备是哪一年称帝建立蜀汉的？

刘备（161—223）即蜀汉昭烈帝，字玄德，涿郡涿县（今河北涿州）人，据说是汉中山靖王刘胜的后代，三国时期蜀汉开国皇帝，公元221年至223年在位。

东汉灵帝末年，刘备因起兵讨伐黄巾军有功而登上汉末政治舞台，后得诸葛亮辅佐。汉建安十三年（208年）与周瑜等大胜曹操于赤壁，其后得到荆州五郡，后又夺取益州。夺取汉中击退曹操后，刘备于建安二十四年（219年）七月自立为汉中王。

魏黄初二年（221年），曹丕已逼迫汉献帝禅让帝位，蜀中又传言汉献帝已经遇害，刘备为了延续汉朝，完成自己的霸业，遂于成都称帝，年号章武。公元223年，刘备因病去世。因刘备为汉献帝之叔，故后人称之为刘皇叔。

夷陵之战蜀军为什么失败？

夷陵之战又称猇亭之战，是三国时期蜀汉对东吴发动的战役，三国"三大战役"的最后一场。公元221年，刘备称帝三个月后，以替大将关羽报仇为由，挥兵东征，气势强劲。东吴孙权派陆逊率军应战，陆逊用以逸待劳的方法，阻挡了蜀军的攻势，更在公元222年于夷陵一带大败蜀军。

刘备在发动的夷陵之战中失败的原因有以下几点：

第一，当时篡汉的是曹丕，不是孙权，刘备承继汉统，应该伐曹丕才对。

第二，诸葛亮、赵云等重要将领都劝阻刘备，刘备一意孤行，内部出现分化。出征前先折了尚书令法正、车骑将军张飞，士气受挫。孙权部下众志成城，守卫疆土，而且近得荆州，破关羽，士气高涨。

第三，刘备东征必须有足够的部队留守蜀地，孙权却可以全师抵御。

第四，汉中之战中，刘备的重要谋士及将领等均无法参战。这次出征的大部分是新人，而孙权部下都是能征善战的老兵。

第五，刘备远道而去，深入重地，吴人在本土作战。

第六，刘备内无良谋，孙权部下能人辈出，谋略深远。

总之，夷陵之战中，刘备"以怒兴师"，恃强冒进，犯了兵家之大忌，导致失败。

"白帝托孤"是怎么回事？

关羽被东吴杀害以后，刘备报仇心切，亲自率军出征，攻打东吴，结果大败，自己也病倒在白帝城的永安宫。刘备知道自己将不久于人世，便派人日夜兼程赶到成都，请诸葛亮来嘱托后事。

刘备握住诸葛亮的手说："阁下才干是曹丕十倍，一定能办成大事，如果刘禅可以辅助就辅助，实在不行，你就做两川之主。"诸葛亮听到这话，立即哭拜在地说："臣一定尽力辅助太子，一直到死为止。"说完，叩头至出血。刘备又请诸葛亮坐在旁边，叫刘永、刘理到面前吩咐："你们要记住，我死了以后，你们要把丞相当作自己的父亲一样，不能怠慢。"说完，叫两个儿子拜在诸葛亮跟前，接着又对众将官说："我已把国家大事托付给丞相，要我儿子待他像对待父亲一样，诸位也不可怠慢。"223年，刘备去世，终年六十三岁。

在刘备伐吴失败后，他马上想到的是现在国力衰败，势必会有人乘虚而入，夺取帝位，而诸葛亮在蜀国的威信太高了，怕有人怂恿他篡位。所以才有"我儿可辅则辅，若不可辅君当自立为君"这一欲擒故纵的遗言。

哪次战役使吴蜀重修盟约？

刘备为了夺回荆州，为关羽报仇，于蜀汉章武元年（221年），不顾臣僚反对，决定进攻东吴。翌年正月，蜀水军屯驻夷陵，占领长江两岸。孙权命陆逊为大都督，率军五万迎战。吴、蜀两军在夷陵对峙数月。闰六月盛夏，刘备决定移入密林结营，准备秋后再战。陆逊见蜀军营帐皆集丛林之中，便发起火攻，大火席卷蜀营。陆逊率领诸军全线出击，连破蜀军四十余营，刘备带领残兵连夜西逃，至白帝城（今重庆奉节），不久忧愤而死。

夷陵之战后，孙吴占据荆州，将蜀汉遏制在三峡之内，稳住了西边的屏障。蜀汉战败，据险立国。曹魏仍是吴、蜀大敌，客观上，孙、刘仍需联合抗曹，不久，双方重修盟约。因此，魏、蜀、吴三方鼎峙的形势得以继续维持。

刘禅为什么被称为"扶不起的阿斗"？

蜀汉灭亡以后，当时已掌握魏国大权的司马昭将刘禅全家接到洛阳。公元264年，司马昭就以魏元帝的名义封刘禅为安乐公。一天，晋王司马昭大摆酒宴，款待刘禅和他的旧臣。席间，司马昭特地叫人为刘禅表演蜀汉歌舞，想试探他的反应。蜀汉的众多旧臣看了表演，个个不免黯然神伤，只有刘禅没有丝毫感觉，又说又笑。司马昭便对身边的贾充说："一个人要是无情无义到了这种地步，就算诸葛亮在世也无法辅佐他，何况姜维呢！"

又过了些日子，司马昭问刘禅说："你还想不想蜀地？"

刘禅回答道："此间乐，不思蜀也。"

从这时起，司马昭才知道刘禅确实不成器，不会对自己构成威胁了，也就没有杀害他。刘禅小名阿斗，后人就以"扶不起的阿斗"来比喻人不成器。

马谡是如何失街亭的？

诸葛亮到了祁山，决定派一支人马去占领街亭（今甘肃庄浪东南），作为据点。让谁来带领这支人马呢？马谡读了不少兵书，也曾给诸葛亮出过一些好主意，因此诸葛亮很信任他。但是刘备在生前特地叮嘱诸葛亮，说："马谡这个人言过其实，不能派他干大事。"但是诸葛亮没有把这番话放在心上。这一次，他派马谡当先锋，王平做副将。

马谡和王平带领人马到了街亭，张郃率领的魏军也正从东面过来。马谡看了地形，决定在山上扎营。王平提醒他说在山上扎营太冒险。但马谡根本不听王平的劝告。张郃看到马谡把人马驻扎在山上，马上下令把马谡扎营的那座山围困起来。

魏军切断了山上的水源。蜀军在山上断了水，自乱阵脚。张郃看准时机，发起总攻。蜀军大败。按照马谡的原意，将兵力布置在高山之上，一是符合孙子兵法的"势"的理论，居高临下，便于杀敌；二是符合韩信当年的置之死地而后生的理论，如果军队被包围了，无路可逃，自然以一当十，拼命杀敌。可惜，他只会死学兵书。

诸葛亮总结此战失利的教训，痛心地说："用马谡错矣。"为了严肃军纪，诸葛亮下令将马谡革职入狱，然后斩首示众。马谡被推走后，诸葛亮拭干眼泪，又宣布一道命令：对力主良谋、临危不惧、英勇善战、化险为夷的副将王平加以褒奖，破格擢升为讨寇将军。善于自省的诸葛亮斩马谡、奖王平之后，多次以用人不当为由，请求自贬三等，但仍尽心竭力辅佐后主刘禅，欲图中原，成就大业。

街亭一役，蜀军损兵折将，甚为惨重。因为街亭的丢失，蜀国面临被前后夹击的危险。诸葛亮不得不放弃已经夺得的陇右部分土地，仓促由斜谷撤军。蜀国由战略反攻转为战略防御，并直接导致了诸葛亮所领导的第一次北伐的失败。

蜀军为何兵败五丈原？

五丈原位于今天陕西省岐山县南，高二十余米，南依棋盘山，北临渭河，东西两面为河流冲积而成的深沟，形势险要，历来是兵家必争之地。

234年，诸葛亮率兵由汉中出发，穿过秦岭，进驻五丈原。初来乍到，粮草不济，先屯田练兵，待机伐魏。魏将司马懿深知诸葛亮神机妙算，在渭河北岸固守，不敢贸然出兵。双方在五丈原相持百天不战，诸葛亮不得不引诱魏兵入葫芦谷作战，并放火烧断谷口，欲大败魏军。未料一场大雨，魏军死里逃生。同年秋天，诸葛亮病死军中，蜀军败退。当司马懿进兵诸葛亮指挥作战的地方时，看到蜀军阵地之险要，惊叹地说道："天下奇才也。"后人为了纪念诸葛亮，在这里修建了祠庙。

洮西之战的经过是怎样的？

魏正元二年（255年）七月，大将军司马师病亡，司马昭控制魏国朝政。蜀将姜维趁司马师病亡之机，督车骑将军夏侯霸、征西大将军张翼等数万人攻魏。新上任的雍州刺史王经对陈泰报告，陈泰命王经坚守狄道（今甘肃临洮），待他率主力自陈仓（今陕西宝鸡东）到达后，再钳击蜀军。但王经不等陈泰军至即擅击蜀军。很快，王经先后败于故关（今甘肃临洮北）、洮西，大部伤亡或逃亡，仅残部万人逃回狄道。姜维乘胜围攻狄道城。

陈泰星夜驰书报告朝廷，同时收编王经的残部，做好进攻准备。不久，大将军司马昭命长水校尉邓艾出任安西将军，与陈泰并力抗击蜀军，并遣太尉司马孚为后援。魏军分三路进至陇西，避开蜀军，出其不意地绕过高城岭（今甘肃渭源西北），进至狄道东南山上，燃火击鼓，狄道守军见援军至，士气大振。姜维也感震惊，只好分兵攻打陈泰。

姜维督军沿山进攻，陈泰据险而守，击退蜀军。陈泰扬言截断蜀军退路，蜀军震恐，遂于九月二十五日撤军退走钟提（今甘肃临洮南），狄道之围遂解。

吕蒙是如何奇袭荆州的？

吕蒙（178—220），字子明，汝南富陂（今安徽阜南东南）人。吕蒙少时南渡，依靠姐夫——孙策部将邓当。邓当死后，吕蒙代理其众，任别部司马。后随孙权四处征讨，屡立战功，被孙权任以横野中郎将。赤壁之战时，吕蒙随周瑜、程普等人大破曹军，后又随周瑜击退曹操大将曹仁，收复荆州。

建安二十二年（217年），吕蒙代病故的鲁肃镇守陆口（今湖北嘉鱼西南），与蜀汉荆州对峙。建安二十四年（219年），吕蒙利用蜀汉荆州守将关羽北攻曹魏之时，设巧计袭破荆州，同时采用厚待蜀军家属的攻心策略，使蜀军军心迅速瓦解。关羽士卒溃散，兵败被吴军擒杀，吕蒙夺得荆州全境。吕蒙袭取荆州之战是历史上著名的奇袭战例。此后不久，吕蒙病死。

三国时期在位最久的帝王是谁？

孙权（182—252），字仲谋，吴郡富春县（今浙江富阳）人，三国时期吴国的开国皇帝，公元229年至252年在位。孙权是长沙太守孙坚次子，幼年跟随兄长吴侯孙策平定江东，公元200年，孙策早逝，孙权继位为江东之主。

208年，孙权与刘备联盟，并于赤壁击败曹操，天下三分局面初步形成。公元219年孙权从刘备手中夺得荆州，使吴国的领土面积大大增加。公元222年，孙权称吴王，公元229年称帝，正式建立吴国。孙权称帝后曾大规模派人航海，加强对夷洲（今台湾）的联系。又设置农官，实行屯田，并在山越地区设立郡县，促进了江南土地的开发。晚年的孙权日益骄奢，宠信吕壹，赋役繁重，刑罚残酷。立嗣之争，孙权也犯下极大错误，为日后的吴宫政变埋下了祸根。

252年，孙权病逝，谥号大皇帝，史称东吴大帝，庙号太祖，在位24年。孙权自公元200年继位吴侯统领江东到逝世为止，前后共52年，是三国时期在位最久、最长寿的帝王。

为什么说孙皓是个暴君？

264年，东吴景帝孙休去世，乌程侯孙皓即位，他是个残暴无比的皇帝。

一次，孙皓大宴群臣，王蕃喝醉了酒趴着起不来。孙皓怀疑他是故意装出来的，就用车子把他送出去。过了一会儿，又召他回来。看到王蕃行走自如，孙皓大怒，喝令侍卫杀了王蕃，然后让侍卫投掷王蕃的头颅。

中书令贺邵中风后不能说话，要求请假离职休息。孙皓认为其中有诈，就把他抓起来关到酒窖里，严刑拷打，最后把铁锯烧红，锯下贺邵的头颅。

另外，孙皓还是个嫉贤妒能的人。他见中书令张尚思维敏捷，就非常嫉妒他。一次，孙皓问张尚："朕喝酒可以与谁相比？"张尚说："陛下有百觚的酒量。"本来张尚是想借孔子能饮酒百觚的典故，将孙皓与孔子相比。谁知孙皓听后大怒道："你明知孔子没有做君王，居然拿朕跟他相比！"于是就把张尚抓了起来，不久就把他杀了。

陆抗用兵有何过人之处？

273年，东吴西陵都督步阐向晋朝投降。当时陆抗任镇军大将军，正好管辖西陵，于是他马上派将军左奕、吾彦等前去讨伐。

为策应步阐，晋武帝司马炎派当时的荆州刺史杨肇前往西陵，派车骑将军羊祜率领步兵进攻江陵，同时又派巴东监军徐胤率领水军攻打建平。看到这种形势，陆抗命令西陵各军设立严密的包围圈，从赤溪一直到故市，以起到内困步阐、外御晋军的目的。当包围圈的工事都准备好后，羊祜的五万军队也正好到了江陵。

东吴将军朱乔的部下俞赞叛逃到杨肇那里，陆抗听说后，担心俞赞将吴军里夷兵防守薄弱的情况告诉杨肇，于是当夜更换夷兵，全都用精兵把守。第二天，杨肇果然攻打原先夷兵防守的地方。陆抗下令反击，杨肇的部下死伤惨重。杨肇见无计可施，便想乘夜撤兵。

接着陆抗派精锐骑兵乘胜追击，杨肇的军队大败而逃，羊祜等人得知情况后，不敢在西陵久留，就也率领军队撤退了。于是，陆抗顺利攻克了西陵。陆抗大获全胜，回朝后，东吴皇帝孙皓加封陆抗为都护。

两晋

司马炎是怎么称帝的？

司马炎（236—290），字安世，为晋王司马昭之长子。其父司马昭曾专擅国政，图谋代魏，未及行事，于公元265年夏暴病而卒，司马炎袭其爵，继相国、晋王位。

司马炎为晋王后，更加紧了称帝代魏的步伐。公元265年，司马炎让魏帝曹奂下诏"禅让"，自己则假意推托，最后在亲信大臣一再"劝进"之下，终于登上了皇帝的宝座，是为西晋武帝，改魏为晋，改元泰始，建都洛阳。以何曾为太尉，贾充为车骑将军。他下诏解除对曹魏宗室的禁锢，封魏帝曹奂为陈留王，曹魏宗室诸王皆为县侯，司马氏宗室皆分封为王。

从此，西晋门阀士族统治的王朝开始了，司马氏三人的苦心经营，终于有了结果，司马氏成为中原名正言顺的统治者。

晋朝早亡的祸根种在什么时候？

晋武帝司马炎统一了天下，结束了东汉末年以来约一百年的分裂割据局面，这在历史上是有一定功绩的。但是，他的生活十分奢侈腐化。他为祖宗修建了一座富丽堂皇的太庙，为自己修建了豪华的宫殿，搜罗了一万多名年轻美貌的宫女来服侍他。

皇帝带头过奢侈腐化的生活，大臣们也就纷纷跟着他学。太尉何曾每天的伙食需要花费一万钱，何曾的儿子何劭每天的伙食需要花两万钱。司马炎还包庇高级士族，任他们胡作非为。西晋初年，他还规定了一个制度，凡是做大官的人，他的亲属可以沾光，免交租税和免服徭役，这叫作荫庇制度。司马炎为了搜刮钱财，采用东汉的办法，规定可以用钱买取官爵。官爵的价钱根据地位高低、职位"肥瘦"来标定。晋朝十分短命，因为在它建国之初就已经种下了亡国的祸根。

"竹林七贤"真的反对封建礼教吗？

司马氏集团的名声本来就不好，却极力提倡封建礼教，把司马氏的统治说成是天命所归，人人都必须服从。当时有些文人不愿意投靠司马氏集团，却又不敢跟它进行斗争，于是采取消极反抗的办法。他们经常几个人聚集在一起，到竹林山水之乡游逛，故意不拘形迹、披头散发、衣冠不整，以表示蔑视权贵，反对礼教。这些人的学问都很好，因此历史上把其中最有名的七个人——阮籍、嵇康、山涛、刘伶、向秀、阮咸、王戎——称为"竹林七贤"。

开始的时候，"竹林七贤"都以反对礼教互相标榜，实际上他们只是反对司马氏的腐朽统治。他们的内心深处并不是真正反对封建礼教，只是因为封建礼教被以司马氏为代表的士族地主集团利用了，他们认为这是对礼教的践踏，所以就与司马氏集团相反，反对起礼教来。但是在司马氏集团的威胁利诱之下，"竹林七贤"逐渐被分化，各奔前程去了。

是谁帮司马炎下定了灭吴的决心？

羊祜（221—278），字叔子，泰山南城（今山东平邑）人，西晋开国元勋。博学能文，清廉正直，娶夏侯霸之女为妻。曾拒绝曹爽和司马昭的多次征辟，后为朝廷公车征拜。司马昭建五等爵制时因功被封为钜平子，与荀勖共掌机密。晋代魏后司马炎有吞吴之心，乃命羊祜坐镇襄阳，都督荆州诸军事。

羊祜经十年积蓄，已做了充分的伐吴准备。公元277年，羊祜因病重回朝，面陈攻吴之计，力荐杜预镇守荆州。公元278年，羊祜没有看到灭吴的胜利就与世长辞了。杜预出任镇南大将军后，出其不意袭击吴军，并大败之。吴将张政怕朝廷怪罪，便隐而不报。杜预派人把战俘送还东吴。孙皓闻之大怒，调离了张政。杜预于是继续羊祜的伐吴准备工作，与镇守益州的王濬及居于朝中的张华内外联络，遥相呼应。在他们的督促下，司马炎终于下定了灭吴的决心。

西晋龙纹带具

王濬的楼船是怎样征服东吴的？

280年，司马炎派大将军杜预从中路向江陵进兵，安东将军王浑从东路向横江进兵，王濬则率领水军从西路向秭归进发。东吴太守吾彦为了阻止王濬的大船，就在江面险要的地方打了不少大木桩，钉上大铁链，把大江拦腰截住，又把一丈多高的铁锥安在水面下，使晋国水军没法通过。

但王濬也很有办法，他吩咐晋兵造了几十只很大的木筏，然后派几个水性好的兵士带领这一队木筏随流而下。这些木筏碰到铁锥，那些铁锥的尖头就扎在木筏子底下，被木筏扫掉了。还有那一条条拦在江面的铁链怎么办呢？王濬又在木筏上架起一个个很大的火炬。他让这些装着大火炬的木筏驶在战船前面，遇到铁链，就烧起熊熊大火，于是那些铁链铁锁都被烧断了。没有了障碍，王濬的战船就顺利地打进东吴地界。东吴水军长期没有训练，看到晋军这个来势，吓得没有打就投降了。

军事家杜预有何贡献？

杜预（222—285），字元凯，京兆杜陵（今陕西西安东南）人。杜预号称"杜武库"，喜读《左传》，自称"左传癖"。

杜预任度支尚书数年，提出并实行了许多有利于朝廷和百姓的举措。公元278年，杜预接任去世的羊祜都督荆州军事，开始为灭吴做准备，他选精兵袭击吴西陵督、名将张政，获胜，随又送还所获，以离间吴国君臣，使吴主在晋大举进攻之前，将张政撤换，削弱了吴军守备。

279年，杜预和张华等人力排众议，促使司马炎决定伐吴。公元280年晋灭吴之战中，杜预担任总指挥。他陈兵江陵，派部将周奇等沿江西上策应王濬，为晋军水师东下，实施水陆并进计划起了重要作用。王濬至西陵，杜预即致书激励其取胜后顺流直取吴都建业，又令所部配合东进，一举灭吴。

晋灭吴后，杜预认为天下虽安，忘战必

危,于是勤讲军备,严求戍守,交错屯兵于要地,以巩固安定局势。

为什么说王衍清谈误国?

晋惠帝时期,一些朝廷士族名流相聚不谈国事与俗务,专喜谈论以老庄、周易为主的玄学问题。这种谈话当时比较风行,人们称它为"清谈"。

王衍当时在朝中任尚书令,他经常与河南尹乐广凑在一起清谈,朝廷内外的人都争相效仿他们。当初何晏等人继承老庄学说,认为:"天地万物,都以'无'作为根本。所谓'无',就是滋生万物,成就万事,无论到哪儿都存在的东西。所以'无'所到之处,没有爵位也照样富贵。"王衍非常认同何晏的学说。朝廷中的士大夫知道后,就都把虚浮放诞看作美好的行为,而荒废了正业。

公元311年,石勒在苦县宁平城大败晋军,消灭了十几万晋朝军队。王衍被俘,最后被石勒推倒的墙壁压死了。

魏晋时期为什么盛行玄学和清谈?

魏晋玄学是指魏晋时期出现的一种崇尚老庄的思潮,主要代表人物有何晏、王弼、阮籍、嵇康、向秀、郭象等。魏人何晏、王弼倡玄学,竞清谈。清谈的内容是谈玄论道,剖析妙理,提倡放荡,是老庄思想的发展。

玄学盛行于魏晋至隋唐,这和当时的社会有着密切的联系。魏晋是一个战乱不断的年代,老百姓及当时的知识分子时刻存在朝不保夕的感觉,所以谈学说易成为在当时社会茶余饭后的主要活动,以此来暂时达到精神世界的满足,回避残酷的现实。

"八王之乱"乱了多少年?

西晋建立以后,晋武帝吸取了曹魏时政权很容易落入他人之手的教训,实行了分封制。泰始元年(265年)分封宗室二十七个王。在"八王之乱"前,宗王出任都督的有六人。宗王在地方拥有权力和军队,加之西晋平吴后又取消了州郡武备,最终酿成了"八王之乱"。

"八王之乱"前后持续了十六年(291—306年),在动乱中军民死亡达三十万人。许多城市遭到洗劫,社会生产受到极大破坏。这是一场统治者内部争权夺利的斗争,是门阀贵族势力膨胀的产物。战争大大削弱了西晋统治集团本身的力量,加剧了社会阶级矛盾,给内迁各族的统治者创造了割据称雄的机会。在这场大乱后十年,西晋王朝终于走向灭亡。

谁诛杀贾皇后谋取了帝位?

永康元年(300年),赵王司马伦杀贾皇后,诛大臣张华、裴𬱟,自专政事,以图帝位。

此前,赵王司马伦采纳孙秀的计策,散布有人欲废贾皇后拥护太子的谣言,致使贾皇后诛杀太子。不久,贾皇后谋害太子的真相传出宫外,公元300年,赵王司马伦联名梁王司马肜、齐王司马冏矫诏向贾皇后兴师问罪。司马伦集合禁军,挟持晋惠帝,斩杀贾谧,又逮捕贾皇后,废贾皇后为庶人然后将其毒死。贾皇后党羽均被灭族。赵王伦除去贾氏后,便以都督中外诸军事、相国、侍中的身份掌握朝政。相府卫兵多达一万多人。又分封诸子,赏爵给孙秀等有功之臣。这样,赵王司马伦威势愈重,权倾内外,称帝的野心也愈加显露了。

西晋与各民族的关系如何?

西晋时北方、东北和西北,尤其并州和关中一带居住着很多处于不同社会发展阶段的少数民族。惠帝时,氐人齐万年在关中起兵,"秦、雍氐、羌悉反",郭钦、江统都主张"徙戎",即把与汉族杂居内地的少数民族集体迁徙到边远之地。他们预见到被压迫的广大少数民族对晋王朝统治的威胁，但建议都未见实行。

备受民族和阶级双重压迫的各少数民族，相继起而反抗。晋惠帝永兴元年（304年），率领流民由西北进入益州的氐人李雄在成都称王，匈奴五部与杂胡的首领左贤王刘渊在左国城（今山西离石北）称汉王，这是少数民族最初建立的两个政权。后西晋愍帝降于汉，西晋亡。以后其他少数民族相继崛起，汉族统治者张氏、李氏也先后在凉州据地自保，形成十六国局面。

金谷园图
此图描绘的是西晋富豪石崇与小妾绿珠在金谷园中宴乐的情景。

骄奢成性的石崇是怎么死的？

石崇靠与王恺斗富，在史上留下了奢侈荒唐的骂名。他的死，也是因为他的富以及由富而生的骄横。

石崇有个小妾名叫绿珠，很受石崇宠爱。相国司马伦的亲信孙秀早就对绿珠垂涎三尺，见自己现在大权在握，就向石崇讨要绿珠。当得知孙秀使者的来意后，石崇勃然大怒，坚决不答应。

孙秀没想到会在石崇身上碰钉子，为了报复石崇，他就劝说司马伦诛杀石崇。石崇得到消息后，就和外甥等人鼓动淮南王司马允和齐王司马冏兴兵讨伐司马伦和孙秀。谁知事情走漏了风声，司马伦抢先一步，假借晋惠帝司马衷的名义，下令逮捕石崇等人。

等囚车把石崇拉到刑场时，他悲哀地叹道："这些奴才是贪图我家的财产。"

行刑的人对他说："知道钱财是祸根，为什么你不早些散出去？"

最后，石崇连同他的家人一共十五口都被杀死。

"永嘉之乱"是怎样爆发的？

311年，东海孝献王司马越在项县去世，太尉王衍等人一起护送司马越的灵柩回东海郡安葬。刘汉王朝皇帝刘聪派大将石勒率骑兵追击司马越的灵车，追到苦县的宁平城，消灭了十几万护送的晋朝军队。

刘聪派始安王刘曜、大将军呼延晏等人进攻西晋都城洛阳。洛阳的军民奋勇抵抗，但是终因寡不敌众，洛阳城被攻陷。刘汉军队攻入洛阳后，烧杀抢掠，无恶不作，总计杀死了三万多名没有逃走的官员和百姓，并俘虏了来不及逃走的晋怀帝司马炽。后来，刘曜认为天下还没有平定，洛阳四面受敌，不可以据守，就命人放火焚烧了洛阳。

这次变乱发生时正是晋朝永嘉年间，所

以历史上把这次事件称为"永嘉之乱"。

"永嘉之乱"对开发江南有什么影响？

永嘉之乱后，上百万的北方农民迁移江南，为江南的开发带来了生力军。北方在经历社会经济倒退时，南方却获得了大开发的机会。

东晋时北方人大量地南移，再经过宋、齐、梁、陈四代，南方的开发逐渐扩展开来。大体上从长江中游向南，湖南的湘水流域、江西的赣水流域、广州的珠江流域，都得到了深度的农业开发，并且连线成面。开发最深入、经济水平最高的是长江下游地区，如太湖流域，今浙东绍兴、上虞地区等。随着农业经济的开发，商业经济也得到较大的发展。东晋的都城建康（今南京）及军事重镇荆州和益州都是当时重要的城市。在一些城市的城门外，还兴起了草市，显示着商业经济的活跃。四通八达的长江水运则成为南方经济交流的纽带。

谢玄所率部队为何被称为北府兵？

苻坚强大起来以后，东晋的北面边境经常遭到秦兵的骚扰。东晋朝廷想找一个文武全才的将军去防守边境。谢安把自己的侄儿谢玄推荐给孝武帝。孝武帝把谢玄封为将军，镇守广陵（今江苏扬州），掌管江北的各路人马。

谢玄是个军事人才。他到了广陵以后，就招兵买马，扩大武装。当时有一批从北方逃难到东晋来的人，纷纷应征。他们中间有个彭城人叫刘牢之，从小练得一身武艺，打仗特别勇猛。谢玄派他担任参军，叫他带领一支精锐的人马。这支人马经过谢玄和刘牢之的严格训练，成了百战百胜的军队。由于这支军队经常驻扎在京口（今江苏镇江），京口又叫"北府"，所以人们把它叫作"北府兵"。"北府兵"对淝水之战的胜利起到了重要作用。

什么叫"十六国"？

"十六国"是指自西晋末年到北魏统一北方期间，曾在中国北部境内所建立的政权。十六国包括前凉、后凉、南凉、西凉、北凉、前赵、后赵、前秦、后秦、西秦、前燕、后燕、南燕、北燕、夏和成汉。

西晋在曹魏统一北方，进而晋武帝灭孙吴统一中国之后，本可以继续秦汉统一之格局，但是司马王朝实行的是门阀政体（指政权主要由少数几个高门显族的人物掌握）之局。晋惠帝末年的"八王之乱"和其他的外患导致中原沦陷，边陲不保，群雄混战，生灵涂炭。北方的黄河流域则成为各少数民族的逐鹿之地。

刘渊是什么人？

刘渊（？—310），字元海，南匈奴单于於扶罗之孙，匈奴左贤王刘豹之子，十六国匈奴汉国的创立者。建安二十一年（216年），曹操分匈奴为五部，以刘豹为左部帅居于新兴（今山西忻州），刘豹死后，刘渊代为左部帅。《晋书·刘元海载记》载："汉高祖以宗女为公主，以妻冒顿，约为兄弟，故其子孙遂冒姓刘氏。"刘渊自托冒顿之后，又编了一个类似刘邦斩蛇的谶语故事，为日后起事制造舆论依据。

西晋永兴元年（304年），刘渊自称汉王，改年号为元熙，追尊刘禅为孝怀皇帝，建立汉国。并州刺史司马腾闻讯，忙率兵前往镇压，部将聂玄与刘渊战于大陵（今山西文水县），聂玄大败。西晋永兴二年（305年），司马腾再次出兵讨伐刘渊，刘渊派武牙将军刘钦等前往阻击，四战四捷，大胜而还。

永嘉二年（308年），刘渊正式称帝，迁都平阳，国号为汉。永嘉四年（310年），刘渊病卒，庙号高祖，谥号光文皇帝，葬永光陵。

刘渊是汉化的匈奴贵族后裔，他在西

晋日趋衰败、各地流民纷纷起义反晋的浪潮中，趁势在中原建立了第一个少数民族政权——匈奴汉国政权。汉国政权的建立进一步把中原推向战争和动乱，同时改变了曹操以来匈奴五部统治的结构，重新恢复了匈奴传统旧制。但从少数民族对汉人的长期统治过程中，也为各民族之间深层次的融合准备了条件。

刘聪为什么杀怀、愍二帝？

311年，刘汉皇帝刘聪派遣大军进犯洛阳，抓住了晋怀帝司马炽。313年，刘聪在光极殿宴请群臣，让司马炽身穿青衣为大家倒酒。宴席上庾珉等晋朝的遗臣看了不胜悲愤，禁不住放声大哭。刘聪看到晋朝的遗臣对司马炽这样有感情，非常厌恶。于是刘聪以庾珉等晋朝遗臣阴谋叛乱为名，杀死了司马炽等人。

司马炽死后，在长安的晋朝官员就拥立司马炽的侄子司马邺继承皇位，这就是晋愍帝。

316年，刘聪的大军攻下长安，晋愍帝司马邺投降。过了不久，晋朝的大将赵固进攻刘汉的领地河东，刘汉大将刘粲率领军队迎战。赵固扬言要活捉刘粲，用他赎回晋愍帝司马邺。刘粲听说后就向刘聪上表说："司马邺如果死了，晋朝的百姓就没了盼头，就不会再被赵固利用了，这样一来他们就会不攻自灭了。"刘聪觉到刘粲说得有理，于是就杀害了司马邺。

石勒为什么将司马越挫骨扬灰？

自从晋惠帝死后，东海王司马越让皇太弟司马炽即位，是为晋怀帝。司马越根本没把晋怀帝放在眼里。他自封为丞相之后，便坐镇许昌，后来又移师荥阳，遥控身居洛阳的怀帝。不料晋怀帝趁他不在洛阳之机，培植了一大批心腹。消息很快传到司马越耳中，这下可惹恼了他，他就将晋怀帝的心腹统统杀死了。

后来，刘渊在蒲子城称帝，国号大汉，派部将石勒等征讨西晋。司马越死后，他的手下王衍派人送他的尸体回东海国，路遇石勒大军。石勒痛恨东海王，觉得晋廷大乱、生灵涂炭，都是此人过错，生不得活擒，死也要惩处。于是命人将东海王的尸体焚烧，然后将骨灰扬掉，以此恶人下场，惩戒后人。

石勒为什么要设立君子营？

石勒出身低微，早年饱经忧患。他富有军事才能，政治上也颇有识度，自比在刘邦（汉高祖）、刘秀（汉光武帝）之间，鄙视曹操（魏武帝）、司马懿欺负孤儿寡妇以取天下。

石勒深以自己是胡人为耻，甚至创造出一个"国人"的称号来给自己族人命名。但凡在他面前提"胡人"两个字的，都被其杀掉。但后来身死族灭，他的"国人"集体也化为灰烬。石勒的主要参谋张宾是汉人，他攻下冀州郡县堡壁后，网罗"衣冠人物"，组成"君子营"。后赵建立后，"典定士族"，区分士庶。选拔人才的办法，大致也是沿用九品中正制。

石虎是如何揽权的？

石虎是后赵开国君主石勒的侄子。石勒临终前，石虎胁迫太子石弘把曾劝石勒除掉自己的大臣程遐和徐光逮捕入狱。石勒死后，石虎明白石勒尸骨未寒，就这样强行登上皇位只会众叛亲离，因此他就演了出曹操的"挟天子以令诸侯"的戏，由石弘登位。

石弘登基后便被石虎所逼，封他为丞相、魏王、大单于，再封土地。而石虎的三个儿子都被封为拥有军权的职位，至于他的亲人和亲信都被安排在有大权的职位上。石弘只是一个傀儡皇帝。到了东晋咸和九年（334年），石虎撕下假面具逼石弘让位，自称"天王",并把石弘及他的亲人都幽禁起来,旋即又杀死他们。

石虎有什么暴行?

后赵武帝石虎(295—349),字季龙,上党武乡(今山西榆社北)人,羯族。他是五胡十六国时代后赵的第三位皇帝,庙号太祖,谥号武帝。公元333年,石勒驾崩,皇位由儿子石弘继承。翌年,石虎废杀石弘,自立为王。公元335年,其首都由襄国(今河北邢台)迁至邺城(今河北邯郸)。石虎在位期间极其残暴,因此被认为是五胡十六国中的暴君。

石虎生性残暴,杀人如麻。当上皇帝后,为了进行西征和东征,他征用了五十万人制造武器,十七万人制造战船。石虎听了一个僧人的胡言乱语后,便征发男女十多万人修筑园苑。大臣们反复劝谏,但石虎铁了心,命令点起蜡烛夜里继续干。狂风裹着暴雨,吹灭了蜡烛,石虎又命令工匠们摸黑干,导致几万人丧失生命。

太子石宣杀了石虎的另一个儿子,石虎就把石宣骗进宫关起来。不久,石虎在邺城北部堆起干柴,让石宣的亲信把石宣拖到干柴上面。石虎派人把石宣的手脚砍断,挖出眼睛和肠子,然后点燃干柴,把石宣活活烧死。石虎还是觉得不解恨,又下令把石宣的妻子儿女通通杀掉,石宣九岁的小儿子也未能幸免。公元349年,石虎病死。

陶渊明辞官的原因是什么?

陶渊明(约365—427),一名陶潜,浔阳柴桑(今江西九江西南)人。他的曾祖父是东晋著名的大将军陶侃。陶渊明从小博览群书,养成了寡言少语、厌恶虚荣、不贪富贵的高洁性格。

405年,陶渊明被推荐到彭泽(今江西九江东北)当了县令。

一天,衙役来报:郡里派的督邮要到彭泽视察。那个督邮陶渊明认识,是个专门依仗权势、阿谀逢迎,却又无知无识的花花公子。陶渊明想到自己将要整冠束带、强作笑脸去迎候这种小人,实在忍受不了。他的倔脾气又发作了:"我怎么能为了这五斗米官俸,去向那种卑鄙小人折腰呢?"于是,陶渊明走出衙门,乘船离开了彭泽。

魏晋时期有哪些名医?

魏晋时期,战乱频仍、瘟疫横行,由此医药学得到了迅速发展。懂医术的人广布社会,名医、名著之多,都为历代罕见。

生活在汉魏之际、被后世誉为"医圣"的张仲景,著有《伤寒论》《金匮要略》等堪称永垂千古的医经。

与张仲景同时代的另一名医是华佗。华佗善内、外、妇、儿诸科,并精通针灸,尤其引人注意的是他技艺精湛的外科手术。他发明了一种名为"麻沸散"的麻醉剂。此外,华佗还发明了五禽戏,这是模仿虎、鹿、熊、猿、鸟五种动物动作编排的拳法,有强身健体的功效。

西晋时期的名医当属王叔和和皇甫谧了。王叔和以著《脉经》而闻名于世。这部书是保存至今最早的脉学著作。皇甫谧是西晋最著名的学者,他编纂了《针灸甲乙经》等医学名著。

东晋时期的葛洪精通医术,曾采录各名家验方集成《金匮药方》100卷。

刘涓子是东晋末年的外科医生,他将临床经验编纂成《痈疽方》一书,后被人改编、修订成《刘涓子鬼遗方》10卷。

乞活军是怎么回事?

乞活军,五胡十六国时期活跃于黄河南北的汉族武装流民集团,被认为是中国古代最凶猛强劲的特种部队。

西晋末年,并州(今山西省一带)匈奴人、羯人起兵叛乱,大肆屠杀抢掠,并州大饥，光熙元年（306年），并州百姓及士兵官吏两万余户在刺史司马腾率领下逃难求食，就谷冀州，后形成号为"乞活"的难民集团。

乞活，顾名思义，乱世中乞求活命自保也，其悲壮凄惨情形可见一斑。乞活军的基本成分是汉族流亡农民，虽然其中一部分人此前的身份并非农民，而是原并州官吏、士大夫、士兵，但是，一方面他们在流民中所占的比例较小，另一方面当他们加入流民行列后，实际上已失去了先前的身份地位，脱离了原来的组织系统，并参与农业生产，也成为流亡农民的一部分。

"王与马，共天下"是什么意思？

永嘉之乱后，以王导为首的王氏士族集团辅佐琅琊王司马睿，王导的堂兄弟、王羲之的父亲王旷以当时北方夷族太多为由，建议司马睿南渡，迁都建邺后改名建康（今江苏南京），实施战略转移，而此前，王导、王旷已经南下"开辟"了根据地。

于是在公元313年，历史上发生了著名的永嘉南渡，整个中原地区的北方名门望族和精英以及政府机构、官员，甚至士族家中的奴婢、部曲和鸡、鸭、牛、马都被带过了长江。这次以门阀士族为主要力量的大迁徙共有九十多万人，琅琊王氏是其中最重要的一支。公元317年，司马睿在建康（今南京）重建晋室，史称东晋。由于对司马政权的大力支持和艰苦经营，琅琊王氏被司马睿称为"第一望族"，并欲与之平分天下。王氏势力最大的时候，朝中官员75%以上是王家的或者与王家相关的人，真正的是"王与马，共天下"。

两晋的爵位制度是怎样的？

两晋的爵位制度非常繁复，设置了王、公、侯、伯、子、男、开国郡公、开国县公、开国郡侯、开国县侯、开国侯、开国伯、开国子、开国男、乡侯、亭侯、关内侯、关外侯共18级。王爵非皇子不封，公（郡公、县公）、侯（郡侯、县侯）、伯、子、男五等爵专封宗室，功臣封爵为"开国"诸爵及乡侯、亭侯、关内侯、关外侯。自先秦以来沿用的赐爵制度正式废止。

两晋诸侯王与西汉初年诸侯王相类，能专制其国。据《晋书》记载，大国二万户，兵五千（置三军，中军二千，上下军各千五百）；次国一万户，兵三千（置上下两军，各千五百）；下国五千户，兵一千五百（置一军）。五等爵之公国之制同下等王国，侯国不满五千户，亦置一军，兵千人。其余诸爵与开国爵封地称国但封君不治国事，乡侯至关外侯无封邑。诸王子除嗣王外，依次按公、侯、伯、子、男递降世袭。

王敦反晋是怎么回事？

王敦反晋是东晋初年士族军阀王敦篡夺帝位的叛乱。

王敦是东晋司徒王导堂兄。东晋建立后，他官至镇东大将军，执掌军事重权，渐有篡位野心。他镇守武昌，位处都城建康（今江苏南京）上游，对东晋政权构成威胁。晋元帝命刘隗、戴渊各率兵万人，分屯合肥、泗口（今江苏清江西南），监视王敦。永昌元年（322年），王敦以诛刘隗为名自武昌发兵东下，其党羽江东士族沈充也起兵响应。叛兵攻陷建康，杀戴渊等人。刘隗北逃，投石勒。晋元帝病死后，太子司马绍即位，是为晋明帝。王敦移镇姑孰（今安徽当涂），自任扬州牧。太宁二年（324年）王敦病重，晋明帝诏王导等率军讨叛。王敦以兄王含为元帅，发兵三万复攻建康。不久，王敦病卒，叛军溃败，余党皆被平定。

司马绍是怎样平定王敦叛乱的？

晋元帝去世后，他的儿子司马绍继位，是为晋明帝。大将军王敦阴谋篡夺皇位，但因自己病体沉重，只得让钱凤和哥哥王含带兵向建康进发。过了不久，王含和钱凤率领水步兵五万人到达秦淮河南岸，温峤烧毁了秦淮河上的浮桥进行阻截。司马绍让将军段秀率领刚招募来的一千名勇士强渡秦淮河，突袭王含和钱凤的军队，结果大获全胜。王敦听到王含战败的消息后，气急身亡。

过了几天，苏峻和刘遐应召率领一万精兵到达建康。沈充和钱凤的军队夜里乘机发起进攻，眼看建康不保。这时，刘遐和苏峻从南塘侧面突然杀来，沈充和钱凤措手不及，急忙率兵后撤。退到秦淮河边，刘遐和苏峻在后面追杀，沈充和钱凤的部下淹死了三千多人。后来，王含、钱凤、沈充等人在逃跑途中先后被杀，朝廷终于将这场叛乱镇压了下去。

陶侃是个怎样的人？

陶侃（259—334），字士行（或作士衡），本为鄱阳（今江西鄱阳）人，后徙庐江浔阳（今江西九江西）。初为县吏，渐至郡守。永嘉五年（311年），任武昌太守。建兴元年（313年），任荆州刺史。后任荆、江二州刺史，都督八州诸军事。

陶侃精勤吏职，不喜饮酒、赌博，为人称道。他是我国晋代著名诗人陶渊明的曾祖父。陶侃是一代名将，在东晋的建立过程中，对稳定东晋初年动荡不安的政局，颇有建树。他出身贫寒，在西晋风云变幻中，竟冲破门阀政治为寒门入仕设置的重重障碍，当上东晋炙手可热的荆州刺史，且颇有治绩。《晋书》《世说新语》等史书中记载了不少有关他的趣闻逸事。此外，他还是个有争议的人物，赞扬的、贬斥的以及为他辩诬的人都有。

庾翼北伐为何受阻？

庾翼（305—345），东晋大臣，字稚恭，颍川鄢陵（今河南鄢陵西北）人，庾亮之弟。庾翼年少时就有经纶大略，当时与杜义、殷浩等以才名冠世。初为陶侃太尉府参军，累迁南蛮校尉，领南郡太守。咸康六年（340年），庾亮死后，庾翼代镇武昌，都督江、荆、司、雍、梁、益六州诸军事，兼荆州刺史。

庾翼很有才能，治理地方非常得力。他以北伐为己任，联络当时仍臣服于东晋的燕王慕容皝、凉州张骏，准备大举北伐。建元元年（343年），后赵汝南太守戴开率领数千人投降。东晋朝廷下诏经略中原，庾翼准备率领部下全部人马北伐。但后来梁州刺史桓宣在丹水作战失利，桓宣被贬职，因愤而死。这时晋康帝去世，新帝即位，北伐的行动被迫停止。庾翼仍在积极储备粮草，制造兵器，准备北伐。但未等到时机，庾翼就去世了。庾氏家族所策划的北伐行动就此结束。庾翼可以说是壮志未酬，但由于庾翼的提拔，东晋北伐的重要人物桓温进入军队发展，可以说庾翼为桓温的北伐做了铺垫。

顾恺之的画作有何特点？

顾恺之（约345—409），字长康，小字虎头，晋陵无锡（今江苏无锡）人。顾恺之博学多艺，工诗赋、书法，尤善绘画，人物、佛像、禽兽、山水皆擅长，时有"才绝、画绝、痴绝"之称。他的绘画学习卫贤，行笔细劲连绵，如春蚕吐丝，行云流水，出之自然。

顾恺之画人物尤善点睛，自云："四体妍蚩，本无关于妙处；传神写照，正在阿堵（六朝人口语'这个'，即指眼珠）中。"唐代张彦远评其画："意存笔先，画尽意在。"他精通画论，著有《论画》《魏晋胜流画赞》《画云台山记》等书行世。他提出的"迁想妙得""以形写神"等著名论点，对中国绘画的发展有深远影响。唐代张怀瓘对其画评价甚高，云："张僧繇得其肉，陆探微得其骨，顾恺之得其神。"史称曹不兴、顾恺之、陆探微、张僧繇为"六朝四大家"。

书法史上的"二王"是指哪两个人？

书法史上的"二王"指东晋大书法家王羲之和王献之父子。

王羲之（303—361，一作307—365，又作321-379），字逸少，号澹斋，原籍琅琊临沂（今属山东），后迁居山阴（今浙江绍兴），官至右军将军、会稽内史，被后人尊为"书圣"。王羲之一生最好的书法，首推《兰亭序》。

王献之（344—386），字子敬，生于会稽（今浙江绍兴），王羲之第七子。以行书和草书闻名后世。王献之幼年随父学书法，兼学张芝。书法众体皆精，尤以行草著名，敢于创新，不为其父所囿，为魏晋以来的今楷、今草做出了卓越贡献，在书法史上被誉为"小圣"，与其父并称为"二王"。

前赵为什么土崩瓦解？

东晋时期，前后赵兵事频繁。有一年，前赵皇帝刘曜领兵南下攻打洛阳。洛阳守将一面派人向石勒报警，一面加强防守全力抵御。

石勒闻讯十分焦急，立即驰援洛阳。再说刘曜，有时心血来潮，也会发奋苦干一番，热火劲一过，依然醉生梦死。目前战事正紧，刘曜却在大帐内终日饮酒作乐，把打仗当作儿戏一般。听到石勒军的进攻时，刘曜宿酒还未醒，只觉得头昏脑胀，疑是酒力未足，命人拿酒来，牛饮般一连灌下几大斗。石勒军能征善战，很快将刘曜军击溃。此时刘曜已是烂醉如泥，左右侍从随着他窜来窜去，后身中数箭被俘。公元328年，刘曜被石勒所杀。第二年，石虎将其儿子刘熙俘获。自刘曜称帝，到刘熙被俘，前后共11年。至此，前赵被石勒所灭。

是谁结束了十六国战乱的局面？

前秦建元十二年（376年），前秦攻灭前凉与鲜卑拓跋氏的代国，统一北方。

公元370年，前秦灭掉了北方最具实力的强敌前燕。前秦与前凉早有臣属关系，公元366年，前凉国君张天锡派人通知前秦，断绝双方外交关系，苻坚派兵攻打前凉，张天锡再次向苻坚称臣。半年后，张天锡又一次背弃前秦。公元376年，苻坚派遣毛盛、姚表等人率十三万大军伐前凉，一路势如破竹，张天锡出降，前凉亡。灭凉之后，苻坚乘军队士气高涨之时，于当年冬，遣苻洛率军十万，俱难、邓羌等率兵二十万分兵击代，代国军队不堪一击，国君什翼犍出逃，不久，又回到云中（今内蒙古和林格尔县北），代国又发生内乱，前秦趁机击云中，杀什翼犍之子寔君，代亡。至此，前秦基本统一了北方，与南方的东晋政权以淮水为界，南北对峙。

为什么说后秦政权汉化很深？

前秦于淝水战败后土崩瓦解。公元386年，姚苌夺得长安，称帝建元，建国号为大秦，史称后秦。

姚氏所建立的后秦名义上是一个以羌人为统治民族的政权，而实际上带有浓厚的汉族传统政治色彩。几代皇帝都汉化很深，酷爱汉族传统文化。后秦政权的政治措施，与魏晋政权没有任何相违背的地方。在统治集团中，羌人占有一定比重，但羌人的民族特征已不显著。比如，他们普遍改为汉姓，改说汉话。风俗习惯也已汉化，姚兴葬母完全使用的是汉人的礼仪。甚至后秦政权对尚未汉化的羌人都不再视为同族，多次出兵征讨。所以在不少汉人眼中他们不再被看成异族。后秦尚未亡国，管辖区的羌人就已同化到汉人中去了。

桓温为什么图谋篡权？

桓温（312—373），东晋谯国龙亢（今安徽怀远西北）人。先祖是曹魏忠臣桓范，父桓彝是晋元帝"百六掾"之一,后死于苏峻之乱。桓温枕戈泣血,十八岁那年手刃父仇,步入仕途。后任荆州刺史,曾经溯长江之上剿灭盘踞在蜀地的成汉政权,又三次出兵北伐。

桓温北伐兵败后,决定废立晋帝重树威信。371年,桓温废去晋帝司马奕,另立司马昱为帝,是为晋简文帝。第二年,晋简文帝病重,临死前留下遗诏,让太子司马曜继位。桓温本以为晋简文帝会将帝位让给自己,听到这个消息十分失望,一怒之下领兵进入建康。

桓温进京后发觉士族大臣对自己不服,一时也不敢轻举妄动,经过再三思虑,决定将称帝之事循序进行。他上表朝廷,要求加九锡。这事非同小可,是禅让的前奏。吏部尚书谢安见桓温年老多病,便故意拖延办理,九个月以后,不可一世的桓温终于去世。

桓温死后,谢安广施仁政,发展生产,安定人心。他又整顿朝纲,使得上下同心。经过一段时间的努力,东晋渐渐强大起来,局势又趋稳定。

苻坚是怎样夺权与治国的?

苻坚(338—385),字永固,又名文玉。他与前秦王苻生是同祖的叔伯兄弟。王猛反对上层士人脱离实际地清谈玄学,主张务实,有修身、齐家、治国、平天下的抱负。苻坚找到王猛,两人一见如故。通过宫廷政变诛杀苻生后,苻坚取得政权,改称大秦天王。

苻坚着手改革前朝弊政。首先,他清除了一些替苻生出坏主意的佞幸小人。然后,他起用一批有真才实学、品德高尚的人为官。其中,王猛被提升为尚书左丞,掌握朝廷的行政大权。在苻坚的支持下,王猛采取措施,鼓励发展生产,特别是农业生产。王猛重视教育事业,在各地兴办了许多学校。苻坚坚决支持王猛打击氐族豪强的行动,平抑了阶级矛盾。经过苻坚的拨乱反正,前秦出现一片太平盛世的景象。

王猛辅政从哪里入手?

王猛辅政,从整治豪强入手。当时前秦豪强横行霸道,无恶不作,尤其在豪强的老巢——始平,百姓深受其害。王猛为始平令,先将一位民愤极大的官吏鞭打至死,当地豪强为之大惊,稍有收敛。豪强多视王猛为眼中钉。氐族豪强樊世,自恃有功,当众辱骂王猛,甚至要动手打王猛。苻坚大怒,斩杀樊世,群臣于是惊惧。

359年,王猛为侍中、中书令,领京兆尹。强太后之弟强德为长安一霸,恃强作恶,抢人财货,掠人妻女。王猛将他斩于市,同时惩办诛杀不法分子二十多人。于是,社会风气大为好转,路不拾遗,夜不闭户,风化大行。王猛自359年任相到375年去世,为政公允,留意拔擢人才;劝课农桑,开山泽之利,公私均可享;设立学校,崇儒学,正民风;厉行法治,罪罚得当;人民得以休息后,又缮兵甲,修武备。秦国遂国富民安兵强。

前秦在淝水之战中为什么会失败?

383年,当时中国北方的前秦欲灭南方的东晋。前秦皇帝苻坚带领八十余万军队攻打东晋,东晋谢玄仅以八万军力对抗前秦军。

苻坚把大军留在项城,亲自率领八千名骑兵赶到前线寿阳,然后派了一个使者到晋军大营去劝降。那个派出的使者恰恰是前几年在襄阳坚决抵抗过秦军,后来被俘虏的朱序。朱序到晋营后,反而向谢石提供了秦军的情报。谢石、谢玄派北府兵的名将刘牢之对洛涧的秦军发起突然袭击。洛涧大捷,大大鼓舞了晋军的士气。晋军乘胜前进,直到淝水东岸,把人马驻扎在八公山边,和驻扎寿阳的秦军隔岸对峙。

苻坚听到洛涧失守,信心动摇。谢玄派人给苻坚送去一封信,希望前秦军稍稍后退,让晋军登岸,双方进行决战。苻坚本来想撤出一个阵地就回过头来总攻,没料到许多秦兵一半由于厌恶战争,一半由于害怕晋军,一听到后撤的命令,撒腿就跑。谢玄趁势飞快渡过淝水,向秦军猛攻。加上朱序在秦军阵后大喊"秦兵败了",秦兵更是四处乱奔。前秦军大败。

为什么苻生被称为暴君?

前秦第二位皇帝苻生的朝堂与其说是朝堂,还不如说是刑场。这位暴君在会见大臣时,总是凶器不离手,看着谁不顺眼就把他收拾掉。仅仅一年时间,他就把宗室、功臣、外戚杀得一干二净。以丞相雷弱儿为例,不仅本人惨遭杀害,他的九个儿子、二十七个孙子也都成了苻生的刀下鬼。

苻生的暴行还有:随意杀死不顺眼的妻妾,把尸体扔到渭水中。把囚徒的脸皮剥掉,然后让他们在宫中唱歌跳舞。太医程延犯了他的忌讳,被他亲手挖出双眼后处死。被这位喜怒无常的杀人魔王以截胫、挖眼、锯头等种种残忍的手段迫害致死的,不计其数。

总之,苻生展示在我们面前的既没有皇恩浩荡,亦无半点皇帝的威仪,而是活脱脱一个缺乏教养的无赖,一个戴着皇冠的流氓,一个拥有权力的恶棍和一头披着人皮的野兽。

刘裕是如何灭南燕的?

义熙五年(409年)正月,南燕皇帝慕容超嫌宫廷乐师不够,欲对东晋用兵掠取。二月,慕容超进击东晋宿豫(今江苏宿迁东南),掠走百姓两千多人。刘裕为抗击南燕,外扬声威,于四月自建康(今江苏南京)率舟师溯淮水入泗水。

南燕鲜卑人恃勇轻敌,对晋军进入其境不以为虑。慕容超没有采纳征虏将军公孙五楼"凭据大岘山(今山东沂山)之险,使晋军不能深入"或"坚壁清野""断晋粮道"之良策。

六月,刘裕未遇抵抗,过莒县(今属山东),越大岘山。晋军进抵临朐南,慕容超派精骑前后夹击。刘裕采纳参军胡藩之策,遣胡藩及谘议参军檀韶、建威将军向弥率军绕至燕军之后,乘虚攻克临朐。之后,刘裕纵兵追击,大败燕军,段晖等十余将被斩。慕容超逃还广固。刘裕乘胜追击北上,攻克广固外城。慕容超退守内城。慕容超被困于广固内城,先后遣尚书郎张纲、尚书令韩范,驰往后秦求援。

七月,后秦主姚兴派卫将军姚强率步、骑兵一万,与洛阳(河南洛阳东北)守将姚绍会合,统兵共救南燕。不久,姚兴被夏主刘勃勃击败于贰城(今陕西黄陵西北)。慕容超久困于广固,不见后秦援兵,欲割大岘山以南给东晋,称藩于东晋,刘裕不允。

义熙六年(410年)二月,南燕贺赖卢、公孙五楼率军挖地道出击晋军,被击败,退回内城。刘裕乘机四面攻城,南燕尚书悦寿打开城门迎降,晋军攻入广固内城。慕容超率数十骑突围而走,被晋军追获,送至建康斩首,南燕亡。

南北朝

谁揭开了南北朝的序幕?

420年,宋朝开国皇帝刘裕接受晋恭帝司马德文禅让帝位,建立刘宋皇朝,定都建康,揭开南北朝历史的序幕。

类似于曹魏受禅于汉,历史不断循环"禅让"的场面。晋武帝司马炎效仿此例,受禅于魏,取而代之。然而好景不长,刘裕竟然亦步亦趋,以同样的方法取代东晋,于420年,建立刘宋政权,正式拉开了南北朝的序幕。

檀道济为何唱筹量沙?

南朝宋文帝元嘉七年(430年)十一月,檀道济被授予督征讨诸军事,奉命率众伐北魏。

第二年正月,檀道济等自清水(即济水,位于今山东西部)赴救滑台(今河南滑县)。北魏将领叔孙建、长孙道生率众截击。十六日,宋军到达寿张,恰逢北魏安平公乙旃眷,遂领宁朔将军王仲德、骁骑将军段宏等奋勇冲杀,大破之。不久,宋军抵达历城(今山东济南市郊),遭叔孙建等骑兵部队的截击,所带粮秣也被焚烧,因而难以继续前进。

这时,北魏部将安颉、司马楚之等乘机专攻滑台。滑台守将朱修之坚守数月,终因供应不继,滑台为北魏所占,朱修之被俘。檀道济得知滑台失陷,又无粮秣接济,遂准备撤返。

此时,檀道济部下有投降北魏的士兵,将宋军缺粮的情况泄露后,魏军立即追赶,企图一举歼灭檀道济军。当檀道济率军撤退到邯郸市曲周县境内时,被追击的魏军包围。

檀道济命令士卒唱着数筹码量沙,把仅有的粮食盖在沙上,佯示粮足,以迷惑魏军。

魏军望见宋军一堆一堆的"粮食",以为宋军并不缺粮,故将投降过来的宋兵视为间谍杀掉。为了扭转局势,檀道济又心生一计,让士卒全穿戴上盔甲,唯有他一人穿白色衣服,带领部队从容出走。魏军认为,檀道济及其部队在被包围的情况下,如此不慌不忙地撤走,一定预设有伏兵,故不敢近前聚歼。就这样,道济军得以安全返回。

刘义隆为什么"自毁长城"?

刘义隆(407—453),小字车儿,宋武帝刘裕第三子,424年即位,在位30年,年号"元嘉",谥号"文皇帝",庙号"太祖"。

檀道济(?—436),南朝宋将领。祖籍高平金乡(今属山东),出生于京口(今江苏镇江)。东晋末,从刘裕攻后秦,屡立战功,官至征南大将军。檀道济以善于用兵著称,他的左右心腹也都是身经百战的勇将。因此,刘义隆对檀道济一直很不放心。

435年,刘义隆身患重病,他担心自己死后,檀道济控制朝政,就下令召檀道济入朝。直到第二年二月,刘义隆的病情稍微好转,才放他回去。但檀道济在秦淮河上了船,还没来得及出发,刘义隆的病又发作了。刘义隆的弟弟刘义康便假借刘义隆的名义把檀道济追了回来,并对外宣称,檀道济乘皇帝有病，企图谋反，把檀道济和他的儿子们全部处死，檀道济的部属也都惨遭杀害。临刑时，檀道济悲愤地说："知道吗？你们是在自毁长城！"

檀道济被杀后，北魏的文武官员一时间欣喜若狂。果然，善于用兵的檀道济一死，北魏就趁机南下进犯刘宋了。

刘宋皇室发生了多少骨肉相残的惨剧？

从元嘉三十年（453年）宋文帝被太子刘劭弑杀起，到昇明三年（479年）宋顺帝刘準禅位萧道成止，26年间，刘宋皇室自相残杀的惨剧，史不绝书。

刘宋皇室的骨肉相杀是由宋文帝派人诛杀其弟刘义康开始的。刘裕的长子宋少帝刘义符、次子庐陵王刘义真被权臣徐羡之等杀害后，三子刘义隆得以承位，是为宋文帝。在宋文帝诸弟中刘义康年龄最长，最受宠信。元嘉二十八年（451年），魏兵南侵到达江岸，宋廷内部人心不安，宋文帝担心生变，遂决定将刘义康除掉。刘义康的后人则是被宋文帝的太子刘劭杀尽的。

宋文帝万万没有料到，太子刘劭会带兵闯入深宫弑父。刘劭夺位自立，众叛亲离。宋文帝三子刘骏以讨逆为旗号，杀死刘劭及其四子。同时被杀的还有刘骏的二兄刘濬及其三子。在刘骏起兵后，宋文帝的五弟刘义恭背叛刘劭投奔讨逆军，结果其十二子因未能逃离，皆成为刀下之鬼。

刘骏称帝，是为宋孝武帝。他先后将其四弟刘铄、六弟刘诞、十弟刘浑、十四弟刘休茂诸人杀死，又以谋反为借口，杀害了六叔刘义宣一家。

宋孝武帝死时，嗣位的刘子业只有十六岁。刘子业上台伊始即用叔祖刘义恭试刀。接着，刘子业把屠刀挥向自己的弟弟，刘子鸾、刘子师先后丧生。他对六个叔叔也极端仇恨。就在刘子业准备将他们全部杀掉的前一夜，宫中宿卫将其杀死。其叔叔刘彧被拥立为帝，是为宋明帝。

宋明帝承位后，宋孝武帝在外任刺史的三个儿子刘子勋、刘子项、刘子房，由下属策划联兵反抗宋明帝。战争的结果是，孝武诸子失败被杀。不久，宋孝武帝的十二子先后被宋明帝除掉。刘彧坐稳帝位后，又将自己仅剩的五个弟弟杀掉了四个。

宋明帝死，其子刘昱承位后，马上杀死了唯一在世的一个叔叔刘休范。彼时，宋文帝一孙刘景素成为宋室内部相残的最后一名牺牲者。

"山中宰相"是指谁？

陶弘景（456—536），字通明，自号隐居先生或华阳隐居，卒后谥贞白先生，丹阳秣陵（今南京）人，生活于南朝，历经宋、齐、梁三朝，是当时一个有影响的人物、博物学家，对本草学贡献尤大。陶弘景为世医出身，祖父及父亲皆习医术，且有武功。当时，他深受梁武帝萧衍的信任，虽则他对梁武帝多次赠官不受，但梁武帝有关国家大事都要向他咨询，所以时人对他有"山中宰相"的称号。

陶弘景是释、道、儒三家融于一体的代表人物。就医学而言，他是我国本草学发展史上贡献最大的早期人物之一。他将当时所有的本草著作分别整理成《神农本草经》及《名医别录》，并进而把两者合而为一，著成《本草经集注》，共收药物730种，成为我国本草学发展史上的一块里程碑。《本草经集注》一书的主要意义是使我国本草学成为一门包罗万象的博物学。他还有一些具有独创性的发明，例如，创立按药物治疗性质分类的"诸病通用药"分类法，在体例上，又开创本草著作分总论、分论叙述的先河。

陶弘景一生著作甚丰，宋代贾嵩的《华阳隐居内传》记有其著作32种，共233卷。在养生方面，有《养性延命录》《养生经》；在本草学方面，除上述著作外，还有《药总诀》等。此外，陶弘景在其他学科如天文历算方面，也都有所研究，据称还制有"浑天仪"，可惜已无可考。

南朝士族封闭的原因是什么？

东晋时期，门阀士族是凌驾于皇权之上的真正的国家主人。进入南朝以后，庶族出身的皇帝不断启用具有真才实学的寒士和庶人，通过各种方式削夺名门士族的力量，努力强化和延伸皇权。高门士族集团日益感到威胁的严重存在，遂以强化士庶界限来保护自己。

《宋书》记载，当时社会士庶杂居，"虽比屋邻居，至于士庶之际，实自天隔"。士庶不相往来，不相交结。那时候，一般庶人若想取得士人同意加入士流，可以说是绝对无望的，连皇帝也毫无办法。士族的排他性、封闭性，不但表现在对庶族上，在其内部也有体现。弘农杨氏，汉代四世三公，西晋时期仍是士族领袖。可是士族集团因他家过江较晚，便否认了他的士人资格。南朝士族的封闭性、排他性，使士族集团不但与庶族对立，而且还诱使它寻找各种借口尽可能地把本集团中的一些成员排除出去。士族内部门阀林立，等级森严，大大小小的士族按区域、门第、势力排比成高低不同的等级，甚至一门内的士族也随着分化，地位迥殊。士族的排他性、封闭性和他们在社会中享有的特权关系极大。他们害怕别人染指、瓜分正在日益缩小的既得利益，故而把圈子划得很小，界限弄得十分严格，目的是自卫。

宋顺帝不愿生在帝王家吗？

南朝宋顺帝刘準（467—479），字仲谋，小字智观，为刘宋的末代皇帝。

元徽五年（477年），宋后废帝刘昱被弑之后，刘準在萧道成的拥立下即位，是为宋顺帝。虽然刘準名义上是皇帝，但是权力都被萧道成掌握。昇明三年（479年），萧道成要求刘準禅位，并且派部将王敬则率军进宫。刘準说出"愿生生世世，再不生帝王家"，道尽身为末代皇帝的悲哀。同年四月，刘準禅位于萧道成，刘宋到此灭亡。萧道成即位之后，封刘準为汝阴王，迁居丹阳并派兵监管。479年五月，监视刘準的兵士听得门外马蹄声杂乱，以为发生了变乱，便杀死刘準，刘準享年十三岁。

"杂技皇帝"萧宝卷是怎么死的？

萧宝卷（483—501），字智藏，又名明贤，南齐萧齐王朝的第六任皇帝，死后被恶谥为"东昏侯"。虽然他不是一位明君，但是在中国杂技发展史上，他却是一位颇有建树的人物。萧宝卷还是太子时就迷上了杂技，即位之后，更是一门心思扑到了杂技上。

萧宝卷热衷杂技，只是为了满足个人的嬉戏和欲望。因此，他的活动往往给百姓带来很多灾难。统治阶层内部残酷的斗争，使萧宝卷逐渐嗜杀成性。他肆意诛杀朝臣，其中包括舅父刘暄和同胞弟弟江夏王萧宝玄。对于一般百姓，他更视如蝼蚁草芥一样，任意斩杀。雍州刺史萧衍乘机发动兵变，包围了建康城。萧宝卷仍然倒行逆施，终于导致众叛亲离。一天，王国珍联合宦官血洗内宫，正躺在内宫御榻上作乐的萧宝卷，尚未搞清是怎么回事，便身首异处了，死时不过十九岁。

全元起有什么誉称？

全元起（生卒年不详），南朝时齐梁间人。医术高明，当时有"得元起则生，舍之则死"之誉。史籍写作金元越或金元起的，并为讹字，据《南史·王僧儒传》称，全元起在注《内经·素问》之前，曾就砭石一事造访王僧儒。他的注解，为我国最早对《素问》之注解。该书虽佚，但宋林亿等在校正《黄帝内经》时，尚得见其书，并引录其《内经·素问》篇名次序。

怎样看待梁武帝的功与过？

梁武帝萧衍（464—549），字叔达，小字练儿，南兰陵中都里（今江苏常州市武进区西北）人，南梁政权的建立者，庙号高祖。萧衍是兰陵萧氏的世家子弟，出生在秣陵（今江苏南京），为汉朝相国萧何的二十五世孙。父亲萧顺之是齐高帝的族弟、丹阳尹知事。萧衍原来是南齐的官员，南齐中兴二年（502年），齐和帝被迫"禅位"于萧衍，南梁建立。

梁武帝统治前期，励精图治，曾把南朝社会推向了那一时代的峰巅。梁朝国力鼎盛，甚至一度扭转了长期以来北朝压倒南方的局面。他在政治、经济、军事和文化诸方面均有可观的建树。但是到了晚年，他的行径与早年的作为相对照，简直判若两人。进入晚年，萧衍性情大变，只愿听好话，不能受批评，大批忠臣贤人被他屠戮于刀下。此时的他已成为典型的昏君：朝政一塌糊涂，北伐全军覆没，佞佛搞得国库空虚，举国上下"人人厌苦，家家思乱"，终于招致了侯景之祸，使富庶的江南变成了"人迹罕见，白骨成聚"的废墟。

梁武帝本人则沦落为一介囚徒，最后化作饿死鬼降下人生的大幕。不久，梁王朝也在内外交困之中灭亡。这一切，正应了他自己所说的一句话：天下"自我得之，自我失之"。

昭明太子对文学有什么贡献？

萧统（501—531），字德施，小字维摩，梁武帝长子。天监元年（502年）被立为太子，死后谥号为"昭明"，史称昭明太子。

萧统从不浪费时间，虽然只活了三十年，却著述等身。他有《文集》20卷，古今典诰文言《正序》12卷，五言诗之善者《英华集》20卷，《文选》30卷。现存的《昭明太子文集》乃后人所辑，是流传下来并对后世影响巨大而深远的选集。《文选》用30卷的篇幅，概括了当时各种文体的大致面貌和代表作品。不仅保存了不少濒于失传的作品，也给后人以文章典范。这部《文选》对后世作家影响很大。唐人李善说，此书一出，"后进英髦，咸资准的"。《文选》之后，模仿选文者很多，终于形成了"选学"一宗。作为选学泰斗的昭明太子，在中国文学史上占有重要位置。

侯景之乱是怎么发生的？

547年，梁武帝萧衍接到东魏大将侯景送来的一封投降书信。梁武帝接受了侯景的投降，同时派侄子萧渊明带兵前去接应侯景，萧渊明在途中遇到了东魏大军，兵败被俘。东魏高澄为了挑起侯景和梁武帝的矛盾，让萧渊明写信给梁武帝，表示东魏愿意与梁朝交好，不兴战事，只要梁朝交出叛将侯景，东魏将马上把萧渊明送返梁朝。

梁武帝此时只顾亲情，不顾大局，他无视群臣反对，一意与东魏言和。侯景听到梁武帝要拿他换回侄子的消息，立刻倒戈相向：如今我虽灭不了东魏，但倾覆梁朝是不成问题的。于是他破釜沉舟，率兵南下，攻打梁朝。由于梁武帝多年信奉佛教，不问军事，军队里的官兵没有战斗力，侯景的军队很快打到了长江北岸。因为梁武帝的昏聩，侯景之乱爆发，直接导致梁朝的迅速衰败，梁武帝本人也死在侯景的手上。

陈霸先是怎样除奸抗齐的？

553年，平定侯景之乱的陈霸先、王僧辩，在建康立萧绎的儿子萧方智做了皇帝，即南梁敬帝。这时北齐派兵送回被东魏俘虏的贞阳侯萧渊明。王僧辩从个人利益出发接回萧渊明，废掉南梁敬帝，立萧渊明做皇帝。

陈霸先对王僧辩的这种做法十分不满，随即起兵进攻建康，除掉了王僧辩。王僧辩死后，其党羽继续跟北齐勾结，乘陈霸先出兵义举（今江苏、浙江两省的太湖西岸地区）平定叛乱之机，偷袭建康。与此同时，北齐派兵从采石渡江，控制了建康的西南门户。陈霸先急忙赶回建康，派兵乘夜黑袭击北齐军，北齐军被迫向陈霸先求和。和约达成后，陈霸先一面清除王僧辩的残余势力，巩固后方；一面派兵驻扎在淮河沿岸的方山一带，防御北齐的入侵。

没过多久，北齐背信弃义，撕毁和约，又来入侵。因为陈霸先早已做好准备，北齐军始终不能逼近建康。最后，陈霸先打败了北齐的军队，保卫了富饶的江南。

陈叔宝兄弟是怎样争夺皇位的？

陈宣帝死后，他的儿子陈叔陵、陈叔宝在他的灵前演出了惊心动魄的一幕。

陈宣帝遗体入殓的那天，陈叔陵趁太子陈叔宝不备，突然起身，操刀向陈叔宝的头部砍去。幸亏陈宣帝的柳皇后和陈叔宝的奶娘吴氏拼命相救，陈叔宝才免得一死。陈叔陵逃到东府城，派人将东府城全部封锁。为了壮大自己的力量，他打开监狱，把犯人放出来，让他们拿起武器，与自己一道对付陈叔宝。陈叔宝躲在皇宫里养伤，大事都委托给四弟陈叔坚。陈叔坚命令右卫将军萧摩诃带领五千人马围攻东府城。

陈叔陵知道萧摩诃善于指挥作战，于是托人给萧摩诃送礼，想诱降他，萧摩诃将计就计，答应了陈叔陵的要求，陈叔陵信以为真，令部下戴温打开城门迎接萧摩诃。萧摩诃一进城门就杀死了戴温等人，其余兵士见主将被斩首，都献城投降。陈叔陵很快也被抓住杀了。

许胤宗治病的方法是什么？

许胤宗（约536—626），一作引宗，享年九十余岁。许胤宗乃常州义兴（今江苏宜兴）人，曾事南朝陈，初为新蔡王外兵参军、义兴太守。陈亡后入仕隋，历尚药奉御。唐武德元年（618年）授散骑侍郎。

许胤宗以医术著名，精通脉诊，用药灵活变通，不拘一法。他曾用药物熏蒸法为陈国柳太后治病。当时柳太后病风不能言，口噤不能服药，他以黄芪防风汤置于床下，熏蒸令药气如烟雾，入病人腠理而奏效，当晚柳太后能言，胤宗因此授义兴太守。许胤宗诊病问疾，重视切脉，以探求病原，主张病药相当，不宜杂药乱投，唯须单用一味，直攻病所。一生诊脉用药，独具特色。

为什么说冯太后是一位有为女主？

自古人们对掌管国政的女人总没有好印象。然女主摄国，不可一概骂倒。北魏历史上曾长期执政的文明太后冯氏即堪称一代有为女主，值得肯定。

魏文成帝病死时，其子拓跋弘才十二岁。冯氏遂宣布以太后身份临朝称制。她着手调整一度混乱的中央政府，把一些威望较高、清廉有才的人委以重任，并且引名臣中书令高允、中书侍郎高闾及贾秀共参大政。

冯氏称制不久，接受高允建议，在全国各地设立乡学。为确立汉族文化的正统地位，她又制定祭祀孔庙的礼仪制度。冯氏除对文化习俗进行改革外，还着力改革经济。她曾下令放宽对手工业工匠的禁令，在中国历史上开创了减轻手工业者人身自由的先河，有利于工商业的发展和社会的进步。这一历史功绩值得肯定。

拓跋焘十万大军为何打不下悬瓠小城？

宋、魏交战，由来已久。到了元嘉二十七年（450年），拓跋焘亲自率领十万大军，向悬瓠城（今河南汝南）扑去。悬瓠城中的宋军不到一千人，拓跋焘认为攻克悬瓠城是易如反掌之事。

宋将陈宪率领军民拼死守城。魏兵登上云梯攀登城墙，城头上檑木滚石雨点般砸下。

魏军建造了许多楼车，弓弩手站在楼车上向城中发射箭羽，悬瓠城中矢如雨下。魏军还在冲车的一头甩出大铁钩，将城墙的砖石勾住，然后用冲车拖曳大铁钩，准备把城墙拖倒。陈宪动员军民在城墙内又筑起一道城墙。魏军费了九牛二虎之力将南面的城墙扯倒后，看到里面还有一层城墙，惊得目瞪口呆。陈宪身先士卒，站在墙头猛击企图攀城的魏军。城墙下的尸体越堆越高，几乎跟新筑的城墙一般高。四十二天过去了，悬瓠城固若金汤，这时宋军的援兵已到，拓跋焘只得望城兴叹，引兵而退。

北魏是如何大破柔然的？

北魏始光元年（424年）八月，柔然可汗大檀（即牟汗纥升盖可汗）听说北魏明元帝拓跋嗣去世，遂率六万骑兵攻入北魏云中（今内蒙古和林格尔西北），包围了云中城。年仅十六岁的北魏太武帝拓跋焘力排众议，亲自率两万骑兵急赴云中救援。柔然倚仗人多，将赶来救援的拓跋焘及所部包围，竟达五十余重。北魏将士起初十分恐惧，但看到少年皇帝拓跋焘"临敌常与士卒同在矢石之间，左右死伤者相继，而帝神色自若"时，便开始"人思效命，所向无前"。先是柔然的两位大将大那、社仑所发动的进攻被北魏军击退。之后，北魏军奋力突击，柔然军顿时被搅得一片混乱，大败而逃。

之后，北魏太武帝为彻底摆脱北面柔然与南朝刘宋两面夹击的威胁，并雪云中被围之耻，于429年，领军至漠南（今蒙古高原大沙漠以南地区），舍弃辎重，率轻骑奔袭，直逼栗水（今翁金河）。柔然无备，临战震怖，民畜惊骇奔散。此战，北魏太武帝领军长途奔袭，以少胜多出奇制胜，大破柔然，威服高句丽，为稳定北方创造了有利条件。

北魏三朝元老崔浩因何惨死？

崔浩（381—450），字伯渊，小名桃简，清河郡武城（今河北清河）人。他仕北魏道武、明元、太武帝三朝，官至司徒，参与军国大计，对促进北魏统一北方起了积极作用。后人称颂其为"南北朝第一流军事谋略家"。俗话说树大招风，特别是鲜卑贵族更妒忌他，所以他特别小心谨慎，尤其是在皇帝面前，说话做事都是三思而后行。

崔浩晚年的时候，奉命编北魏国史。他主张写历史应根据事实直截了当地写，讲求真实。崔浩把鲜卑族过去发展的历史原原本本地写了出来，并刻在石碑上，竖立在都城平城郊外的大路边。鲜卑贵族一看，气愤之极。因为崔浩将鲜卑族怎样落后、贵族间怎么争权夺利全都写了出来。于是鲜卑贵族们联合起来，添枝加叶地到北魏太武帝那里告状。北魏太武帝一听，怒发冲冠，想到此时北魏政权已经巩固，像崔浩这样的谋士用处不大了，因此决定拿崔浩来开刀，就把他处死了。

为什么说高允是一位情操高尚的史官？

北魏太武帝时，司徒崔浩奉旨率众史官编纂国史，因对北魏朝廷的许多丑事直书不讳，所有参加编写工作的人都被北魏太武帝下令逮捕。

中书侍郎高允也属于应被逮捕之列，但他是太子的师傅，太子有意保护他并亲自领他去朝见北魏太武帝。在北魏太武帝面前，太子说其平生小心谨慎，虽然参加修撰国史，但他地位低微，主事的全是崔浩。北魏太武帝于是问高允国史是否都是崔浩所编，高允却耿直地回答说："不是，《太祖记》是邓渊写的，《先帝记》和《今记》是我与崔浩合写的。但崔浩只抓纲要，至于具体注疏，我写得比崔浩多。"北魏太武帝听后大怒，认为高允的罪过比崔浩的还要大。太子又为他辩解，说他因害怕才胡言乱语。此时高允说："太子是为了救我的命才这么说的，其实他没有问过我修史的事，我也没跟他提过这些事。我说的是真话，并没有被吓傻。"

高允的这种诚实和临死不惧的精神，把皇帝也感动了。他赦免了高允，高允又替其他参加写史的人求情。事后，太子责备高允不知见机行事，高允却说历史应当如实撰写，他与崔浩一起编写，应当共担生死荣辱。为活命而违背良心的事，他是不会干的。

高允坚持真理、宁死不说假话、勇于承担责任，确实是一位情操高尚的史官。

文明太后与北魏孝文帝改革有何关系？

太和，是北魏孝文帝的年号，历史上把这一时期的一系列改革称为"太和改制"。在太和十四年（490年）之前，冯太后一直临朝听政。作为北魏的实际执政者，她是"太和改制"真正的主持人。

太和八年（484年）六月，在冯太后的主持下，北魏仿效两汉魏晋旧制下达了"班俸禄"诏书。次年十月，冯太后在大臣李安世的建议下，颁布了"均田令"，从而开始在社会经济方面进行重大变革。太和十年（486年），冯太后又主持对地方基层组织——宗主督护制进行改革，实施了"三长制"。

此外，为了使鲜卑族逐渐适应汉族人民的生活方式和礼仪制度，冯太后大兴教育，尊崇儒法，从而开始了鲜卑族的汉化过程。这一点，又为后来北魏孝文帝迁都洛阳，推行大规模的汉化措施打下了基础。

北魏迁都有何缘由？

494年，北魏孝文帝正式迁都洛阳。北魏迁都洛阳的原因有：

第一，与倾慕汉族文化有关。洛阳是古代帝王理想的建都立业之所，也是汉文化积淀深厚之地，北魏孝文帝拓跋宏受过良好的汉文化教育，对汉民族的文化极其崇拜。

第二，统治中原的需要。

第三，解决粮食供给问题。平城偏北地寒，粮食产量非常有限。而洛阳处于北方的中心地带、平原地区，交通便利，迁都洛阳就解决了最根本的粮食问题。

第四，地理环境的影响。洛阳地处黄河中下游西岸，卧居中原，山川纵横，素有"九州暖地"之称，且四季分明，气候宜人，自古以来是兵家必争之地，也自然成了古代帝王理想的建都场所。

北魏孝文帝迁都洛阳的举措，不仅展现了一代帝王的雄才大略，也使洛阳在曹魏、西晋之后再度繁华、辉煌。

北魏后妃为何出家为尼者多？

自佛教传入后，在中国的封建王朝中，早年出自尼庵或末世遁入空门的后妃不乏其人，如有名的武则天。然而像北朝中后期那样，百余年间，仅历魏、齐、周十一帝，竟有后妃十七人出宫为尼，则实属罕见。治史者每论及此事，多以她们佞佛为由释之。但是细按史籍，发现北朝后妃为尼的原因，大致可以归纳成以下五类：

第一，因为健康的缘故。北魏孝文帝幽皇后冯氏就曾因为疾病出家为尼。

第二，由于失宠被逐出宫为尼。

第三，因皇位更迭或王朝易代而沦为牺牲品。新帝即位后被清除出宫的前帝之后有魏孝明皇后胡氏、魏孝庄皇后尔朱氏、齐文宣皇后李祖娥和北周孝闵皇后元胡摩。

第四，幼主嗣位后两宫太后争权的失败者。魏宣武帝死后，其后高氏被新君肃宗尊号为皇太后，但遭到肃宗生母胡氏的排挤，"寻为尼，居瑶光寺"。

第五，希望通过入寺寻求政治避难。魏末肃宗朝，尔朱荣起兵攻入都城洛阳，太后胡氏害怕被杀而出家为尼。

北朝的中后期，寺庙极尽豪华，成为帝后的另一处别宫，被废黜至此的后妃远比他朝被贬入冷宫受优待。

北魏均田制的主要内容是什么？

均田制，即古代帝王将无主土地按人头划给小农耕作，土地为国有制，耕作一定年限后归其所有。这是中国古代北魏至唐中期封建政府推行的土地分配制度。西晋末年，中国北方在长期战乱之后，国家赋税收入受到严重影响。为保证国家赋税来源，北魏孝文帝于太和九年（485年）颁布均田制并开始执行。

主要内容有：

第一，男子十五岁以上，授种粟谷的露田40亩，妇人20亩。奴婢同样授田。耕牛1头授田30亩，限4头牛。授田视轮休需要加倍或再加倍。授田不准买卖，年老或身死还田，奴婢和牛的授田随奴婢和牛的有无而还授。

第二，男子授桑田20亩。桑田世业，不必还给国家，可传给子孙，可卖其多余的，也可买其不足20亩的部分。产麻地男子授麻田10亩，妇人5亩，年老及身死后还田。

农耕图 南北朝
太和九年（485年），北魏孝文帝颁布了均田令，授给平民与奴隶农田耕种，农田不得买卖。均田制以法律形式确认了劳动者对于土地的占有权与使用权。其后，隋唐均沿用并完善了此土地制度。

北凉是如何灭亡的？

太延五年（439年）三月，北魏太武帝遣使至北凉，得悉北凉君主怀有二心，经朝议，决定依从谋臣崔浩之言，出其不意，乘虚攻凉。六月，北魏太武帝率兵从平城（今山西大同东北）出发，使侍中、宜都王穆寿辅助太子拓跋晃监国，又令大将军、长乐王嵇敬，辅初大将军、建宁王拓跋崇领兵两万屯漠南（今蒙古高原大沙漠以南地区），以防柔然。随后自云中渡过黄河，于七月至上郡属国城（汉属国于上郡以安置降胡，称属国城），留下辎重，部署诸军：以抚军大将军、永昌王拓跋健，尚书令刘吉与常山王拓跋素为前锋，两道并进；骠骑大将军、乐平王拓跋丕，太宰、阳平王杜超为后继；以平西将军源贺为向导。源贺为故南凉主秃檀之子，南凉原据姑臧，后为北凉所占。源贺对魏帝言道："姑臧城旁有四部鲜卑，皆臣祖父旧民，愿劝其归附。"北魏太武帝表示赞同。

八月，拓跋健获得河西（即河西走廊与泊水流域一带）畜产二十余万。北凉主一面遣使求救于柔然，一面派其弟征南大将军董来领兵万余出战于姑臧城南。九月，北凉主之侄沮渠万年率部降于魏。姑臧城溃，北凉主率文武出降，北凉灭亡。至此，北魏统一了北方。西晋末年以来，历时135年的十六国时期结束。

北魏攻北燕之战发生于何时？

北魏延和元年（北燕太兴二年，432年），北魏军连克北燕诸军镇。

是年五月，北魏太武帝拓跋焘于平城南郊整训兵马，准备进攻北燕。七月，魏太武帝至濡水（今河东北部滦河），遣安东将军奚斤征发幽州（治今北京城西南）民众及密云（今属北京）丁零族万余人，运攻具，出南道，会师于燕都和龙（今辽宁朝阳）。

魏帝经辽西至和龙，北燕石城太守李崇等十郡降于魏。魏太武帝以其民三万人挖围堑以困和龙。

八月，北燕主冯弘派数万人出城挑战，为魏昌黎公拓跋丘、河间公拓跋齐所击破，死万余人。北燕尚书高绍率万余家固守羌胡固（地名，今地不详），魏主率军攻下，斩杀高绍。魏平东将军贺多罗攻带方（今辽宁义县北），抚军大将军永昌王拓跋健攻建德（今辽宁建昌西北），骠骑大将军乐平王拓跋丕攻冀阳（今辽宁凌源境），皆下。九月，魏太武帝引兵西还，徙营丘、成周、辽东、乐浪、带方、玄菟六郡民众三万家于幽州。

统万之战是怎么回事？

统万之战是北魏始光四年（夏承光三年，427年），在北魏统一北方的战争中，北魏发大军袭破夏都统万城（今陕西靖边东北白城子）的战役。

是年正月，魏太武帝拓跋焘自统万城返回平城，闻夏主赫连昌遣平原公赫连定率众两万往攻长安（今西安西北），即下令伐木于阴山（今属内蒙古），大造攻具，再谋伐夏。

六月，魏帝至统万，分兵埋伏于深谷，以少数部众进抵城下诱战。夏主欲待赫连定率兵来援，然后内外夹击，故下令闭城坚守。魏帝担心夏军不出战，于是退军以示弱，另遣五千骑西掠居民。适值魏有军士因犯罪而逃奔到夏，言及魏军粮尽，后继步兵未至，夏主于是率步骑三万出击。夏军分成两路追击，时遇风雨，飞沙蔽天，魏军逆风，不利作战。魏帝听从谋臣崔浩之言，分骑兵为左右两队，暗出夏军之后，顺风击之，大败夏军。夏主赫连昌不及入城，逃奔上邽（今甘肃天水）。魏军入统万城，获马三十余万匹、牛羊数千万头，府库珍宝、器物不计其数。此时，与魏军相持于长安的赫连定得报统万城已被攻破，也不敢恋战，急忙逃奔上邽。魏帝率军东还，以拓跋素为征南大将军，与桓贷、莫云留守统万。

平凉之战的经过是怎样的？

平凉之战是夏胜光三年（北魏神䴥三年，430年），在北魏统一北方的战争中，夏军攻魏于平凉（今甘肃华亭西）地区并战败的战役。

夏主赫连定欲收复统万城，遂乘刘宋伐魏之机，遣其弟谓以代攻北魏鄜城（今陕西洛川东南），为魏平西将军隗归等击败，死万余人，谓以代逃去。赫连定留其弟赫连社干、广阳公度洛孤守平凉，自率数万人在鄜城东截击隗归，并遣使约宋合兵伐魏。魏太武帝拓跋焘听从太常卿崔浩之言，利用夏、宋互相观望的态势，决定先击夏，后攻宋。命卫兵将军王斤镇蒲坂（今山西永济西南），自率兵攻夏。

十一月，魏太武帝领兵围平凉，赫连社干等闭城固守。魏太武帝让前夏主赫连昌前往招降，未果；乃命安西将军古弼等率兵往攻安定（今甘肃泾川北）。夏主自鄜城回到安定，即率步骑两万救平凉，途中与古弼相遇，古弼佯弱后退，夏主追之。魏主遣高车部众驰击，夏兵大败，战死者数千。夏主赫连定率余部奔还，登鹑觚原（又名浅水原，今陕西长武西北），设方阵以自固。魏兵进而围之，断其水草，夏军人马饥渴。赫连定引众下鹑觚原，被魏武卫将军丘眷率众击败，死者万余人。赫连定负伤，单骑逃走，收集余部及民众五万，西保上邽。北魏俘夏公侯以下百余人，乘胜攻克安定。十二月，赫连社干、度洛孤出降，魏攻下平凉。夏长安、临晋、武功等城守将皆弃城而走，关中地区为魏所占。

北朝的爵位制度是怎样的？

北魏道武帝皇始元年（396年）始封五等爵，天赐元年（404年）废伯爵、男爵，后又恢复。景明元年（500年）定制，置王、开国郡公、散公、侯、散侯、伯、散伯、子、散子、男、散男，共十一等。封国租税取率：王食半，公三分食一，侯伯四分食一，子男五分食一。封爵品级：开国郡公正一品，开国县公、散公从一品，开国县侯正二品，散侯从二品，开国县伯正三品，散伯从三品，开国县子正四品上阶，散子从四品下阶，开国县男正五品上阶，散男从五品下阶。官属：王至侯国等置官属。

北齐：置王爵与五等爵，王爵超品，其余诸爵视魏制各降一阶，诸爵皆开国置官属。

北周：初置开国公、开国侯、开国伯、开国子、开国男五等爵。后据《周礼》改制，置亲王、郡王、县王、国公、郡公、县公、县侯、县伯、县子、县男、乡男十一等爵。

祖冲之有什么贡献？

祖冲之（429—500），字文远，祖籍范阳郡遒县（今河北涞水），南北朝时期杰出的数学家、天文学家和机械制造家。

祖冲之在世界数学史上第一次将圆周率（π）值计算到小数点后七位，即 3.1415926 到 3.1415927 之间。他提出约率 22/7 和密率 355/113，比欧洲早 1000 多年，所以有人主张叫它"祖率"，也就是圆周率的祖先。他著有《缀术》一书。此外，他编制的《大明历》，第一次将"岁差"引进历法，提出在 391 年中设置 144 个闰月，推算出一回归年的长度为 365.24281481 日，误差只有 50 秒左右。机械方面，他重新造出早已失传的指南车、千里船等巧妙机械多种。此外，他对音乐也有研究。其著作有《释论语》《释孝经》《易义》《老子义》《庄子义》及小说《述异记》等，但早已遗失。

北魏佛教兴盛的缘由是什么？

在北魏皇朝统治的一个多世纪中，北方的佛教得到了迅速发展。北魏佛教如此兴盛，发展如此迅速，这是与北魏国家政权的有力支持分不开的，而北魏佛教的特点之一就是具有强烈的国家政治的色彩。由国家政权建立各级僧官机构，通过各级僧官直接控制全国的佛教徒。

北魏佛教具有强烈的国家政治色彩的另一个表现，是国家直接赋予佛教"巡民教化""敷导民俗"、安抚民众的任务。黄河流域地区本是中国文化发源地之一。魏晋以后，佛教在这一地区也很流行。北魏所经略的既然是这样的一个地区，那么他们选择利用佛教教化、安抚这一地区的民众是顺理成章的。北魏佛教具有强烈的国家政治色彩的特点，还表现在国家直接对僧务的干涉上。

佛寺僧尼为什么能大肆敛财？

南北朝时期，寺院和上层僧尼不仅个个富比王侯，而且都是聚钱有方、生财有道的高手。那么僧尼们是靠什么方式生财的呢？

第一，统治者的"恩赐"，成为寺院财产的主要来源之一。

第二，信徒的投献和赎身也是寺院的重要收入。信徒为表示对佛祖的虔诚，常常舍身为寺奴。但如舍身之后又想出寺，则要纳钱赎身。

第三，佛寺还有一种以牺牲下层僧侣的生命来骗取钱财的野蛮方法，其名目叫"烧身"或"自焚"。

第四，有时，佛寺干脆以赤裸裸的形式进行兼并和掠夺。

第五，为了扩大财富，寺院也会经营典当业。据佛教内律规定，寺院可以十倍取息。

广大僧尼生活在人间，所以往往不能摆脱世俗社会对他们的影响。南北朝的统治者是以贪婪和物欲称著于史的，所以寺院和僧尼极力聚敛钱财也就不足为怪了，何况那时的佛教又享受着格外的尊崇和优待。

宇文泰是怎样大败高欢的？

大统元年（535年），宇文泰在长安拥立北魏宗室元宝炬为魏文帝，与高欢在洛阳的傀儡魏孝静帝相对抗。于是，北魏分裂成东魏、西魏两个政权。西魏的实权掌握在宇文泰手里。

大统三年（537年）九月，东魏权臣高欢得知宇文泰出潼关占据弘农，便亲率二十万大军到达了许原，进而占据长安。宇文泰听到消息，立即回师渭水，扼住了通往长安的要道。宇文泰分析形势说："目前的危险是耽搁时间。如放高欢入长安，我们将一败涂地。现在高欢远来疲敝，是我们打败他的最好时机。"他命令全军渡过渭水，在东魏军驻地六十里外的沙苑，扎下营来。

宇文泰在集思广益的基础上，制订出一个大胆的作战方案：沙苑东十里有个叫渭曲的地方，是一片芦苇茂密、土地泥泞的河滩，将西魏主力背水埋伏在这里进行伏击战。宇文泰则亲率少数人马担负引诱敌人的任务。高欢果然中计，这一仗，高欢共损失八万余人。这便是历史上有名的以少胜多的沙苑之战。

西魏是怎样走上富强之路的？

宇文泰掌握西魏政权后，为发展壮大西魏的力量，千方百计寻找能安邦济边的能才，着手进行政治改革。

有一天，同僚周惠达向宇文泰推荐苏绰。宇文泰经过考察，觉得苏绰确实非常有才干，就任命苏绰为大行台左丞，其地位和丞相是一样的。紧接着，苏绰又被授予大行台度支尚书（主管财政）和司农卿（主管农业）的官职。苏绰根据西魏的现实状况开始制定富国强民的措施，这些措施被称作"六条诏书"。

苏绰治理国家重在用人，看人的能力不能只看门第，这是苏绰最重要的主张。同时他知道要发展农业生产，就要保证农民有足够的时间耕种。他认为不要随便让农民服徭役，要给他们更多的时间去务农，农民生活充足了，社会才能稳定，国家收入也就增多了。苏绰还强调要根据财产的多少平均负担徭役和赋税，不能把这种负担全部加在百姓身上。这种措施，就限制了士族地主和庶族地主倚靠特权而逃避赋税和徭役，减轻了农民的负担，提高了农民生产的积极性，有利于发展农业生产。

这六条诏书颁布后，上至皇帝，下至文武大臣，都要知道并且能背诵其内容。有一次西魏文帝把文武大臣召集在一起，让他们背六条诏书，有两个大臣没背下来，当即被宣布官降两级。后来宇文泰还规定把六条诏书作为考核官吏成绩增减俸禄的标准。正因为宇文泰对六条诏书如此重视，才能很快在西魏推行，使其经济迅速发展起来，国力也大大增强，经济实力很快超过了东魏。

府兵制是怎样出现的？

西魏的建立者宇文泰的先世原属于东部鲜卑的一支，西魏的兵由汉人和鲜卑人共同构成，而且汉人的数量远大于鲜卑人。宇文泰又以魏初鲜卑部落联盟时的社会组织情况，塑造他的各支府兵。他命令各军主帅，凡鲜卑人皆恢复原来的复姓，汉人由他赐给鲜卑姓。其下属士兵皆改姓主帅的鲜卑姓，一如魏初的氏族旧制。虽然这种人为制造出来的氏族关系，并不能发挥部落兵所具有的血亲力量，但毕竟大大提高了士兵的身份。

周武帝时期，为加强君权，又将府兵的统领权收归皇帝所有，并把府兵的招募同均田制结合起来。他规定，府兵要从均田户中选拔。当时的府兵仍要从民户中独立出来，另有军籍，只是他们不再是身份低贱的兵户。这就使府兵制和均田制更好地结合起来了，府兵制成为均田制基础上的军事制度。

高欢是怎样骗过尔朱兆的？

高欢（496—547），鲜卑名为贺六浑，祖籍渤海郡蓨县（今河北景县南），世居怀朔镇（今内蒙古包头东北，一说内蒙古固阳），成为鲜卑化的汉人。他是东魏王朝的建立者之一，也是北齐王朝的奠基人。

北魏末年，晋阳的尔朱兆依仗自己强大的部队和势力，掌握了大权。尔朱兆的部属晋州刺史高欢，是一个富有雄才大略的人。在此之前，葛荣曾割据一方，同尔朱兆的父亲尔朱荣刀兵相对。葛荣起义失败后，部下二十余万被流放到晋州，总是闹事。尔朱兆就问身边的高欢怎么办。

当时高欢想脱身离开尔朱兆并自谋发展的想法酝酿已久，只是苦于没有机会实现。现在尔朱兆的意思是将重担推在他身上，高欢就说派一名大将去平叛。

尔朱兆的一名亲信贺拔允恰好也在座，连声说高欢在晋州多年，派他去最合适。高欢忽然跳了起来，一连几拳打在贺拔允的嘴上，边打边骂道："天下事全由大王做主，大王还没有说话，你倒越位发起言来！"尔朱兆本来不放心高欢，现在看他这样，以为是忠于自己，当即毫不犹豫地把军权交给了高欢，派遣他前往晋州收编葛荣的流散部队。

尔朱兆的长史慕容绍宗劝尔朱兆不要放高欢走。高欢料到自己走后，一定会有人向尔朱兆进谗言，因此预先给尔朱兆左右的人贿赂了许多金钱，于是他们都向尔朱兆说慕容绍宗与高欢原来不和，尔朱兆就信以为真。就这样，高欢摆脱了尔朱兆的控制，反过来又吞掉了尔朱兆，掌握了东魏政权。

北齐开国皇帝是谁？

高洋（529—559），字子进，是东魏大丞相高欢次子，北齐开国皇帝。

高洋少时，深沉有大度，处事果断，外柔而内刚。高欢曾以时事考问高洋，高洋每次都有自己的见解，并且往往能抓住事情的要害，高欢很赞赏他的分析判断能力。高欢还曾要他的儿子们整理乱丝，以试探他们处理事务的能力，别的人都在想办法理出头绪，独有高洋抽刀斩之，并且说："乱者须斩。"东魏武定五年（547年），高欢病死。其长子高澄继承父亲的职位，仍为大丞相，继续把持着东魏政权。高洋这时为尚书令、中书监、京畿大将军、太原郡开国公。

东魏武定七年（549年）八月，高澄在邺城被其厨人、梁朝战俘兰京等刺死。事出仓促，内外震惊。高洋亲自率众扑杀诸刺客，同时严密封锁消息，只对外宣称奴反，大将军被伤，迅速稳定了局面，避免了事态的进一步扩大。当时朝内外莫不为高洋遇乱不惊、镇定自若、处置得宜的才能所惊异。事后，高洋遂继兄执掌东魏大权。

东魏武定八年（550年）正月，高洋被授为丞相、都督中外诸军事、齐郡王，不久又晋爵为齐王。五月，高洋由晋阳至邺，进位相国，总理朝政，接着便行禅代之事，废东魏孝静帝元善见为中山王，自己正式做了皇帝，定国号为齐，年号为天保，国都为邺城，建立了北齐高氏政权。

为什么《魏书》又叫"秽史"？

《魏书》是一部纪传体的北魏史，记述了北魏（包括东魏）王朝兴亡的历史。全书共130卷，作者是北齐人魏收。北齐天保二年（551年），文宣帝高洋命魏收编纂前朝史书。魏收借修史之机酬恩报怨，完全根据个人的好恶、恩怨，决定人物的取舍和评价。凡是参加修史的人，他们祖先、姻戚的事迹大多被收录，而且被吹得天花乱坠。反过来，对那些有隔阂、嫌怨的人，即使有善行美德，魏收也不予收录。

天保五年（554年）《魏书》完成。由

于该书当载不载，抛开一些世家大族，记载了一些卑微官吏，在门阀制度盛行、豪族势力强大的南北朝，自然触怒了部分豪门世家，再加上该书褒贬失当，失去了史书"令乱臣贼子惧"的威望，引起各界不满，被人们称为"秽史"。尽管《魏书》被称为"秽史"，但由于该书资料较为丰富，在史学上仍具有一定的地位。

谁继苻坚、拓跋焘之后统一了黄河流域？

577年（北周建德六年、北齐承光元年），北周灭北齐，北方再次统一。

576年秋，周武帝亲率步骑十四余万，进军平阳（今山西临汾西南）。北齐守军向居于晋阳的后主高纬告急，当时高纬正在外射猎，得报以后，竟听从其宠妃冯淑妃的请求，再杀一围，然后才发十万兵马南救平阳，此时平阳已落入周军手中。齐军力攻平阳，周军主力八万人进至平阳城下，与北齐军决战，后主带着冯淑妃弃军逃跑，北齐主力溃败。周军乘胜攻占晋阳。577年年初，当时在邺城的高纬仓皇间让位给儿子高恒，当周军挥师进攻邺城时，高纬、高恒及其亲信先后出逃，邺城落入周军手中。不久，北齐宗室高潜、高绍义先后被北周军队击败，北齐残余势力被清除。北周灭北齐，周武帝继苻坚、拓跋焘之后再次统一黄河流域。

第五篇

盛世欢歌，乾坤变幻
——隋、唐帝国

隋 朝

杨坚是怎样韬光养晦的？

隋文帝杨坚（541—604），弘农郡华阴（今陕西华阴）人。北周武帝娶了杨坚的长女为皇太子妃后，更加礼遇和器重杨坚。齐王宇文宪对武帝说杨坚相貌不凡，恐怕他不会甘为人下。武帝不以为意，内史王轨也对武帝说杨坚貌有反相。杨坚听到这些话后很恐惧，从此便韬光养晦、深自隐匿，以免引起别人的猜疑和注意。

周宣帝继位后，杨坚地位和声望日益显赫，这导致周宣帝颇为疑忌。周宣帝有四个宠姬，都一并立为皇后，诸家争风吃醋，屡屡相互毁谤。周宣帝曾愤然地对杨皇后说："我一定要灭你家族。"然后召见杨坚，命令左右道："如其神色失常，当即处死。"杨坚到后，从容自若，于是作罢。就这样，杨坚逃过了死亡之刀，最终羽翼丰满，建立了隋朝。

杨坚是怎样称帝建隋的？

北周大象二年（580年），周宣帝死，周静帝继位，以外戚杨坚为左大丞相、假黄钺，掌握军政大权。杨坚一面建立自己的统治核心，重用李德林、高颎等人，以自己控制的丞相府来替代朝廷成为决策中枢；一面废除周宣帝苛政，顺乎民意，提倡节俭。杨坚的举措令宇文氏贵族大为不满，北周宗室赵王宇文招、陈王宇文纯、越王宇文盛、代王宇文达、滕王宇文逌在长安密谋诛杀杨坚，发动兵变。但计谋被杨坚随从元胄发现，元胄掩护杨坚脱险。事后，杨坚以谋反罪诛杀了赵王、越王等五人，将宇文氏势力基本剪除。581年，杨坚废周静帝，封为介国公，自称皇帝，改国号隋，改元开皇，定都长安，建立隋朝。

隋文帝颁布均田令后的效果如何？

隋制规定，自亲王至都督皆给永业田，多者百顷，少者三十顷。京官从一品至九品都给职分田，多者五顷，少者一顷。官署给公廨田，以供公用。农民、奴婢、耕牛的授田和北齐相同，即一夫一妇受露田一百二十亩，丁男受永业桑田或麻田二十亩。

隋朝实行的均田制度，显然对官僚地主有利。官僚地主受田比农民多，官位越高受田越多。均田制不是将所有土地都拿来分配，而是在不触动地主土地私有制的前提下推行的。也就是说，均田制是将政府所能支配的土地与一些无主荒地分配给农民耕种，使他们固定在土地上，以利于封建政府的剥削。但实行均田制，农民还是得到了一些土地，地主的土地兼并也多少受到一些限制，这就有利于提高农民的生产积极性和扩大耕地面积。

什么是三省六部制？

三省六部制，是中国古代封建社会一套组织严密的中央官制。它确立于隋朝，此后一直到清末，六部制基本沿袭未改。对于三省制，其中尚书省形成于东汉（时称尚书台）；中书省和门下省形成于三国时，目的在于分割和限制尚书省的权力。在发展过程中，组织形式和权力各有演变，至隋，才整齐划一为三省六部，主要掌管中央政令和政策的制定、审核与贯彻执行。各不同时期的统治者做过一些有利于加强中央集权的调整和补充。

为什么隋文帝没有妃嫔？

隋文帝杨坚的皇后是北周大司马独孤信的女儿独孤伽罗。独孤氏十四岁嫁与杨坚之时，要杨坚保证此生不纳妾，杨坚立誓应允。杨坚称帝后立独孤氏为皇后，长子杨勇为皇太子。

文帝上朝，皇后同辇送行，退朝，她也一同乘辇回寝宫，紧紧地看着文帝，不许他接触其他的女人。皇后对外戚要求尤为严格。她表弟崔长仁，奸淫妇女，文帝看在皇后面上，本要免去其罪，而皇后却不徇私情，把崔长仁处以死刑。宫中上下都十分敬重她，把她与文帝称为"二圣"。

602年，独孤皇后病死于永安宫，终年五十岁。皇后死后，文帝放纵声色，后宫又增添了许多美女。由于贪欢过度，604年，文帝死，与皇后合葬于泰陵。

太子杨勇为什么被废？

杨广是隋文帝次子，于581年被封为晋王，在南下灭陈和抵御北方突厥的过程中，他立有大功，并笼络了一批人才，一心要取代兄长杨勇的太子地位。杨勇由于生活奢侈，渐渐失去了隋文帝的欢心。杨广就迎合文帝的心意提倡节俭，伪装出生活俭朴、不好声色的样子。每当文帝到他府中，他就把浓妆艳抹的姬妾锁进里屋，王府中只安排几个又老又丑的妇人，穿着粗布衣服，在左右侍候。他又故意将乐器的弦弄断，使乐器上布满灰尘，放置在引人注目的位置上。文帝见了以为杨广像自己，十分称心。

有一次，杨广外出狩猎，正逢大雨。侍卫给他送上油衣（雨衣），他拒绝并说道："兵士们都在大雨中淋着，我岂能独自穿上避雨呢？"文帝听了以为杨广还具备仁爱之心，日后能成大事，更加喜爱。与此同时，杨广又勾结和杨勇不和的越国公杨素，在文帝和独孤皇后面前极力中伤杨勇，诬陷杨勇在文帝生病期间说盼望父皇快死。文帝听后就逮捕了杨勇，于600年把他废为庶人，改立杨广为太子。

杨广是怎样登上皇位的？

604年7月，文帝病重卧床，已为太子的杨广认为登上皇位的时机已到，迫不及待地写信给杨素，请教怎样处理将要到来的文帝后事。不料送信人误将杨素的回信送给了文帝。文帝读后大怒，马上宣召杨广入宫。此时，宣华夫人衣衫不整地跑进来，哭诉杨广乘她换衣时无耻地调戏她。文帝追悔莫及，急忙命在旁的大臣柳述、元岩草拟诏书，废黜杨广，重立杨勇为太子。杨广得到爪牙密报，与大臣杨素商量后，带兵包围皇宫，逮捕了柳述、元岩，谋杀了文帝。杨广又派人假传文帝遗嘱，要杨勇自尽，杨勇还没有做出回答，派去的人就将杨勇拖出杀死。就这样，杨广以弑父杀兄的手段夺取了皇位。

什么原因促成了杨素的死？

杨素（544—606），字处道，是隋朝的开国功臣，更是隋炀帝杨广的贴身重臣。

隋文帝即位，杨素被封为上柱国，官至御史大夫。杨素受文帝宠信越来越深，甚至没有立下任何功劳的儿子们都位至柱国、刺史。家里更是僮仆数千人，后宅的妻妾歌伎数以千计。朝臣若有违逆他的，杨素常暗中中伤。杨素贪图财货，大肆营求产业，东西两京的住宅宏丽奢华，形制有如皇宫，可他还是不知足，有时候早晨刚刚建好，晚上又拆掉重造。当时舆论都因此而非议他。

杨素的妻子郑氏性情褊狭凶悍，杨素对此十分恼怒，说："我如果做了皇帝，你一定没资格做皇后。"郑氏一怒之下，将他的话报告给了文帝，文帝震怒，就把杨素免职了。此后杨素因献伐陈之策而东山再起，并愈加受到宠信。后来，因受炀帝的猜忌，杨素忧虑而死。

率军平定陈国的大将是谁？

韩擒虎（538—592），原名擒豹，字子通，河南东垣（今河南新安县东）人，隋朝名将。

隋朝开皇初年，隋文帝杨坚有吞并江南陈朝的打算，因为韩擒虎文武双全，于是升他为庐州总管，委任他负责平定陈朝。韩擒虎率领五百士兵夜渡长江，迅速袭占采石（今安徽马鞍山市西南），半日攻下姑孰（今安徽当涂），接着进驻新林（今江苏南京西南）。陈朝皇帝陈叔宝派领军蔡征守朱雀门，可当兵士们听说韩擒虎即将来攻时，都四散溃逃。就这样，韩擒虎带五百名精锐骑兵，直接冲入朱雀门。陈朝军队本想抵抗，陈军将领任蛮奴挥挥手说："老夫尚且投降，诸君何必再抵抗。"于是大家都一哄而散，韩擒虎遂平定了金陵，擒获了陈主陈叔宝。隋文帝随即下诏书褒扬韩擒虎，拜韩擒虎为上柱国。

隋炀帝为什么要修大运河？

隋炀帝杨广为了加强对全国政治上的控制，同时也为了使江南地区的物资能够更方便地运到北方来，加之他个人追求享乐，于是便下令修一条贯通南北的大运河。

605年，隋炀帝下令征发河南、淮北各地百姓一百多万人，从洛阳西苑到淮水南岸的山阳（今江苏淮安），开通一条运河，叫"通济渠"；又征发淮南百姓十多万人，从山阳到江都（今江苏扬州），把春秋时期吴王夫差开的一条"邗沟"疏通。以后五年里，隋炀帝又两次征发民工，开通运河，一条是从洛阳的黄河北岸到涿郡，叫"永济渠"；一条是从江都对面的京口（今江苏镇江）到余杭（今浙江杭州），叫"江南河"。最后，把四条运河连接起来，就成了一条贯通南北、全长四千里的大运河。

这条大运河是我国历史上的伟大工程之一，客观上对我国经济、文化的发展和祖国的统一，起着积极的作用，是我国成千上万劳动人民勤劳智慧的结晶。

隋炀帝为何要营建东都洛阳？

杨广登上皇帝宝座后，因原洛阳城破败，不堪为都，故决定另选新址建城。有关古文献记载说，隋炀帝站在北邙山上，向南遥望伊阙，但见两山对峙，伊水中流，气象非凡，遂说道："此非龙门耶，自古何故不建都于此？"大臣苏威答道："自古非不知，以俟陛下。"

605年，杨广诏尚书令杨素、纳言杨达、将作大匠宇文恺营建东都。东都洛阳于大业二年（606年）正月完工。新修的东都，"自故洛城西移十八里"，位置在今洛阳城区及近郊。该城规模宏大，"周围六十九里三百二十步"，洛水横贯城中。东都由宫城、皇城、郭城构成，正南门分别为则天门、端门、建国门；宫城在郭城西北隅，皇城围绕在宫城东、南、西三面。

隋炀帝巡游江都导致了什么后果？

隋炀帝生性好动，喜欢享乐游玩。即位的第一年，即大业元年（605年）就坐船去游江都，第二年四月才回到洛阳。大业三年（607年）又北巡榆林，至突厥启民可汗帐。大业四年（608年），又到五原，出长城巡行塞外。大业五年（609年），西行到张掖，接见许多西域的使者。大业六年（610年），再游江都。大业七年到十年（611—614年），三次亲征高句丽。大业十一年（615年），又北巡长城，被突厥始毕可汗围困于雁门。解围回来的第二年，又三游江都，直至灭亡。

大业元年（605年）秋，隋炀帝率二十万人从通济渠去风景秀丽的江都（今江苏扬州）巡幸。巡游队伍所过之处，像蝗虫一样，把沿途百姓搜刮得精光，许多郡县甚至强迫农民预交几年的租调，以致多有百姓倾家荡产。第三次游江都时，由于杨玄感起兵，将龙舟水殿全部烧毁，这时各地的农民起义已风起云涌，但炀帝仍下令重造，而且规模更加庞大。隋炀帝的游幸，给人民带来了无尽的灾难和负担。

杨玄感为什么要造反？

杨素因遭杨广猜忌，忧郁而死之后，其子杨玄感便立誓要为父报仇。

大业九年（613年），隋炀帝第二次率大军去辽东征讨高句丽，命礼部尚书杨玄感去黎阳督运粮食。

当时隋末农民起义已在各地展开。杨玄感岂能放过这个绝好的机会，他当即同自己的几个弟弟和好友李密商议起兵，得到赞同。为了让那些士兵和运粮农夫死心塌地同他一起叛乱，他谎称运粮是限期运粮，违期则斩，而这在规定期限是根本不可能完成的。后来，就有人喊："杨将军，反正我们也是一死，不如跟你一起造反，或许还有一条活路。"众人一听此话有理，便都高喊造反。杨玄感见状，便开始整编队伍。不久，他正式走上了造反的道路。

隋炀帝为何三征高句丽？

隋时高句丽人占据辽东大部，高句丽主世袭爵为辽东郡公。高句丽是辽东的霸主，是实力强大的政权。辽东及朝鲜半岛除高句丽外，还有百济、新罗、靺鞨等政权，它们多臣服于大隋。高句丽虽也臣服于隋朝，但时常拉拢、讨伐其他政权并时常侵扰辽西。高句丽无疑破坏着辽东及朝鲜半岛的秩序，也挑战着隋朝在辽东的威望。如果高句丽把百济、新罗、靺鞨都灭了，一统辽东及朝鲜半岛，高句丽的实力与威望无疑倍增，将对隋朝构成严重的威胁。所以，高句丽成为隋朝最大的隐患。

因此，隋炀帝心中早有攻打高句丽的想法，遂以高句丽王不肯入朝为名前后三次征讨，但最终并未达到目的。

为什么窦建德被称为草莽英雄？

窦建德（573—621），清河漳南（今河北故城东北）人。本是农民出身的他，只因全家无辜被杀，才不得已落草为盗。

大业十二年（616年），隋遣杨义臣击破张金称、高士达。窦建德招集散亡复起，于次年正月称长乐王于河间乐寿县（今河北献县），又大败隋将薛世雄，攻克河间。大业十四年（618年）定都乐寿，国号大夏。至武德二年（619年），大夏政权已拥有黄河以北大部分地区，南与洛阳的王世充抗衡，西与关中的唐李渊鼎立对峙。武德四年（621年）三月，唐军进攻王世充，窦建德率军十余万支援王世充，与唐李世民军相遇于虎牢（今河南荥阳汜水镇西北）一带。五月，夏军溃败，窦建德被俘，七月，窦建德在长安被杀。

从史实来看，窦建德慷慨重义，无狡诈之行；克己爱人，无腐化之行；善待降俘，无残暴之行。可以说，窦建德比起以拥戴幼主为名，而行篡弑之实的李渊、王世充等朴实得多。如果不以成败论人，谥之为"草莽英雄"似不为过。

唐 朝

李世民是如何让李渊下定决心反隋的？

李渊本是隋将，616年，隋炀帝任命李渊为太原留守的同时，又对他不信任，另派心腹监视他的行动。李渊的四个儿子中李世民最有远见卓识。晋阳宫监裴寂和李渊的交情很深。李世民想趁局势动荡之际成就一番自己的事业，怕他父亲不同意，于是裴寂帮他想出了一个办法。

裴寂给李渊送去了晋阳宫的两个宫女。一天，他请李渊喝酒，两人喝得醉眼蒙眬的时候，裴寂就说："都是我害了您，我送您两个宫女的事，怕要传出去了……"李渊大吃一惊，吓得酒醒了一半，因为私留宫女是灭门之罪。裴寂赶忙说："二公子世民怕事情败露，招来大祸，正在招兵买马。我看先下手为强，起兵反隋也许能成功。"李渊想了想，无可奈何地说："事到如今，也只好如此了。"

不久，朝廷命令李渊出兵去镇压农民起义军。李世民趁机劝李渊说："父亲，平不了盗贼，是您的罪过，平了盗贼，也不会得到信任。还是快定主张吧。"李渊走投无路，遂下定决心，起兵反隋。

虎牢之战发生于何时？结果如何？

虎牢之战是唐武德三年（620年）七月至四年（621年）五月之间，秦王李世民率军在洛阳、虎牢（今河南荥阳汜水镇西北）各个击破王世充、窦建德军的一次重要作战。

李世民率步骑五万进军慈涧（今河南新安东），经过八个月的作战，唐军攻克回洛城，并占领虎牢，河南五十余州相继归降。李世民率军进逼洛阳，将其包围。王世充困守孤城，缺乏粮草，民心颓废，几次派使者向窦建德求救。窦建德于是率兵十余万西进，进到虎牢的东面。李世民的部将多主张退避。他力排众议，决定分兵围困洛阳，占据虎牢要地，阻止窦军向西进军。由于虎牢地形险阻，窦军驻扎了一个多月，多次作战不利，士气低落，将卒思乡。李世民探知敌情，就引诱对方出战。窦军果然全部出动，李世民下令士兵直冲入窦军阵地，前后夹击，使其阵势大乱。后唐军俘获五万多人，窦建德受伤被俘。李世民率军进逼洛阳，王世充投降。

此战之后，唐王朝的统一事业基本完成。

唐朝是如何统一全国的？

在隋末天下大乱之际，许多隋朝的官吏也纷纷造反，拥兵自立，其中李渊父子于太原起兵最终建立了唐朝。

当时割据一方的群雄彼此相互攻伐，人人都想君临天下。主要割据势力有薛举、李轨、刘武周、梁师都、王世充、萧铣、林士弘、窦建德、杜伏威等。李渊为了统一全国，采取了先固关中，后攻中原，再平江南的方略。关中是全国政治、经济、军事中心，又有关河之险，可攻可守。李渊一面采取措施争取民心，一面派兵扩大领地，先后攻占南阳、安陆、荆襄等地。李渊在关中站稳脚跟后，首先对威胁关中的薛举、李轨和刘武周采取武力征讨与分化瓦解相结合的方法，进行各个击破。以李世民为帅，领兵次第削平群雄。到太宗贞观二年（628年），铲除了割据朔方的梁师都，全国复归统一。

李世民为什么会发动玄武门之变？

唐朝统一全国后，李世民因为军功显赫，在朝中势力无人可比，而太子李建成忌妒心很强，他怕自己的太子地位不保，于是开始处处对付李世民。

李建成使劲地巴结李渊身边得宠的贵妃们，由她们在李渊耳旁吹风，中伤秦王李世民，使李渊、李世民父子产生嫌隙。之后，他便想制造事端暗害李世民。李建成甚至在请李世民喝酒时，在酒里下了毒，幸好李世民及时回西宫医治，才死里逃生。后来李建成向李渊建议，要把尉迟敬德等一批秦王部下调到李元吉麾下，以图把李世民及其亲信分化瓦解，各个击破。李世民听到这个消息还在犹豫，尉迟敬德可忍不住了，他和长孙无忌等人向李世民明确表示，要么先动手杀了李建成、李元吉，要么让他们离开长安。到这时，李世民已经无法再退一步了，只得下决心除去两位亲兄弟。于是，李世民发动了玄武门之变。

李靖是如何大破突厥军的？

贞观三年（629年），唐太宗命兵部尚书李靖为定襄道行军总管，与其他各路兵马一起，分头出击突厥。

李靖受命之后，率领三千骁骑，直扑恶阳岭。突厥颉利可汗的牙帐就建在这里。在天寒地冻的冬夜里，突厥人无论如何也没想到会有唐军来突袭。刚从暖衾中钻出来的突厥兵还没来得及抄起武器，便纷纷成为刀下之鬼。颉利可汗为了等候时机东山再起，便施了一个缓兵之计，说是请求举国归附唐朝。因为只要再拖延一段时间，待春草繁茂，战马复壮，就可以越过大漠，跑到唐军追击不到之处。

《资治通鉴》中有关唐军灭突厥的记载

然而，李靖与徐世勣的大军却直捣颉利的巢穴，大军一拥而上，纵马劈杀，突厥兵彻底溃散了，一万多士卒被砍了脑袋，十几万男女成了俘虏，颉利可汗也被俘，被押送到长安。

李靖是用什么计谋取得江陵的？

唐高祖武德四年（621年）正月，李渊下令由赵郡王李孝恭全权负责进攻割据江陵的萧铣。李孝恭为荆湘道行军总管，李靖代理行军长史。

当月，李孝恭从夔州出发时正赶上长江涨水，众将领纷纷请求等水落之后再进军。但李靖说："兵贵神速。如果趁长江涨水，一下来到萧铣的城下，趁他没有防备，肯定能活捉萧铣。如果等江水落了再发兵，就失去了进兵的良机。"李孝恭就下令继续进兵。果然大败敌军，萧铣见唐军势不可当，只好闭门死守，等援军前来解围。

李孝恭便问李靖如何破敌，李靖说："现在我们应该做的，就是把所获战船全都放弃，让它们顺江漂走。"李孝恭和众将都大惑不解，李靖笑着解释说："我们孤军深入,如果攻不下江陵,敌人援军从四面八方赶去接应,我军腹背受敌,进退都很难。现在放弃战船让它们顺流而下,敌方援军见了,必定会认为江陵城已被攻陷,就不敢轻易进军。我军就争取了时间。"李孝恭等人听了,个个拍手称绝。

萧铣的援军见到自己一方的空船沿江乱漂,果然以为江陵已被唐军占领,不敢贸然而进。李孝恭带兵包围江陵,萧铣内无粮草、外无救兵,只好下令开城投降。自此,李靖英名传遍大江南北。

长孙无忌是怎样陷害吴王李恪的?

吴王李恪为唐太宗第三子,文武全才。唐太宗生前很喜欢李恪,一度打算立其为太子。但遭到长孙无忌反对,因为李恪非长孙皇后所生。唐太宗死后,长孙无忌深恐李恪有意于皇位,等唐高宗一即位,立即利用"房遗爱谋反"事件,诬陷吴王李恪参与谋反。

"房遗爱谋反"事件指房遗爱(房玄龄次子)和妻子高阳公主(唐太宗第十八女)阴谋发动的宫廷政变,企图废掉唐高宗,拥立荆王李元景(高祖第七子)为帝,但是机事不密,计划被泄露,一干人都被逮捕。唐高宗派长孙无忌审理此案,长孙无忌借此机会将吴王李恪也牵连进来,李元景、李恪、房遗爱、高阳公主、薛万彻、柴令武、巴陵公主等全部被杀。吴王李恪临死前大骂长孙无忌"窃弄威权,构害良善"。

为什么说唐太宗知人善任?

"知人善任"是作为政治家所不能缺少的条件,而唐太宗李世民则具备了这项长处。

秦叔宝,名琼,原来是隋将张须陀的一名部下,后归属了瓦岗军首领李密,之后又被王世充封为龙骧大将军。秦叔宝三次离开旧主,李世民对他并不起疑心,依然放心任用,最终使秦叔宝死心塌地地报效他,屡创战功,成为开国功臣。

尉迟敬德,名恭,原先是刘武周部下的大将,曾经多次与唐军交战,李世民曾经亲自与他打过仗。直至在他困守介休城之时,还顽抗不肯投降。后在李世民劝诱下,归属了唐军。

后来,李世民带领唐军攻打王世充。尉迟敬德随李世民率五百骑兵出外探哨,王世充带着一万多军兵围住了李世民。此时尉迟敬德大显神威,力战当初瓦岗军中有名的"飞将"单雄信,庇护着李世民杀出重围。而他们之所以为李世民赴汤蹈火,全力以赴,都是因为李世民不计前嫌,对他们善加重用。

唐都城长安的布局是怎样的?

唐代都城为长安、洛阳,合称"两京"。618年,李渊建唐,定都长安。唐太宗李世民时,下令修葺洛阳城,号称洛阳宫。唐朝时期,东京西京并重,洛阳与长安都是世界上的名都。

长安城由郭城、宫城、皇城三部分构成。宫城位于郭城北部中央,有金碧辉煌的宫殿。皇城接宫城之南,设有中央衙署及附属机构。郭城内有南北向大街14条,东西向大街11条。明德门至皇城正门朱雀门的朱雀大街位于全城中轴线上,宽达150余米,是今北京东西长安街宽度的两倍。其他通城门的大街也多宽在百米以上。垂直交错的大街将郭城划分为108个封闭式的里坊,坊内有民居、官衙、寺观等。

唐贞观后对长安宫室进行增建,贞观八年(634年)于太极宫东北的龙首原高地上建永安宫,次年更名大明宫。唐玄宗时又于藩邸兴庆坊建兴庆宫。唐长安城是中国古代里坊制都城最完善的形态。它采用中轴对称布局,规划严谨,街坊整齐,其布局对东亚一些国家的都城产生过重大影响。

唐朝的科举制度是怎样的？

唐朝的科举考试科目很多，其中进士科和明经科最受重视。明经科主要考贴经，就是把经书上的文字用纸贴上几个，让考生把它写出来，如同现在学校的填空试题一样。进士科主要考诗赋。写诗作赋比较自由，也便于表现考生的才能，所以当时的读书人都愿意考进士科。

考中进士，就取得了做官的资格，但是真正得到官职还要经过吏部（中央的人事部门）的考试。这个考试叫"选试"。选试合格的，呈请皇帝授给官职。选试的内容有四项：一是"身"，相貌外表要端正；二是"言"，口齿要清楚，言谈得宜；三是"书"，字要写得端正美观；四是"制"，要具有审订文字、通晓国家制度律令的能力。由于进士很难考，为了达到考取的目的，应考的举子就在考前和考试期间想出种种办法进行活动。有的跑到官僚的车马前跪献文章，表示自己的诚意，这叫作"求知己"。有的把自己的文章工工整整地写成卷轴，献给达官贵人或者名流学者，请他们把自己推荐给主考官，这叫"行卷"。

唐朝的科举制度在选官上发挥了很大的作用，是读书人进入官场的很重要的途径。

什么叫"房谋杜断"？

唐朝初年，唐太宗善于任用能人为之服务，经常听从大臣的意见。一次他与房玄龄商量事情，房玄龄感慨地说："非如晦莫能筹之。"等到杜如晦来到，立即分析房玄龄的计谋并做出决断。

房玄龄（579—648），唐代初年名相。名乔，字玄龄（一说名玄龄，字乔）。齐州临淄（今山东淄博东北）人，乃秦王最得力的谋士之一。

杜如晦（585—630），凌烟阁二十四功臣之一，唐初名相，字克明。京兆杜陵（今陕西西安东南）人，秦王谋士。

唐太宗登基后，知人善任，房玄龄与杜如晦皆为重臣。房玄龄善于谋略，杜如晦善于决断，两人配合默契，同心辅佐唐太宗。后世论唐代良相，首推房、杜，史称"房谋杜断"。

什么是"遣唐使"？

618年，唐朝灭隋，建都长安（今西安）。唐帝国经济文化空前繁荣发达，成为东亚最强大的帝国，声威远扬，对日本和亚洲各国都有巨大吸引力。为了实现更加直接有效地学习唐朝先进制度和文化的目的，日本政府决定组织大型遣唐使团，派遣优秀人物为使臣，并携带留学生、留学僧来中国。

630年，舒明天皇派出第一次遣唐使，从7世纪初至9世纪末约两个半世纪里，日本为了学习中国文化，先后向唐朝派出十几次遣唐使团。遣唐使对推动日本社会的发展和促进中日友好交流做出了巨大贡献，结出了丰硕的果实，成为中日文化交流的第一次高潮。

是谁促进了汉藏文化的交流？

松赞干布（617—650），是吐蕃赞普（赞普是吐蕃对君主的称呼）朗日伦赞的独生子。松赞干布不但结束了藏族各部落分散落后的局面，促进了西藏经济文化的发展，而且对加强汉藏两族的联系，做出了很大的贡献。

唐贞观八年（634年），松赞干布首次派遣贡使到长安，与唐朝正式建立了友好关系。唐太宗把很有才能的宗室女文成公主许嫁给松赞干布。文成公主带去了丰厚的嫁妆，还有书籍和蔬菜、粮食种子，并带去了善于纺织、刺绣的宫女及一些能工巧匠。从此，藏族群众在汉人的帮助下，逐步掌握了冶金、农具制造、纺织、建筑、酿酒、造纸等各种技术，使西藏经济文化得到了发展。松赞干布也派吐蕃贵族子弟到长安求学，并聘请唐朝文人到吐蕃掌管文书。松赞干布推行与唐和好政策，和唐太宗共举"和同为一家"的旗帜，积极倡导藏族人民学习汉族先进文化，促进了西藏的发展。

唐朝的和亲政策源于鲜卑、突厥、吐蕃族势力不断增强，自唐太宗始，至唐宪宗时，曾多次将公主嫁与外番以求缓和边疆矛盾，巩固国家政权，其中最为著名的便是唐太宗将文成公主嫁与吐蕃国王。和亲政策不仅缓和了各民族间的矛盾，巩固了边防，实现了国内的政治稳定，而且因公主们的随行人员很多，他们也把中原先进的文明带给了这些民族，促进了各族人民之间的团结与进步，实现了汉族与少数民族的融合与和谐共处。

谁被唐太宗封为"药王"？

孙思邈（581—682），世称孙真人，被唐太宗封为"药王"。

由于孙思邈在医学上的杰出成就及其崇高的医德医风，他深受我国历代人民的爱戴，其影响经久不衰。早在唐朝后期就在城东药王山为他立祠。此后宋、金、元、明、清各代在那里陆续增建了药王庙，并建有碑亭、石刻等。现在明朝建的药王庙仍保存完好，庙内有"孙真人"居住过的石室太玄洞，洞外亭内有明刻《千金宝要》《海上方》石碑。相传当年孙思邈洗药用的洗药池和他亲手种植的柏树还完好无损。

唐太宗怎么死的？

唐太宗李世民（599—649），唐朝第二位皇帝，陇西成纪人，祖籍赵郡隆庆（今邢台市隆尧县），继位为帝后，积极听取群臣的意见，努力学习文治天下，成功转型为中国史上最出名的政治家与明君之一。唐太宗开创了历史上的"贞观之治"，经过主动消灭各地割据势力，虚心纳谏，在国内厉行节约，使百姓休养生息，终于使得社会出现了国泰民安的局面。但在贞观二十一年（647年），唐太宗却迷恋上了方士们炼制的金石丹药，希望自己长生不老。

贞观二十二年（648年），大臣王玄策献给唐太宗一名印度僧人，名叫那罗迩娑婆。这个印度僧人吹嘘自己有二百岁高龄，专门研究长生不老之术，唐太宗就命令他研制长生药。贞观二十三年（649年）四月，那罗迩娑婆声称长生不老药配制好了，唐太宗非常高兴，毫不迟疑地将药全吃了下去，顿时感到特别难受，他急召长孙无忌和褚遂良，当着太子的面，嘱咐他们要竭力辅佐太子。话毕，突然七窍流血，中毒暴亡，时年五十一岁，成为中国历史上被"长生不老药"毒死的第一个皇帝。曾经嘲笑过秦始皇、汉武帝求长生药的一代明君唐太宗，仍然没有做到慎终如始，过早地离开了人世。

李义府是个什么样的人？

李义府（614—666），瀛州饶阳人。唐太宗时，任监察御史，诏侍晋王。唐高宗时，任吏部尚书。李义府外貌温和恭顺，内心阴险狡诈，人们都说他是"笑里藏刀"。后李义府因为支持唐高宗立武则天为皇后而得到赏识，被任命为宰相，执掌朝政。

李义府由于受唐高宗宠信，他的孩子甚至有的还在怀抱中就被授予显贵的官职。而李义府贪得无厌，母亲、妻子、儿子、女婿都通过卖官和枉法受贿。他家门庭若市，到处拉帮结伙，朝野为之震动。唐高宗龙朔三年（663年），李义府主管选拔官吏，乘机专以卖官发财，选官授爵完全没有标准，只要谁给他的腰包里塞上银子，谁就能得到官做，天下为此怨声载道。

当时有个叫杜元纪的人来求见李义府，自称可以通过望云来预测吉凶，每逢初一、十五，李义府总是与杜元纪出城，登上高处，观望云气。有人就向唐高宗报告说李义府暗中窥测天象，图谋不轨。唐高宗勃然大怒，把李义府逮捕入狱，并下诏将李义府削除名籍，流放巂州。与此同时，他的子女、女婿们也分别被流放到了不同地方，其中，他的儿子被流放到廷州（今广西），女婿被流放到振州（今海南岛）。最后，五十三岁的李义府在流放地被活活气死。

武则天为何杀死自己的女儿？

唐太宗死了以后，武则天和一些宫女被送到感业寺去做尼姑。几年以后，唐高宗把她召回宫来，封为"昭仪"。唐高宗和武则天如胶似漆，渐渐地疏远了王皇后。武则天十分得意，想进一步夺取皇后的位子。但是，唐高宗尽管宠爱武则天，可还没有要废掉王皇后的意思。于是，武则天千方百计陷害王皇后。

不久，武则天生了个女儿。王皇后因为自己没有孩子，常常逗这个女婴玩。一天，王皇后刚刚离开，武则天就偷偷地把女婴掐死，然后又照样盖好被子。唐高宗进来，掀开被子一看，发现女婴已经死了。武则天先是装出吃惊的样子，然后大哭起来。唐高宗问刚才谁来过，左右的人都说："只有皇后来过。"唐高宗气愤地说："皇后杀死了我的女儿。"武则天乘机说了皇后一大堆坏话。从这以后，唐高宗就起了废王皇后、立武则天为皇后的念头。永徽六年（655年）冬天，唐高宗下诏废了王皇后，立武则天当了皇后。

武则天为什么要杀长孙无忌？

高宗朝最大的政治事件，当属废立皇后之争，这不是单纯的妻妾之斗、后宫争宠，而是有着深刻政治背景的。长孙无忌是这一事件的主要参与者，这场斗争的结果，使他及其家族的命运发生了彻底的转变。

永徽元年（650年），王皇后利用武则天离间唐高宗对萧淑妃之宠。不久，武则天便备受宠幸，王皇后与萧淑妃同时失宠。武则天为当皇后，不惜掐死自己刚生下的女儿，以嫁祸于王皇后。唐高宗要废王立武，在朝中引起轩然大波。以长孙无忌、褚遂良为代表的元老重臣们极力反对，以许敬宗、李义府为代表的一批臣僚则全力拥护。在元老重臣中只有李勣一人称病不表态，经高宗再次询问，则以"此陛下家事，何必更问外人"的回答，给了实际上的支持。开始，武则天幻想争取长孙无忌的同意和支持，但使尽种种伎俩拉拢，均遭严词拒绝，因此武则天当上皇后之后就把长孙无忌除掉了。

狄仁杰为何受到武则天器重？

狄仁杰（630—700），字怀英，唐代并州太原（今山西太原）人。唐（武周）时杰出的政治家，武则天当政时期宰相。举明经，历官并州都督府法曹、大理丞、侍御史、宁州、豫州刺史。武则天即位，任地官侍郎、同凤阁鸾台平章事，后为来俊臣诬害下狱，贬彭泽令，转魏州刺史，神功初复相，后入为内史，封燕国公。在武则天当政时，以不畏权贵著称。狄仁杰出身名门，祖父和父亲都担任过唐朝的高官，但他生性淳厚，从不以出身骄人，为人处事总能从大局出发，不计个人恩怨。

他第一次拜相后，武则天以她行之有效的驭下之道，对狄仁杰说有人说他的坏话。但狄仁杰的一番话令武则天由衷地赞叹。狄仁杰说："陛下如果以为微臣有什么过错，微臣请求陛下给微臣改过自新的机会。假如陛下知道微臣没做错事，则微臣万幸，他人的谗言又何足道哉？所以微臣不想知道此人是谁。"

狄仁杰做官，一直非常重视人才，尤其是担任宰相后，他更是利用自己的特殊地位向朝廷大力举荐人才，使很多才俊之士脱颖而出。也许是确实被狄仁杰的耿耿忠心所感动,对臣下一贯非常苛刻的武则天对狄仁杰却十分敬重。

上官婉儿为何不记武则天灭族之仇?

上官婉儿又称上官昭容（664—710），唐代女官、女诗人。陕州陕县（今属河南）人，上官仪孙女。上官仪被杀，上官婉儿随母郑氏配入内庭。十四岁即为武则天掌文诰。唐中宗时，被封为昭容。曾建议扩大书馆，增设学士。代朝廷品评天下诗文，一时词臣多集其门。临淄王（即唐玄宗）起兵，其与韦后同时被杀。

上官婉儿的祖父上官仪反对高宗立武则天为后，被武则天杀害，其家被武则天抄没。但上官婉儿为何就不记武则天的灭族之恨呢？

上官婉儿长大后，博古通今，她的才名很快传到了武后的耳中并被召见。当场面试时，上官婉儿写了一首七言诗，尽管诗的字里行间不时透出对武则天的愤恨之情，可武则天并不计较，随后，她命上官婉儿到她身边来当秘书。上官婉儿接到诏命，心情非常复杂，憎恨、感激、恐惧等滋味涌上心头。但是一个月以后，她就成了武后最信任的贴身女官。武后讨厌批阅表奏、起草诏命，便把这些事都交给上官婉儿处理。朝廷大臣们也竞相投其门下。从此，上官婉儿对武则天由仇视慢慢转为拥护。到中宗李显即位，上官婉儿更是大被信任。中宗被上官婉儿的才貌所迷，便将上官婉儿召幸，册封为昭容，封其母郑氏为沛国夫人。

"请君入瓮"这个词是怎么来的?

唐代酷吏周兴（？—691），雍州长安（陕西西安）人，少习法律，为尚书省都事，累迁司刑少卿、秋官侍郎、尚书中丞。自从垂拱元年（685年）武则天重用告密者及酷吏以来，周兴屡屡滥杀无辜竟达数千人，创造多种刑法，用刑残酷。

天授二年（691年），有人告周兴与左金吾大将军丘神勣、来子珣谋反，武则天令另一酷吏来俊臣审问周兴。来俊臣问周兴："囚多不服罪，奈何？"周兴当时不知自己已成被告，顺口说道："装囚入大瓮，四周烧炭炙之，必服。"于是，来俊臣命人取来大瓮，在四周用炭烧，对周兴说："请君入瓮。"周兴叩头服罪。武则天因周兴在帮助自己铲除唐宗室、大臣等政敌中对自己很忠心、卖力，于是从轻发落，流配岭南。天授二年（691年）正月，周兴在赴岭南的道上被仇家所杀。

唐中宗复辟倚仗何人?

长安四年（704年），武后患病，移居长生殿疗养。这时武后已年逾八十，体力衰弱，连宰相都不能相见，只有张易之、张昌宗兄弟随侍左右。狄仁杰在世时，武后曾让其推荐人才，狄仁杰便推举了姚元之、张柬之、桓彦范、敬晖等。这些人和狄仁杰一样，表面上是接受武周的官位，内心却仍忠于唐室。当武后卧病之时，这些心怀唐室的朝臣便密谋政变。

神龙元年（705年）正月，政变开始，宰相张柬之、崔玄暐等率左右羽林军五百余人，控制玄武门，拥立太子（唐中宗），斩张易之、张昌宗兄弟，武后见事势如此，于是下令传位太子，唐中宗复位。这一次唐中宗复辟的政变以张柬之等五个人为中心，所以又称为"五人之谋"。

谁起兵诛杀了武三思?

唐中宗神龙三年（707年）七月，太子李重俊起兵诛杀武三思父子。

当初，韦后因为太子不是自己亲生，非常讨厌他。安乐公主和驸马武崇训也常常羞辱太子。武三思尤其嫉恨太子，与太子的矛盾越来越大。七月六日，太子与左羽林大将军李多祚、将军李思冲假传诏书，带领羽林军三百余人，闯入武三思和武崇训府邸，连同其党羽十多人一起杀死。之后安排左金吾大将军成王李千里及其子天水王李禧分兵守住各城门，太子与李多祚带兵进入宫内搜寻上官婉儿。因为怕惊动圣驾，所以按兵不动，唐中宗在栏杆前对下面的将兵们说："你们都是我的宿卫兵，为什么要跟从多祚造反？如果谁能把多祚斩首，我一定对他加以重用。"于是李多祚手下的士兵就将其杀死，其他人都散去了。太子带领百余人逃向终南山，后被手下人杀死。

韦后为何要毒死唐中宗？

唐中宗李显（656—710），原名李哲，唐高宗李治第七子、武则天第三子。唐中宗前后两次当政，共在位7年，710年猝死，葬于定陵（在今陕西富平县西北15里的凤凰山）。

唐中宗的儿子们中，只有十岁的李重茂在身边，于是唐中宗很想立李重茂为皇太子，但遭到韦后的反对，她想让安乐公主当上皇太女。韦后与安乐公主的野心使唐中宗开始产生了警惕。这引起韦后恐慌，母女二人担心地位会发生动摇，于是竟然定出了一条恶毒的计谋——杀死唐中宗，由韦后登位做皇帝，立安乐公主为"皇太女"。

唐中宗很喜欢吃饼。一天，韦后亲手为他做了一笼饼，命宫女送去。唐中宗取来便吃，过了一会儿，他忽然发出一声惨叫，不久就痛苦地死去。韦后非常冷静，她假传唐中宗命令，让韦氏子弟掌握的禁军分兵把守长安各城门，另派一支军队前往均州，阻止被贬的唐中宗次子李重福入长安。一切布置妥当后，她才发出丧报，立唐中宗幼子李重茂为皇帝，尊韦后为太后，临朝称制。

唐诗是怎样"发表"的？

诗歌发展到唐代可以说达到鼎盛时期。唐诗成为中国历史文化中一颗耀眼的明珠。在唐朝，唐诗的发表有这样几种方式：

呈示寄赠是诗人采用的最为普遍的方式。如杜甫的《奉赠韦左丞丈二十二韵》、李白的《赠汪伦》等。

许多举子文人为了获得名声，攀附高师，就把自己的得意之作献给当时的名流，即所谓的"投谒名流"方式，如朱庆馀的《闺意献张水部》诗是献给当时著名诗人张籍的。

即席赋咏也是唐诗发表的一种方式。李商隐的《初食笋呈座中》《七月二十九日崇让宅宴作》都是即席赋咏之作。还有墙壁题诗，驿站、驿亭、名胜、寺观等公共场所的墙、柱经常成为诗人咏诗抒怀的"媒体"。还有为画题诗，诗随画传的，如杜甫的《房兵曹胡马》《画鹰》，韦庄的《金陵图》等，都是诗人为画家的画作题的诗。此外，还有诗人自编诗集后，送与亲朋好友，被流传或部分流传开来的。

《周髀算经》何时成为教科书？

《周髀算经》，原名《周髀》，唐初规定它为国子监明算科的教材之一，故改名《周髀算经》。它是中国流传至今的一部最早的数学著作，约成书于公元前1世纪，也是我国最古老的天文学著作，主要阐明当时的盖天说和四分历法。《周髀算经》在数学上的主要成就是介绍了勾股定理及其在测量上的应用，并将其引用到天文计算。

杨贵妃为何没能成为皇后？

根据《旧唐书》《新唐书》《资治通鉴》等史书记载，杨玉环原为唐玄宗的儿子寿王李瑁的王妃，唐玄宗见其貌美，便想办法立为贵妃。然而唐玄宗虽然极其宠爱杨贵妃，甚至于民间产生了"不重生男重生女"的风气，但却一直不肯加封她为皇后。这是为什么呢？其中缘由有三：一是从儿子手中抢来的贵妃毕竟有违伦理。二是杨贵妃亲戚已经发展成一股庞大的政治力量，如果再封她为皇后，必将引起大臣的反对和权力的倾斜，这对维护稳定是很不利的。第三就是杨贵妃跟随唐玄宗后一直没有子嗣。基于以上三个原因，如果强立杨贵妃为皇后，很可能引发宫廷政变，因此唐玄宗断然不会去冒这个险。

李隆基为什么要赐死杨贵妃？

756年初夏，安禄山大军逼近长安，唐玄宗携杨贵妃、宰相杨国忠、太子李亨等人逃往四川。

行走第三天到了马嵬驿（在今陕西兴平市西），随行的将士又饿又疲劳，他们越想越气，好好的长安待不住，弄得到处流亡，受尽辛苦。他们认为，这一切都是奸相杨国忠造成的，于是几个士兵就把杨国忠杀死了。

之后，兵士们把唐玄宗住的驿馆包围了起来，不肯散去。陈玄礼对唐玄宗说："杨国忠谋反，贵妃也不能留。"唐玄宗当然不舍得杀死杨贵妃，高力士就劝道："贵妃是没有罪，但是不如此将士们不会心安。希望陛下为了安全，慎重考虑。"唐玄宗为了保自己的命，只好狠了狠心，叫高力士把杨贵妃用带子勒死了。将士们这才撤围回营，一场兵变至此平息。

"诗仙"是谁？

李白（701—762），字太白，自号青莲居士，人称"谪仙人"，并有"诗仙""醉圣"之称。他生活在开元、天宝盛世，大部分时间是在唐玄宗时期度过的。

李白的一生，是"济苍生""安社稷"、报效国家的一生，又是酷爱祖国大好河山，永不止步地寻求大自然之美的一生。他"五岳寻仙不辞远，一生好入名山游"。因此，在李白漫长的旅游和游仙访道的生活中，他的诗歌，随着他旅行的足迹和他终身离不开的酒，飘逸着一种潇洒的"仙"气，遍布天下名山大川。所以"斗酒诗百篇"的李白，是集"诗仙""酒仙""游仙"于一身的奇才。李白是五位一体的：诗人、儒士、道士、剑客和旅行家。

谁是"诗圣"？

杜甫（712—770），字子美，自号少陵野老，唐代现实主义诗人，代表作有"三吏"（《新安吏》《石壕吏》《潼关吏》）、"三别"（《新婚别》《垂老别》《无家别》）等。原籍今湖北襄阳，生于今河南巩义市，是初唐诗人杜审言之孙。

杜甫与李白合称"李杜"，为了与另两位诗人李商隐与杜牧即"小李杜"区别，杜甫与李白又合称"大李杜"，杜甫也常被称为"老杜"。唐肃宗时，杜甫官任左拾遗。后入蜀，友人严武推荐他做剑南节度府参谋，加检校工部员外郎。故后世又称他杜拾遗、杜工部。他忧国忧民，人格高尚，一生写诗1500多首，诗艺精湛，被后世尊称为"诗圣"。

杜甫在中国古典诗歌中的影响非常深远，他的诗也被称为"诗史"。

唐代宦官是如何掌握军政大权的？

唐玄宗时，宠信宦官高力士，四方所上表奏，都先经他看过，再转呈唐玄宗，小事就由他处理，大事才由玄宗裁断。唐玄宗还派宦官出使或监军，甚至率兵出征。至于唐代宦官专权是从唐中期开始的。安史之乱后，宦官因拥立有功而权力增大。后来又直接掌握了兵权，宦官开始有恃无恐地干政，连皇帝也任其摆布。

宦官能够专权的首要原因是他们掌管禁军。其次是宦官执掌机要。唐肃宗时，就曾让宦官李辅国宣传诏命，掌管四方文奏。唐代宗时，又设立执掌机要的枢密使，规定由宦官担任。于是宦官正式参与国家政事。两枢密使和掌管禁军的两中尉合称"四贵"，是最有权势的宦官，掌握了中央政府的军政大权。甚至皇帝的生杀废立，也由宦官决定。

唐代的节度使是怎样产生的？

节度使是唐代开始设立的地方军政长官。因受职之时，朝廷赐以旌节，故称。唐初沿用北周及隋朝旧制，重要地区置总管统兵，后又改称都督，唯朔方仍称总管，边州别置经略使，有屯田州置营田使。景云元年（710年），唐睿宗命薛讷为幽州镇守、经略、节度大使。景云二年（711年），唐睿宗以贺拔延嗣为凉州都督、河西节度使。天宝元年（742年），唐玄宗置十道节度使。

设节度使有什么弊端？

唐代后期，节度使的僚属，都由节度使辟举，然后上报朝廷批准。所统州县长吏虽由中央任命，而实际则听命于节镇。地方财政收入分为上供、送使、留州三部分，送使部分常占最大份额，对朝廷保持独立状态之河北三镇，甚至全无上供。内地节度使辖区虽是藩卫朝廷的军镇，但实际上往往对朝廷保持不同程度的离心状态。

唐末农民战争爆发后，朝廷进一步失去对地方的控制，节度使林立，他们拥兵自雄，互相兼并。其中武力最强，在唐亡后建号称帝者，先后有五代；其余割据一方，立国改元（也有未改元者）自传子孙者为十国。而五代十国境内之节度使亦多桀骜跋扈，节度使部下更多悍将骄卒，逐帅杀使之军变事件不断发生。

唐军是如何大败吐蕃的？

开元二年（714年）八月，吐蕃大将坌达延、乞力徐等率众十万，驻军兰州，进犯临洮、渭源。

十月，唐玄宗欲下诏亲征，发兵十余万人，马四万匹。当时王晙率所部两千人与薛讷会击吐蕃。坌达延将吐蕃兵十万屯大来谷。王晙选勇士七百人，穿胡服，夜袭之。多置鼓角于敌后五里，前军遇敌大呼，后军鸣鼓角以应之。吐蕃兵以为官军大至，自相杀伤，死者万计。薛讷军屯驻武街，距大来谷二十里，将吐蕃军前后夹击。王晙又夜袭之，吐蕃军大溃，薛讷与王晙会合，追击吐蕃军至洮水，复战于长城堡，前后杀获数万人。当时吐蕃以黄河为境，遂逾河筑城，置独山、九曲两军。又在离积石三百里处河上造桥，以利军运。薛讷等在打败吐蕃之后，遵姚崇等人之议，毁其桥城。

此战，王晙深谙"兵不厌诈"，两出奇兵，化装夜袭，以少胜多，保卫了唐王朝边疆的安全与稳定。此战的胜利有利于唐的繁荣发展，同时也显示了唐朝国力强盛的一面。

世界上第一个测量子午线的人是谁？

僧一行（683—727），唐代著名天文学家、高僧。本名张遂，一行是他的法名。唐玄宗时礼迎他至长安，向他求教治国之道。721年，唐玄宗下诏让他修订历法。724年至725年，他组织了全国13个点的天文大地测量。这次测量以天文学家南宫说等人在河南的工作最为重要。僧一行从南宫说等人测量的数据中，得出了北极高度相差1°，南北距离相差三百五十一里八十步（合现代131.3千米）的结论。这个数据就是地球子午线一度的弧长。这与现在计算的结果仅差20.7千米。唐朝测出子午线的长度，在当时世界上还是第一次。一行从725年开始编订历法，至逝世前完成草稿，即《大衍历》，并于728年颁行。

《大衍历》结构严谨，演算合乎逻辑，在日食的计算上，首次考虑到全国不同地点的见食情况。《大衍历》比以往的历法更为精密，为后世历法所效法。

唐代的藩镇割据是怎么回事？

唐玄宗在位（712—756）时期，为了防止周边各族的进犯，大力扩充防戍军镇，设立节度使，赋予军事统领、财政支配及监察管内州县的权力，一共设立了九个节度使和一个经略使。

藩镇并非都是割据者，在今陕西、四川以及江淮以南的藩镇绝大多数服从朝廷指挥，贡赋输纳中央，官职任免出于朝命。但是在今河北地区一直存在着名义上仍归属于中央而实际割据一方、不受朝命、不输贡赋的"河北三镇"；在今山东、河南、湖北、山西也曾在很长一段时期内存在类似河北三镇的藩镇；还有一些倚仗自己实力对中央跋扈不驯，甚至搞叛乱的短期割据者。后代史家把这种局面统名为"藩镇割据"。藩镇最终转入相互兼并演变为五代十国。

为什么人们称姚崇为"灭蝗宰相"？

姚崇（650—721）本名元崇，字元之，父姚懿，曾任硖石县令，祖籍江苏吴兴，因先辈世代在陕州为官，遂定居陕州硖石（今属陕州区硖石乡）。姚崇年轻时喜好逸乐，年长以后，才刻苦读书，大器晚成。历任武则天、唐睿宗、唐玄宗三朝宰相，有"救时宰相"之称。姚崇任宰相时整顿朝政，采取了一些有利于经济发展的措施，使唐王朝出现了兴盛的景象。

有一年，河南、山东等地区发生了特大蝗灾。那时候的人非常迷信，认为蝗灾是天在惩罚人们，所以只是烧香拜佛求神保佑，反而更加重了蝗灾。姚崇认为蝗虫不过是一种害虫，于是征得唐玄宗的批准，下令百姓扑杀蝗虫。他派出许多使者，分头到灾区发动老百姓动手灭蝗。他还教老百姓扑杀蝗虫的办法：利用蝗虫喜欢火的特征，要百姓在夜里点火，在火堆边挖下大坑。等蝗虫看见火光飞下来时，就边打边烧边埋。各地的老百姓按这个方法一试，果然见效。但朝廷里的一些官员认为姚崇不应该扑杀蝗虫，说蝗灾是人力无法抗拒的天灾，唐玄宗也有点没主意了，但在姚崇的坚持下同意继续灭蝗。由于姚崇坚决灭蝗，减轻了各地的灾情，过了不久蝗灾渐渐平息了。因为姚崇为民着想，坚持灭蝗，所以也被人们称为"灭蝗宰相"。

为什么说李林甫是唐代大奸臣？

李林甫（？—752），唐宗室，小字哥奴。善音律，会机变，善钻营。开元中，升任御史中丞、吏部侍郎，深结唐玄宗宠妃武惠妃及宦官等。开元二十二年（734年）五月，拜相，为礼部尚书、同中书门下三品。开元二十四年（736年）年底，代张九龄为中书令，大权独握。

有个叫李适之的人曾与他一同做宰相，李林甫总怕他跟自己争权，于是设了个圈套。一天，李林甫告诉李适之说华山有金矿。李适之耿直爽快，回家后就写了奏书，请求唐玄宗批准开采华山金矿，以使国家富足。等皇上找来李林甫商量时，他却说华山有帝王之气，要是在那儿开采，就会破坏王气，动摇皇家的根本。唐玄宗因此觉得李适之考虑问题有所欠缺，开始对李适之疏远。

李林甫罗织罪名，陷害陇右节度使皇甫惟明和刑部尚书韦坚等人，称他们谋逆。这些人都与李适之有交往。李林甫又唆使爪牙一口咬定李适之是韦坚等人的同党。韦坚、皇甫惟明被流放、赐死，李适之则被贬为宜春刺史。李林甫并未因此放过李适之，继续对他进行残酷的打击迫害。他派遣杀手一路追杀被贬与被流放的官员。李适之见数官被杀，预感自己也是凶多吉少，遂服毒自杀。

李林甫还常利用别人的矛盾，从中挑拨，让别人互相残杀，从而达到剪除异己的目的。就这样，李林甫一边靠阿谀奉承博得皇帝的宠信，一边极力掩饰他的阴险、狡诈、毒辣。表面上，他装得十分厚道、和善，对人说话时满嘴的甜言蜜语，让人感到他是个大好人。实际上他无时无刻不在暗算着别人，设计着一个又一个圈套。所以人们称李林甫是"口有蜜，腹有剑"，杀人不见血的大奸臣。

张九龄为什么被罢相？

唐玄宗当政时李瑛为太子。李瑛因生母赵丽妃曾受武惠妃的气，不免愤恨，背地发了几句牢骚怨言。李林甫听到后，立即去报告武惠妃。武惠妃就向唐玄宗哭诉说太子阴结党羽。

唐玄宗不问青红皂白，立即提出想废黜太子及两个皇子鄂王李瑶和光王李琚。宰相张九龄极力劝阻。武惠妃知道后，深恨张九龄，于是与李林甫串通一气，设法向唐玄宗进谗言，大力排挤张九龄。唐玄宗本来很赏识张九龄的文才，但禁不住武、李二人的内外夹击，再加上张九龄经常直言进谏，为唐玄宗所不喜，便日益对张九龄冷淡起来。过了一段时间，李林甫终于找到了机会，促使唐玄宗贬张九龄为荆州长史。张九龄罢相后，李林甫坐上了宰相的位子。

宋璟为唐朝做了哪些贡献？

宋璟（663—737），字广平，今河北邢台人。其祖于北魏、北齐皆为名宦。宋璟少年博学多才，擅长文学，二十岁即中进士，曾任上党尉、凤阁舍人、御史台中丞、吏部侍郎、吏部尚书、刑部尚书等职。唐开元十七年（729年）拜尚书右丞相。授开府仪同三司，晋爵广平郡开国公，经武则天、唐中宗、唐睿宗、唐殇帝、唐玄宗五帝，在任五十多年。

宋璟年轻时耿直有气节，博学多才，为官清正廉明，武则天很重用他。早在唐睿宗时，外戚及安乐公主干预朝政排斥太子，使得奸邪之徒都因贿赂得到了官职。那时，宋璟与侍郎李乂、卢从愿等精心打理朝政，罢掉了不少不称职的官吏。最后，安乐公主等掌管的"斜封官"制度也被罢黜。

宋璟任宰相时知人善任，还特别注重考察现任官吏的政绩，遇到不合格的就加以降职贬谪。宋璟对那些荫袭父辈爵位官职的官员考核得更为审慎严格，从不轻易提拔。宋璟选官不徇私情，就是亲戚朋友也不例外。宋璟通过严格的考核，为朝廷选拔了许多品行优良、认真称职的官吏，受到皇上和群臣的赞扬。

宋璟一生为振兴大唐励精图治，终于与姚崇同心协力，把一个充满内忧外患的唐朝，改变为政治、经济、文化、军事处于世界领先地位的大唐帝国，史称"开元盛世"。

吴道子为什么被称为"画圣"？

吴道子（约680—759），画史尊称吴生，阳翟（今河南禹州）人。少孤，相传曾学书于张旭、贺知章，未成，乃改习绘画。吴道子后被唐玄宗赐名道玄。他是唐代第一大画家，被后世尊称为"画圣"，被民间画工尊为祖师。

据载他曾于长安、洛阳两地寺观中绘制壁画多达三百余堵，奇踪怪状，无有雷同，其中尤以《地狱变相》闻名于世。吴道子的绘画具有独特风格。其山水画有变革之功，所画人物衣褶飘举，线条遒劲，具有天衣飞扬、满壁风动的效果，被誉为"吴带当风"。他还于焦墨线条中，略施淡彩，世称"吴装"。作画线条简练，"笔才一二，象已应焉"，有疏体之称。吴道子的绘画对后世影响极大。

安禄山是如何密谋造反的？

安禄山当了节度使以后，就尽量搜罗奇禽异兽、珍珠宝贝，经常送到宫廷讨好唐玄宗。唐玄宗认为安禄山对他一片忠心，又封安禄山为郡王。就这样安禄山骗取了唐玄宗和李林甫的信任，除了范阳、平卢两镇外，又兼了河东（治所在今山西太原）节度使，控制了北方边境的大部地区。他秘密扩充兵力，囤积粮草，磨砺武器，只等唐玄宗一死，他就准备叛乱。

李林甫病死后，杨贵妃的同族哥哥杨国忠接任了宰相。杨国忠与安禄山彼此都瞧不起对方，矛盾日深。杨国忠几次三番在唐玄宗面前说安禄山要谋反，但是唐玄宗根本不信。755年冬，安禄山决定发动叛乱。安禄山假造了一份唐玄宗从长安发来的诏书，召集将士宣布说："接到皇上密令，要我立即带兵进京讨伐杨国忠。"将士们虽然都觉得很突然，但没有人怀疑圣旨。756年初夏，安禄山大军逼近长安。

张巡是如何巧施连环计的？

安禄山叛军进潼关之前，派唐朝的降将令狐潮去进攻雍丘（今河南杞县）。雍丘附近有个真源县，县令张巡招募了一千多个壮士，占领了雍丘。令狐潮带四万叛军来进攻，张巡和雍丘将士坚守六十多天，令狐潮最后不得不退兵。

第二次，令狐潮又集合人马来攻城。张巡组织兵士在城头上用乱箭把叛军逼回去。但是，时间久了，城里的箭用完了。该如何解决箭的问题呢？

一天夜里，雍丘城头上黑魆魆一片，隐隐约约有成百上千个穿着黑衣的兵士，沿着绳索爬下墙来。令狐潮听到部下报告后，断定是张巡派兵偷袭，就命令兵士向城头放箭，一直射到凌晨，等天亮一看，才看清楚城墙上挂的全是草人，那些草人身上密密麻麻插满了箭。张巡的兵士们粗粗一点，竟有几十万支。如此一来，就不用再为箭发愁了。

又过了几日，还是像那天夜里一样，城墙上又出现了"草人"。令狐潮认为张巡又来骗他们的箭了，于是没有理会。但这次并不是草人，而是张巡派出的五百名勇士。这五百名勇士乘叛军不备，向令狐潮的大营发起突然袭击。几万叛军四散奔逃，完全溃败。

李光弼是怎样打败史思明的？

唐王朝收复两京以后，安庆绪逃到河北，唐肃宗决定派大军进剿安庆绪。郭子仪失败后，唐肃宗派李光弼接替他的职务，继续剿杀叛军。同时，史思明又举兵反唐，从范阳带兵救援安庆绪。

李光弼是个久经沙场的老将，他知道眼前的兵力不如叛军，想要取胜，只能智取。他听说史思明从河北带来一千多匹战马，每天放在河边沙洲洗澡吃草，就命令部下把母马集中起来，又把小马拴在马厩里，等叛军的战马一到沙洲，就把母马放出来和敌人的战马混在一起。没过多久，那些母马听到小马的叫声，就奔了回来，顺带着把敌人的战马也带了回来。

史思明十分气愤，立刻命令部下从水路进攻。前面用一条火船开路，准备把唐军的浮桥烧掉。李光弼就让士兵准备好几百根粗大的长竹竿，用铁甲裹扎竿头。等叛军火船驶来，几百名兵士站在浮桥上，用竹竿顶住火船不让其前进。火船很快被烧得樯倒舷裂，沉没了。唐军又在浮桥上发射石头炮向敌人的战船攻击，把船上的敌兵打得头破血流。史思明几次三番派部将进攻河阳，都被李光弼用计击退。

太子李亨是怎样即位的？

安史之乱爆发后，唐玄宗从马嵬驿出发，决定先到扶风避难，但当地百姓请求唐玄宗留下，李隆基便命令太子李亨留下安抚这些百姓，他自己还是上路了。当地父老们对李亨说愿意跟随他讨伐叛军，收复长安。

之后有人把这一情况告诉了唐玄宗，于是，他从后军中分出两千人留给李亨，并对这些留下的将士说："太子仁孝，一定能够继承大唐的帝业，希望你们好好辅佐他。"李隆基又派人告谕李亨说："你要好自为之，不要为我担心，我待西北各部胡人一向不薄，你一定用得上他们。"李亨听罢，面向南方号啕大哭。李隆基又派人传来旨意，要把帝位传给李亨。李亨坚决不接。裴冕等人纷纷劝说道："殿下率领的将士都是关中人，他们希望能够跟随殿下建功立业，辅佐殿下登基做皇帝。希望殿下顺应军心，为江山社稷做长远打算。"756年秋，李亨在灵武城南楼即位称帝，奉李隆基为上皇天帝，改年号为"至德"，并大赦天下。

"郭子仪单骑退回纥"说的是什么？

郭子仪是唐朝著名的大将，他单骑退回纥的故事，千百年来一直广为流传。

据说，唐朝有个官员背叛朝廷，引诱回纥、吐蕃的军队来进攻唐朝，一直打到了国都附近，而这里是郭子仪驻守的地方。郭子仪派去和回纥谈判的人回来告诉他说："回纥人不相信我是您派出的，他们要亲眼见到您本人才行。"

郭子仪决定亲自去跟回纥首领谈判，一个人来到回纥军营。回纥首领看到郭子仪，急忙下马行礼。郭子仪握着首领的手，语重心长地说："我们曾经一起联合平息安禄山的叛乱，还有友好的约定，难道你们忘了吗？现在竟然和吐蕃一起来攻打我朝！今天我是一个人来的，你们扣留我也好，杀了我也好，我已经不计较这些了。不过我的部下早已做好准备，一旦打起仗来，他们会跟你们血战到底！"回纥首领连忙解释说："我们受骗了！是你们朝中的一个官员告诉我们，说唐朝的皇上去世了，还说将军您也已经不在人世。现在我知道了事情的真相，哪里还敢跟您交战呢？"说完，立刻传令准备撤兵。回纥退兵的消息很快传到吐蕃那里，他们当天夜里就赶紧撤回兵马逃走了。

奸臣卢杞如何玩弄权谋？

卢杞（？—785），出生在一个官宦家庭。卢杞当上宰相后，干的第一件事情就是把另一宰相、两税法的开创者杨炎设计害死了。他为了达到独霸朝纲的目的，又把魔爪伸向了其他一些朝廷重臣。

颜真卿是平定安史之乱的功臣，且秉性耿直，对专权的卢杞来说，自然是眼中钉，所以很快也被迁出京都。卢杞大肆陷害忠良，激起了天下人的公愤。唐德宗在奉天受到叛将朱泚的包围，李怀光从魏县带兵赶去救驾，途中他对手下人说："卢杞之辈是天下大乱的根源，等我见到皇帝后，一定请求杀掉他们。"消息传到卢杞耳中，他急忙建议唐德宗不要即刻召见李怀光，唐德宗应允。李怀光接到唐德宗的诏书后，破口大骂卢杞排挤自己。唐德宗为了安慰李怀光，只好下令将卢杞贬为新州司马。

贞元元年（785年），卢杞死在澧州，得到了他应有的下场。

大宦官李辅国为何被代宗处死？

宝应元年（762年），唐肃宗病危。张皇后欲谋立越王李系，而废太子李豫。李辅国听说后，与另一个大宦官程元振决定支持太子李豫即刻登基，令禁军将张皇后、越王李系及亲信等人抓住，投入狱中。

太子李豫即位为唐代宗后，李辅国因拥戴之功晋为尚父、司空兼中书令，从此居功自傲，狂妄跋扈。唐代宗刚开始还能容忍李辅国的胡作非为，到后来，李辅国甚至对代宗说："陛下只要在宫里待着就行，不管什么事情都有我处理着呢。"唐代宗对此很愤怒，但他没有大张旗鼓地将李辅国治罪，而是利用另一宦官程元振和李辅国之间的矛盾，挑拨二人相斗，然后趁机免去了李辅国的职务。在程元振的怂恿下，唐代宗默许程元振派杀手悄悄将李辅国杀死。然后，唐代宗又出面痛悼，追赠李辅国为太傅。因此，后世有史学家说唐代宗是阴鸷之主。

颜真卿因何被害？

颜真卿（709—784），字清臣，汉族，唐京兆万年（今陕西西安）人，祖籍琅琊临沂（今山东临沂），唐代中期杰出书法家。他与柳公权、欧阳询、赵孟頫被后人并称为"楷书四大家"。他和柳公权并称"颜筋柳骨"。

天宝十四载（755年），平卢、范阳、河东三镇节度使安禄山发动叛乱，颜真卿联络从兄颜杲卿起兵抵抗，附近十七郡响应，被推为盟主，合兵20万，使安禄山不敢急攻潼关。唐德宗兴元元年（784年），淮西节度使李希烈叛乱，奸相卢杞欲借李希烈之手害他，于是派其前往劝谕，最终，颜真卿被李希烈缢死。闻听颜真卿遇害，三军将士纷纷痛哭失声。半年后，叛将李希烈被自己手下人所杀，叛乱平定，颜真卿的灵柩才得以被护送回京，厚葬于京兆万年颜氏祖茔。唐德宗痛诏废朝八日，举国悼念。

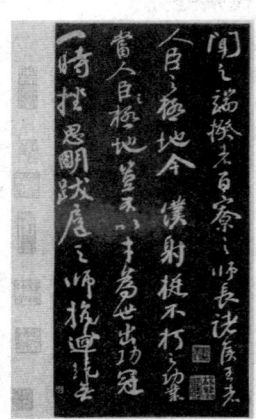

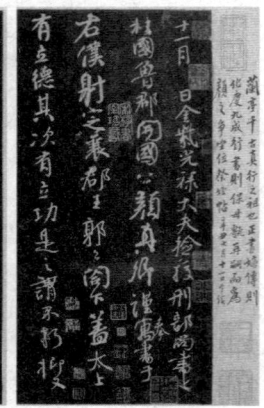

争座位帖 唐 颜真卿

唐代宗是怎样除掉鱼朝恩的？

程元振倒台后，宦官鱼朝恩成为唐代宗的心腹。朝廷政事稍不如他的意，他就发怒道："天下事还能有离得了我的吗？"唐代宗听说后相当不悦。这时又发生了紫衣事件。鱼朝恩有一个养子名叫鱼令徽，他在内侍省担任内给使，身着绿衣。有一次，鱼令徽与同事在殿前列队时发生争执，回家后向鱼朝恩告状。鱼朝恩听信养子的言辞，认为他受到了同僚的欺负，于是决定向唐代宗请求赐予紫衣，以提升养子的地位。第二天，鱼朝恩带着养子面见唐代宗，公然请求赐予紫衣。唐代宗尚未答应，但旁边就有人将高级品官所穿的紫衣拿到了鱼令徽面前。此后，唐代宗对鱼朝恩产生了强烈的厌恶之情。宰相元载窥见唐代宗对鱼朝恩心生恶感，便奏请将其除掉。

元载先用重金收买鱼朝恩的心腹周皓。大历五年（770年）三月初十，是传统的寒食节。按照惯例，唐代宗置酒设宴与亲贵近臣欢度节日。宴席结束后，唐代宗要鱼朝恩留下议事。鱼朝恩也没多想，便坐车去见唐代宗（鱼朝恩是个大胖子，行动不便，每次上朝都坐四轮小车）。鱼朝恩一进殿，唐代宗劈头就问他为什么图谋不轨。鱼朝恩大出意外，但很快冷静下来，为自己辩白，态度十分强硬，根本没有把唐代宗放在眼里。这时早被元载收买的周皓与左右一拥而上，当即擒获了鱼朝恩，并当场将其勒死在地。

奉天之难是怎么回事？

"奉天之难"是四镇之乱及泾原之叛的合称。是唐德宗因藩镇叛乱，被迫逃往奉天（今陕西乾县）的事件。

唐德宗即位后，力图削藩。建中二年（781年）正月，成德节度使李宝臣死，其子李惟岳向朝廷请求袭其父位，魏博节度使田悦亦代为之请。唐德宗断然拒绝。李、田遂联合淄青节度使李正己、山南东道节度使梁崇义等起兵反唐。七月李正己死，八月其子李纳亦请袭父位，唐德宗不允，李纳遂反。

建中四年（783年）正月，割据淮西（今

河南汝南）的节度使李希烈反叛，攻襄城（今属河南）。唐德宗派哥舒曜讨伐，未有结果。唐德宗又派泾原兵去解围。当时的泾原节度使朱泚因其弟朱滔谋反而被软禁于京城。泾原兵路过长安时，因赏赐不周，挟持节度使姚令言哗变。唐德宗被迫逃往奉天。叛军推举朱泚为首领，史称泾原之变。又因在这次战争中，有四人称王，两人称帝——朱滔称冀王，王武俊称赵王，田悦称魏王，李纳称齐王，朱泚称秦帝，李希烈称楚帝——故又称四王二帝之乱。兴元元年（784年）五月，唐将李晟等攻克长安，唐德宗于七月返回。朱泚被部下所杀，朱滔病死，李怀光兵败自缢。

什么是元和中兴？

从贞元二年（786年）淮西之乱结束，到唐宪宗即位（805年），唐中央政权与藩镇间没有发生大规模的战争。在这二十年中，富庶的江淮地区始终在中央控制之下，起着主要输血管作用的大运河基本上保持了通航，因而中央政权蓄积了一定的经济力量。

唐宪宗即位后，积极整顿财政，把地方税收分成三部分：一份上缴中央，一份归各道节度使或观察使，一份留给本州。这样，既保证了中央财政收入，也缓和了中央与地方的矛盾。在初步具备了削平藩镇的物质条件后，更重要的是在人民渴望重新实现统一的要求下，唐宪宗有效地推行了裁抑藩镇的政策，对跋扈的藩镇采取了各个击破、先弱后强的办法。在唐宪宗在位的元和年间（806—820年），出现了一个暂时统一的局面，在唐史上称"元和中兴"。

"牛李党争"是怎么回事？

在宦官专权的日子里，唐朝朝廷的官员中反对宦官的大都遭到排挤打击。依附宦官的又分为两派——以牛僧孺为首领的牛党和以李德裕为首领的李党。这两派官员互相倾

朋党之争图

唐代党争既有传统士族与庶族斗争的一面，又混杂了大官僚地主阶级之间的斗争。争斗中两派又援引宦官做靠山，得势后便大力排挤政敌，从而演变成为掌权而进行的互相倾轧，结果进一步加深了统治危机。

轧，争吵不休，从唐宪宗时期开始，到唐宣宗时期结束，闹了将近四十年，历史上把这次朋党之争称为"牛李党争"。

从表面看，牛李党争似乎是庶族官僚与士族官僚之间的斗争，实际上两党在政治上也有深刻的分歧。两党分歧的焦点主要有两个：一是通过什么途径来选拔官僚；二是如何对待藩镇。两党除了政治上的分歧外，还牵扯进个人的恩怨。这场统治阶级内部的宗派斗争，加深了唐朝后期的统治危机。

"二王八司马事件"是怎么回事？

"二王八司马事件"指的是唐顺宗在位期间由王叔文、王伾等人所领导的一次政治革新运动。"二王"指王伾、王叔文；"八司

马"指韦执谊、韩泰、陈谏、柳宗元、刘禹锡、韩晔、凌准、程异，他们在改革失败后，俱被贬为州司马，故名。"二王八司马事件"主要围绕收夺宦官兵权，制裁藩镇跋扈，打击贪官污吏，废除宫市、五坊小儿及进奉等弊政，免除民间欠税和各种杂税，选拔德才兼备的人为官等革新活动展开。

贞元二十一年（805年），在唐顺宗的支持下，王叔文集团掌权，以韦执谊为宰相，颁布一系列明赏罚、停苛征、除弊害的政令。不久，唐顺宗中风，而王叔文因为母亲死了要回家守丧，王伾也突然患了中风，革新派失去了中坚力量。宦官俱文珍、刘光琦等迫使唐顺宗禅位于太子李淳（后改名纯），次年正月，唐顺宗病逝。因唐顺宗在位期间的年号为"永贞"，故又称这次政治革新运动为"永贞革新"。

什么是"甘露之变"？

"甘露之变"是唐文宗大和九年（835年）谋诛宦官而失败的一次事变。被宦官所掌握的唐朝后期皇帝中，并非所有的皇帝都任由宦官胡作非为。他们中还是有人想铲除宦官势力，重振当年祖上的荣光的，其中最著名的就是唐文宗所发动的甘露之变。

大和九年（835年）十一月二十一日，唐文宗在大明宫紫宸殿和李训等人密议，试图诛灭宦官，夺回皇帝丧失的权力。遂以观露为名，将仇士良骗至禁卫军的后院欲行刺，后与以仇士良为代表的宦官集团发生了激烈冲突，结果失败。李训、王涯、舒元舆、王璠、郭行余、罗立言、李孝本、韩约等朝廷重要官员被宦官杀死，其家人也受到牵连而被灭门，株连甚众。

白马驿之祸是怎么回事？

白马驿之祸又称白马之祸，是唐朝末期朱温诛杀朝官的一次事件。

天祐二年（905年），朱温在亲信李振鼓动下，于滑州白马驿（在今河南滑县），一夜间把左仆射裴枢、清海军节度使独孤损、右仆射崔远、吏部尚书陆扆、工部尚书王溥、兵部侍郎王赞等"衣冠清流"三十余人尽数杀死，并把尸体扔到河里，史称"白马之祸"。李振在"咸通""乾符"年间屡次参加科举不中，由此非常痛恨士大夫，对朱温说："这些人自认为是清流，现在把他们扔到黄河，使他们永为浊流。"朱温笑着答应了。白马之祸后，唐政府的势力基本被扫除。

唐哀帝禅位给了何人？

唐哀帝李柷（892—908），原名祚，是唐昭宗第九子，唐朝末代皇帝，在位三年被废。次年死，葬于温陵。

唐哀帝即位时，不过是藩镇手中的一个傀儡皇帝。唐天祐二年（905年），掌握实际权力的梁王朱全忠（即朱温）见废帝灭唐时机已到，便先将唐朝朝臣全部杀光，接着在天祐四年（907年）又逼唐哀帝禅位，降为济阴王，自己做皇帝，改名朱晃，建国号"大梁"，改元"升平"。至此，中国进入自魏晋南北朝以来又一次大分裂时期——五代十国时期。

第六篇

国脉如缕，王朝更迭
——五代、辽、宋、西夏、金、元

五代十国和宋朝

五代十国是指哪段历史时期？

五代十国是指介于唐宋之间的一个特殊历史时期。

五代指的是后梁、后唐、后晋、后汉、后周五个次第更迭的政权。十国指五代之外同时或相继出现的十几个割据政权，主要有前蜀、后蜀、吴、南唐、吴越、闽、楚、南汉、南平（荆南）、北汉，统称十国。十国只是称其大者，实际上还有不少割据政权。关于五代十国的年限，一种说法为：北宋建立于960年，因此，五代十国存在于907年至960年期间；另一说法为：北宋灭亡北汉时是979年，所以，五代十国的历史时期为907年到979年。

朱温是如何称帝的？

唐僖宗乾符年间，黄巢聚众起义，朱温跻身黄巢麾下，因屡战屡捷，被提拔为大将。后起义军形势转危，朱温便倒戈降唐。唐僖宗诏封朱温为左金吾卫大将军，河中行营副招讨使，赐名"全忠"。

888年，唐僖宗死，其弟李晔继位，是为唐昭宗。此时的唐王朝已是风烛残年，气息奄奄。朝官头目崔胤先发制人，紧急致书朱温，约他西进长安诛君侧之恶，以兵车迎驾唐昭宗前往东都，正中朱温下怀。于是，朱温引兵直奔京师。

之后，朱温劫持唐昭宗"迁都洛阳"，并强制士民随迁东行。后来朱温杀死唐昭宗，矫诏立年仅十三岁的辉王李柷为皇太子，监理国事。继之又矫皇后令，要太子于唐昭宗灵前即位，是为唐昭宣帝（又名唐哀帝），改元天祐。天祐四年，朱温彻底撕下"全忠"的面纱，更名为晃，身披衮冕，在金祥殿即皇帝位。国号大梁，史称后梁。

"铁枪"王彦章是怎样成为后梁名将的？

王彦章，字贤明，以作战勇猛著称，是后梁的著名将领。

923年，李存勖即皇帝位，建立了后唐。当时后梁在郓州（今山东东平）的守将叛归后唐，李存勖乘机攻占了郓州。得知郓州失守以后，后梁皇帝非常生气，任命王彦章为北面招讨使，并问他几日内能攻破唐军，王彦章说只需要三天。皇帝左右的人都笑他太自大。

两天之后，王彦章率兵到了滑州（今属河南）。他表面让人大摆酒宴，暗地里却让六百多人持着斧子，载着炭火等东西顺黄河而下。王彦章吃酒吃到一半时假装要去厕所，然后悄悄率领几千精兵，沿黄河到了德胜，用斧子砍断了沟桥。之后，王彦章又引兵攻击南城，大破之，连夺了好几个城寨，时间上正好三天。此后王彦章名声大振，成为后梁的名将。

后梁是怎样灭亡的？

923年，晋王李存勖登上魏州牙城南面的祭坛，祭告上天即位称帝，国号定为大唐。接着李存勖听从枢密使郭崇韬的建议，趁后梁后方空虚，发动袭击。

当时后梁末帝朱友贞慌成一团，急忙召集大臣询问对策，结果大臣们没有一人能够抗敌。

过了几天，有人报告说后唐军已经过了曹州。朱友贞听说后更加恐慌，便对侍臣皇甫麟说："李家与我家世代为仇，从情理上说决不能投降他们，也不能等着被他们杀死。我又下不了手自杀，你可以把我的头砍下来。"于是皇甫麟先杀了朱友贞，随后自杀。

第二天，李存勖的军队攻陷了后梁都城汴州，有人就拿着朱友贞的脑袋献给了李存勖。

朱友贞原本为人温和，谦恭简朴，只是后来宠信奸臣，疏远敬翔等忠臣，才最终导致了后梁的灭亡。

后唐李存勖为何宠信伶人？

俳优是古代宫廷中的一个群体。他们地位低贱，但是往往颇具才智。陪伴帝王娱乐，并对朝政予以讽谏，是他们的主要职责。

后唐皇帝李存勖酷爱戏曲。为了便于在宫中和俳优们票戏，他还给自己起了一个艺名叫"李天下"。他爱戏成癖，有时竟然达到走火入魔的地步。一次，他模仿长于讽谏的俳优，专为娇妻刘皇后表演了一出《刘山人省女》，传为笑谈。

由于个人爱好，在李存勖一朝，俳优地位极高。

五代后唐的彩绘文官陶俑

李存勖是怎样失去人心的？

李存勖灭了后梁，报了父亲的仇之后，志得意满，认为中原安定、天下无忧了，就开始贪图享受。李存勖喜欢演戏，他终日与伶人混在一起，穿着戏装，登台表演，把国家大事丢在一边。那些伶人们受到李存勖的宠幸后，有的当了官，有的仗势欺人，有的则进谗言诛杀功臣，闹得朝中大臣敢怒不敢言、人心惶惶。不出几年，后唐朝廷内部先乱了起来。先是大将郭崇韬被害，接着灭后梁的功臣李嗣源也受到猜忌，差点送了性命。

926年，魏博指挥使杨仁政的部下皇甫晖发动叛乱，李存勖派成德节度使李嗣源率领军队讨伐。由于李嗣源不满李存勖宠信伶人、诛杀功臣的行为，于是乘机起兵，决定背叛李存勖。后来，李嗣源接替李存勖做了后唐皇帝，是为后唐明宗。

石敬瑭为什么遭受千古唾骂？

后唐明宗李嗣源即位后，石敬瑭先后被任命为保义、宣武、天雄、河阳、河东节度使。后唐末帝李从珂继位后，石敬瑭时为河东节度使，双方互相猜忌。清泰三年（936年），石敬瑭起兵造反，后唐军兵围晋阳（今太原）。石敬瑭深感势单力薄，难以抵抗，急忙派使者向辽国求救。他向耶律德光称臣称子，乞求只要辽朝借兵相助，事成之后定割让卢龙一道和雁门关以北各州（今河北北部、山西北部至长城地区）。石敬瑭认贼作父、割地求荣的可耻行径，连他的幕僚都感到汗颜。

辽太宗耶律德光为石敬瑭解了晋阳之围以后，封石敬瑭为"大晋皇帝"，于是，四十五岁的石敬瑭便在三十四岁的"父皇帝"耶律德光的羽翼之下，登上了"儿皇帝"的宝座，开了历史上认敌作父、开门揖盗的先例。正是由于石敬瑭的推波助澜，自后晋开始，历史又一次形成了辽与后汉、后周、北宋，金与南宋的长期对峙。

耶律德光的黄粱梦是怎么破灭的？

晋高祖石敬瑭死后，契丹与后晋关系恶化。943年年底，契丹发动了与后晋争夺中原的战争。经过三年的征伐，晋降。耶律德光终于实现了自其父以来占有黄河以北地区的愿望。贪得无厌的耶律德光入主中原之后，愈加骄横跋扈。他除了广受四方的朝贺贡献以外，还放纵辽之骑兵以牧马为名四处剽掠，谓之"打草谷"；又分遣特使到京师和各州"括借"钱帛，上至将相下到士民无一能免；为了防止藩镇起兵，更下诏将各州节度使和刺史集中到京城软禁，另派契丹族官员赴任。

这些倒行逆施的行径导致兵民怨愤，从而使其揭竿举义，袭击官府。一些不堪忍受辽之将帅欺侮的后晋官兵也奋起抗争。耶律德光深感退路断绝，他在汴梁宫中坐卧不安，不断惊叹："我做梦也没想到中原人竟是如此难管制！"耶律德光鉴于中原局势危若累卵，便以北归省亲为名仓促撤离汴梁。然而，未及回到本土，耶律德光就因惊悸惶恐病死途中，结束了这场为时不久的黄粱梦。

后汉刘知远为什么要清除后唐余脉？

947年正月，契丹灭亡后晋，契丹皇帝耶律德光入主中原。二月十五日，当时担任河东节度使、中书令的北平王刘知远在太原称帝，建立了后汉王朝。三月十七日，耶律德光从汴梁返回契丹，途中病逝。刘知远决定抓住这个机会，出兵占领中原。

契丹留守汴州的节度使萧翰听说刘知远率军南下，便想及早返回契丹，可他又担心中原无主，势必大乱，从而使他无法从容北归，于是他就把后唐明宗李嗣源的儿子李从益立为皇帝，并设置文武大臣，这才返回契丹。

刘知远的大军一路南下，在六月初三抵达洛阳。为了杜绝后唐子嗣再次称帝，刘知远派郑州防御使郭从义先进汴梁，清理内宫，并秘密杀死李从益和王淑妃等后唐余脉，解除了自己的后顾之忧。

郭威是怎样平息三镇叛乱的？

后汉高祖乾祐元年（948年）三月，以河中护国节度使李守贞为首，长安牙将赵思绾、凤翔左卫大将军王景崇三人同时反叛。八月，后汉隐帝刘承祐任命枢密使郭威统率各路大军平息三镇叛乱。

郭威到达河中之后并不急于攻城，而是指挥士兵挖沟筑墙，严密巡逻，把河中城围了个水泄不通，使李守贞等陷入天罗地网之中。李守贞屡次出兵，都被击溃。河中城被围困已近一年，守城的将士不断出城投降。郭威见时机成熟，就督率各路军队从四面八方向河中城发起了总攻。后汉隐帝乾祐二年（949年）七月二十一日，郭威率军攻入河中城，李守贞自焚而亡。不久，凤翔的王景崇也全家自杀。长安的赵思绾投降以后，被郭从义斩杀。至此，三镇叛乱全部平息。

郭威是怎么建立后周的？

后汉隐帝刘承祐继承皇位后，枢密使杨邠、枢密使兼侍中郭威、侍卫亲军都指挥使史弘肇、三司使王章辅佐朝政。刘承祐渐渐长大，权力欲望日益膨胀，他对杨邠等人总揽朝政十分不满，内心积怨与日俱增。左右宠臣乘机挑拨煽动，刘承祐头脑发热，竟将杨邠、史弘肇、王章杀死。当时，郭威正领兵驻守邺都，听到其他三名辅佐大臣被害，毅然率军南下，直捣京都。很快，刘承祐兵败。郭威进入汴梁后，率领百官请求让刘知远的养子刘赟继位，太后同意。

但郭威手下的将士却叩拜郭威说："我

们已经和刘氏结下仇怨,绝不能再让刘氏当皇帝,皇帝必须由侍中您来做。"众人百般恳求,郭威一再推辞。这时,有人撕下黄旗披在郭威身上,众人趁势欢呼万岁。太后无奈,只好发布命令,废黜刘赟为湘阴公,授予郭威传国玉玺。郭威登基称帝,建立了后周王朝。

高平之战是怎么回事?

河东节度使刘旻是后汉隐帝刘承祐的叔叔,自从后周太祖郭威夺取后汉政权以后,刘旻便在晋阳建立了北汉王朝,与后周抗衡。显德元年(954年)正月,后周太祖郭威去世,晋王柴荣继位,刘旻得知后周易主,不禁大喜过望,马上联合契丹,向后周进攻。

后周世宗柴荣意气风发,不甘示弱,决定率军亲征,抵抗北汉入侵。三月十九日,柴荣随后周前锋在高平与北汉军队遭遇。柴荣带领亲兵冒着流箭飞石,不顾一切指挥士兵阻击北汉军队。

禁军将领赵匡胤振臂高呼:"主上不顾危险,我们能不拼死吗?"在赵匡胤的感召下,后周将士热血沸腾,勇气倍增,紧随赵匡胤杀入北汉阵地,很快北汉军队彻底瓦解。高平一战,后周军队大获全胜,也为柴荣后来的文治武功奠定了坚实的基础。

冯道为什么被称为"乱世不倒翁"?

冯道,字可道,自号长乐老,瀛州景城(今河北沧州西北)人。曾经在燕王刘守光手下做军事顾问。刘守光失败后,便开始追随宦官张承业。张承业认为冯道很有才学,于是把他推荐给晋王李存勖。后唐庄宗即位后,任命冯道为户部侍郎,又兼任翰林学士,成为皇帝最亲近的顾问兼秘书官。

后唐明宗即位后,授予冯道端明殿学士,升迁做管理军队事务的兵部侍郎,一年后又授予他中书侍郎,同中书门下平章事,职权如同宰相一般。后唐明宗死后,冯道又做了后唐愍帝的宰相。潞王在凤翔反叛,冯道率百官迎接潞王入朝,是为后唐废帝,冯道又做了后唐废帝宰相。

后晋灭后唐,冯道又侍后晋,任司空、同中书门下平章事。石敬瑭死后,冯道又任宰相,加授太尉衔,并被封为燕国公。契丹灭后晋,冯道又为契丹效力,做太傅,掌管训导事务。后汉高祖继位,冯道又归附后汉王朝,并以太师身份入朝参政。后周灭后汉后,冯道又侍奉后周,周太祖任命冯道为太师,掌管训导事务。

冯道历事五朝,为十个国君效力,无论贤明愚笨都仰奉冯道为元老,都乐于称赞他的为人之道。954年,冯道去世,谥号文懿,被追封为瀛王。

陈桥兵变是怎么回事?

周世宗柴荣死后,七岁的儿子柴宗训继位。殿前都点检赵匡胤掌握兵权。后周显德六年(959年)春天,河北镇州和定州的守将突然派人到开封告急,说北汉的刘承钧和辽国联合,正挥兵南下。宰相范质立即决定派赵匡胤带兵前往河北。

赵匡胤带着禁军夜宿开封东北边一个叫陈桥驿的地方。当晚赵匡胤宴请部下,酒后将士们聚在一起议论朝政,有人主张拥立赵匡胤为皇帝,此提议立即得到全军将士的积极响应。

第二天黎明,赵匡胤刚从帐中出来,将士们立即一拥而上,把一件黄色皇袍披到他身上,一齐下拜,齐声喊起"万岁"来。赵匡胤最终在部下的拥戴下,建立了北宋王朝。

宋太祖是如何巩固统治的?

宋太祖为加强皇权、巩固统治所采取的首个措施就是杯酒释兵权。其后在军事制度方面的改革主要有:第一,建立不同于前朝的枢密院制度，长官为枢密使和枢密副使，主管调动全国军队，分掌军政大权；第二，内外相维政策；第三，兵将分离政策。

在整治地方藩镇方面采取的措施主要有：第一，削夺其权；第二，制其钱谷；第三，收其精兵。

在官僚制度方面，则侧重削弱宰相的权力。在军、财、民三权分立中，枢密使与宰相"对掌大政"，中书门下（又称"政事堂"，是宰相的官署）和枢密院（枢密使、副使的官署）号为二府。宋初不仅以三权分立的办法削弱相权，而且设置参知政事、枢密副使和三司副使，作为宰相、枢密使和三司使的副手，与各部门长官发生制约，以削弱各部门长官的权力。此外，宋初还在设官分职、科举制度等方面，施行了有利于加强皇权的政策。宋初的一系列改革措施，大大加强了宋代专制主义中央集权制，造成了统一的政治局面，为经济、文化的高度发展创造了良好条件。

北宋的都城在哪里？

北宋的都城是汴京，又称汴梁或汴州，位于今河南省开封市，是我国七大古都之一，有两千多年的历史，更有"汴梁富丽天下无"的美誉。

北宋的汴京，是人口超过百万的大都会，商业繁荣，市肆极为发达，城中店铺达六千多家。北宋著名画家张择端的《清明上河图》为了解当时汴京市肆的繁荣情况提供了有力而形象的证据。

谁用"半部《论语》治天下"？

赵普（922—992），字则平，北宋政治家。乾德二年（964年），任门下侍郎、平章事、集贤殿大学士，负宰相责任。乾德五年（967年）春，赵普加职右仆射兼门下侍郎、同中书门下平章事、昭文馆大学士，成为名副其实的宰相。

赵匡胤是在马上得天下的，也深知不能马上治天下的道理，便以身作则，带头读书，并一再批评老谋士赵普不读书，意味深长地警告赵普"宰相需用读书人"。宋初君臣急于在儒家经典中寻找治世良方，至圣先师孔子的言论集《论语》最终成为宰相的急就章。之后，日理万机的宰相赵普每天下朝后便把自己关在房间攻读《论语》，坚持不懈，到晚年终有所得，不但上朝理政事必决于《论语》，而且将助皇帝制御群臣也都归结于孔夫子的教诲，故有"半部《论语》治天下"之说。

赵匡胤为什么要"杯酒释兵权"？

宋太祖赵匡胤当上皇帝后，不断有节度使起来反叛，虽然都被镇压平定了，但消耗了大量人力物力。国家局势不稳定，成了他的心病。有一次，赵匡胤向他的宰相赵普说出他的心事，赵普说："国家混乱，政权不稳定，原因在于藩镇权力太大。如果把兵权集中到朝廷，天下自然太平无事。"赵匡胤听后，心中有了办法。

有一天，宋太祖请石守信等几个兵权在握的老将喝酒，喝到高兴处告诉他们当皇帝并不踏实，怕将来有一天这些老将也会被手下人黄袍加身。老将们虽然心里不情愿，但表面上只能感激宋太祖为他们考虑周到。于是石守信等老将都托言有病，乞求解除兵权，宋太祖一一恩准，让他们以散官的身份回家养老，并给予了丰厚的赏赐。

史上到底有没有"金匮之盟"？

宋太祖赵匡胤驾崩后，皇位由其弟赵光义继承，正史认为赵光义乃合法继位，是奉太后"金匮遗诏"之命行事。但后来有人对"金匮之盟"一事提出疑问，使得这一事件变得扑朔迷离。

20世纪40年代初，张荫麟曾作《宋太宗继统考实》，认为"金匮之盟"是赵普伪造的，其理由是：建隆二年（961年），杜太后病重时，宋太祖只有三十四岁，赵光义才二十三岁，而宋太祖长子德昭也已经十四岁。当时宋太祖身体健康，没有短寿之象，即使宋太祖只能再活二十年，那时，长子德昭已三十多岁，怎么会有幼主之说？杜太后凭什么猜测宋太祖早死、幼子继位，而宋朝重蹈五代的覆辙呢？即使真有遗诏，宋太祖临终前应该命人打开金匮，就算是突然死亡，皇后也应该知道此事，掌管金匮的宫人同样也知道此事，为什么要等到宋太祖死后六年才由赵普揭露出来呢？

但对"金匮之盟"持肯定观点的学者们则认为，杜太后亲身经历过五代，五代君主在位超过十年者绝无仅有，有七人死于非命，杜太后凭什么否认宋太祖可以摆脱"宿命"？假如真的发生了，十多岁的德昭显然不足以应付，而拥有丰富政治经验的赵光义，就是理想的继承人。

"金匮之盟"属于皇家禁宫疑案，否定也好、肯定也罢，都是根据当时历史事实、政治背景所做出的判断。比较双方的观点，其资料和解释、推断均偏向于对己方所持观点有利的一边，因此越争论疑点越多。

市舶司是做什么的？

市舶司，官署名，负责管理海外贸易的法令、征税等事务。宋代在广州、泉州、明州、杭州、温州、苏州、华亭县、江阴军等地，设市舶司，又称市舶务，由州郡官兼任。宋代市舶司在职权上相当于现代的海关，主要职责包括：发放出海许可证、检查出海船舶、对进出口的货物实行抽分制度、按规定价格收买船舶运来的某些货物、管理外商。此外，市舶司还负责主持祈风祭海等仪式。

喻皓为什么被誉为鲁班传人？

北宋初年，喻皓被宋太宗命为掌管设计、施工的都料匠，参与主持修造开宝寺木塔。这座八角形的木塔共十三层，自下而上逐层缩小，在京师鹤立鸡群，是当时所有的塔中最高、最精的。塔建成之后，人们惊异地发现塔身朝西北方向微微倾斜，便纷纷向喻皓提出疑问。喻皓成竹在胸，令人信服地解释说："京师地平无山，又常年刮西北风。建塔时我有意让塔身略向西北方向倾斜，是为了抗风，以免日久天长塔身朝着相反的方向倾斜。这样，大约在百年之后塔身便会被风扶正。"可惜，这座木结构建筑艺术的珍品，在宋仁宗庆历年间的一次火灾中被毁。

喻皓晚年结合自己一生的切身体会，编写成中国历史上第一部房屋建筑法专书，名为《木经》。喻皓逝世百年以后，在宫廷将作监中供职的李诫，奉旨编修建筑宝典《营造法式》，该书中有关测量技术"取正""定平"以及木构架"举折"等部分内容，就是参考当时还在流传的《木经》写成的。由于喻皓在建筑及木工方面的卓越贡献，后世人把他称作"鲁班传人"。

为什么宋朝官员戴长翅帽？

宋代长翅帽的帽后配挂两根又平又长的翅，这种帽子学名叫展角（平角）幞头，是由赵匡胤发明的。赵匡胤为何要发明这样一顶帽子呢？

原来，赵匡胤登基后，很不放心当年一起闯天下的同僚，尤其讨厌文武大臣在朝堂中交头接耳，评论朝政，唯恐他们交流过多而抱团甚至产生异心。于是，赵匡胤传旨属官在幞头纱帽后面分别加上长翅。一顶帽子两边铁翅各穿出一尺多（以后越来越长）。如此一来，官员只能面对面交谈，要并排坐着谈就困难了。

瓦桥关之战的经过是怎样的？

乾亨二年（980年）十月，辽景宗耶律

贤愤于满城（今满城北）、雁门（今山西代县）两次攻宋失利，于是亲率重兵于固安（今属河北）集结，再举攻宋。宋太宗赵光义获知，增兵关南（今高阳东）、镇州（今正定）、定州（今属河北），命诸军严密设防，阻截辽军南下。宋太宗自率京师大军趋瓦桥关反击。

但辽耶律休哥前锋军进展迅速，二十九日即将南易水北岸的重镇瓦桥关包围。十一月初一，宋镇、定、关南诸军为解瓦桥关之围，夜涉南易水袭击辽营，被辽将萧翰干等击退。初三，宋军再次救援，被辽军阻于瓦桥关东，守将张师率军向东突围，遭耶律休哥截击，张师战死。初九，关南宋军于南易水南列阵，与辽军夹河而峙，企图待京师军赶至再行决战。将要开战之际，辽景宗为隐蔽主力，令耶律休哥将独有的黄色的战马和盔甲换成了白色，率精骑渡河进击，宋军败逃。十七日，辽军班师。此战，宋太宗所率京师军行动迟缓，致使关南诸军以弱对强，陷入被动而败。

历史上真实的杨家将有多厉害？

杨家将所处的时代是一个战争频繁、多灾多难的时代。在那个历史时期，杨家几代英勇奋战，保卫了宋王朝的安全，使"契丹畏之，望见业旌旗即引去"。因此杨家将成为历代人民传颂的英雄。

第一代，老令公杨业。

杨业原是北汉名将，北汉灭亡以后，他归降北宋。宋太宗素知其威名，授予他左领军大将军、郑州防御使，命他防范辽军。

雍熙三年（986年），宋太宗派出三路大军征辽，其中潘美为西路军主将，杨业为副将。起初各路进展顺利，杨业一路夺取了辽的寰、朔、云、应四州，但主力军中路曹彬失利。宋太宗命令各路人马班师，后又命潘美等率领大军将收复四州的民众迁移到内地。当时，杨业和潘美做了约定，让潘美在要道陈家谷部署步兵强弩接应。杨业力战数日，转战到陈家谷，没有看到接应的人马，再率领部下力战。杨业身受几十处伤，最后为辽军生擒。杨业的长子杨延玉以及部将王贵、贺怀浦全都力战而死。杨业被擒不屈，绝食三日而死。

第二代，杨六郎。

杨家将第二代的代表人物是杨业的儿子杨延昭。杨延昭本名杨延朗。

景德元年（1004年），宋真宗将杨延昭的兵马增加到上万人，如辽进犯，就屯驻静戎军之东，并许他见机行事，不听都部署王超的指挥。澶州之役，杨延昭是反对议和的。他自己率领人马进入辽境内，攻破古城，取得不小的战果。杨延昭因为守边的功劳，屡次升迁。景德二年（1005年），杨延昭被授予高阳关副都部署。杨延昭在大中祥符七年（1014年）卒于任上，终年五十七岁。宋真宗听到这个消息，极为悲痛，派使者护灵而归，河朔百姓，多望柩而泣，为之落泪。杨延昭镇守边防二十几年，辽人对他非常敬畏，称他为杨六郎。

宋代武将图

第三代，杨文广。

杨文广是杨延昭的第三个儿子。杨文广曾与安抚陕西的范仲淹相遇，范仲淹发现杨文广很有才能，就把他带在身边。狄青南征，杨文广随军从征。治平年间，选拔宿卫将领，宋英宗以杨文广是名将之后，提拔杨文广为成州团练使。他由此参加了对西夏的防御作战。杨文广在战役中斩获很多西夏兵，皇帝下诏嘉奖，并任命他知泾州镇戎军、定州路副总管。辽与宋在代州的边界划分上发生争执，杨文广向朝廷献上阵图以及攻取幽燕的策略，但还没等到朝廷回音，杨文广就死于任上。北宋朝廷追赠他同州观察使。

谁是"溜须宰相"？

宋真宗赵恒时期，大臣丁谓靠献媚邀宠，官运亨通，一直升到了参知政事，但仍然位列宰相寇准之下。所以，他对寇准还是毕恭毕敬，看其眼色行事。

有一次，丁谓和寇准一块儿在内阁吃饭。丁谓看到寇准的胡须上沾了一些饭粒，便赶忙上去为寇准拂拭，并盛赞寇准的胡须好。寇准又好笑又好气，便随口说道："参政是国之大臣，难道还有为首长溜须的宰相吗？"当时羞得丁谓面红耳赤，无言以对。此事一经传开，人们便称丁谓为"溜须宰相"。"丁谓拂须"也就成了一个典故。

"澶渊之盟"是怎么回事？

自咸平二年（999年）开始，辽朝陆续派兵在边境挑衅，掠夺财物，屠杀百姓，给边境地区的居民带来了巨大灾难。宋辽战争长达二十五年，其目的在于争夺燕云十六州。

宋真宗景德元年（1004年），辽朝萧太后与辽圣宗亲率大军南下深入宋境，宋军坚守城镇，并在澶州（今河南濮阳）城下射杀辽将萧挞凛，辽军士气受挫。此时，宋真宗在宰相寇准的力劝下，亲临澶州督战。辽军由于自身原因及担心腹背受敌，提出和约。宋真宗也赞同议和，派曹利用前往辽营谈判。最后双方订立和约，主要内容包括：辽宋约为兄弟之国；宋每年送给辽岁币银十万两、绢二十万匹；宋辽以白沟河为边界。

澶渊之盟签订后，宋辽两国百年间不再有大规模的战事，双方互派使者多达三百八十次之多，保持了长久的和平局面。

景德镇是怎样得名的？

在宋代之前，景德镇曾有过好几个名称：新平镇、昌南镇和陶阳镇。

到宋代，南北名窑林立，突出的有汝、官、哥、钧、定五大名窑。当时景德镇瓷业生产也进入一个崭新时期，这里的瓷器"土白壤而埴，质薄腻，色滋润"。

景德年间（1004—1007年），宋真宗赵恒派人到景德镇，为皇家制造御用瓷器，底书"景德年制"四字。由于"其器光致茂美，于是天下咸称景德镇瓷器，而昌南之名遂微"。从此以后，这里因此得名"景德镇"，名称沿用至今，已千余年。

丁谓是怎样陷害寇准的？

宋真宗赵恒因中风在后宫休养，于是朝廷大事多由刘皇后来决定。寇准便上奏赵恒说可以让太子监国，选择端方正直的大臣辅佐，丁谓、钱惟演等人都是奸佞之徒，要让这些人远离太子。但不幸的是，这些话被丁谓知道了。于是丁谓一再在赵恒面前诬告寇准，赵恒病中糊里糊涂竟将寇准罢了相，任命他为太子太傅。

在此之前，赵恒还跟左骐骥使周怀政商议过让太子监国之事。寇准被罢相后，周怀政就准备尊奉赵恒为太上皇，立太子赵祯为皇帝，杀死丁谓，仍迎寇准为相。但不幸的是，这件事泄露了风声，丁谓利用这件事情大做文章，在赵恒面前说此事是寇准和周怀政共同策划的。赵恒听完大怒，下诏将周怀政处死，罢免了寇准的太子太傅之职，并将他流放到一个小州。

丁谓在起草皇帝诏约时私自篡改了赵恒的话，多加了一个"远"字，于是成了"给他一个远小州"，将寇准贬至相州任知州，不久又贬到道州。最后，寇准于宋仁宗天圣元年（1023年）闰九月死于贬所。

狄青为什么郁郁而终？

狄青（1008—1057），字汉臣，北宋汾州西河（今山西汾阳）人。宋仁宗时期名将。宋仁宗宝元元年（1038年），官为延州指挥使，因勇而善谋，屡立战功，后官至枢密使，掌握兵权。

北宋自开国以来，极力压低武将地位，以绝其觊觎之心。因此，狄青便不可避免地受到朝廷的猜忌。臣僚百官纷纷向仁宗进言，称恐狄青有祸乱之心。宋仁宗不信，说他乃忠臣，然文彦博却反驳说："太祖岂非周世宗忠臣？"最终，狄青被贬，出判陈州。

到陈州之后，朝廷仍不放心，每半月便派人监察。此时的狄青已被谣言中伤搞得惶惶不安，不到半年，这位曾驰骋沙场、浴血奋战、为宋王朝立下汗马功劳的一代名将，便在猜忌、排斥中发病郁郁而死。

范纯仁为何被称为"布衣宰相"？

范纯仁，字尧夫，苏州吴县（今江苏苏州）人，范仲淹之子。宋仁宗皇祐元年（1049年）中进士，后官至尚书右仆射兼中书侍郎（实即宰相）。在范仲淹的严格管教下，范家始终保持着俭朴的门风，范纯仁也深受父亲的影响。

有一次，范纯仁留同僚晁端在家中吃饭。晁端回去之后逢人便说丞相家的家风败坏了，旁人忙问为何，晁端说："平时丞相家吃饭，菜不过是咸菜、咸豆腐之类。而留我吃饭，居然在咸菜、咸豆腐上面放了两小簇肉，这岂不是家风败坏了吗？""布衣宰相"的称号从此传开。

宣德门下马案是怎么发生的？

熙宁六年（1073年）上元夜，王安石应邀陪同宋神宗到皇宫观赏花灯。当他们到达皇宫正门宣德门时，值守的太监张茂则突然叫停王安石的马队，并示意守门卫士上前揪住为王安石牵马的马夫，对马夫和王安石的坐骑进行殴打。这一举动令王安石十分窝火，他随后找到宋神宗评理。

王安石表示，他并非第一个在门内下马的宰相，先前随同曾公亮宰相陪皇上进大内时也是这样做的。宋神宗也觉得有理，因为他做亲王时地位在宰相之下，也是在门内下马的。然而，一向与王安石不对眼的老臣文彦博却冷冷地甩出一句阴毒的话："老臣从来只于门外下马。"这进一步加剧了事件的复杂性。

为了平息事件，宋神宗决定将此案移交开封府审理。开封府判官梁彦明、推官陈忱接手此案，并毫不犹豫地将门卫判处杖刑。然而，这一处理结果并未让所有人满意。王安石强烈要求神宗皇帝彻查幕后指使，而宋神宗也深感此事背后可能隐藏有更大的政治阴谋。

宋神宗为何派沈括出使辽？

沈括（1031—1095），杭州钱塘人，他不但办事认真细致，而且精通地理。

1075年，辽朝派大臣萧禧到东京，要求划定边界。萧禧坚持说黄嵬山（在今山西原平西南）一带三十里地方应该属于辽朝。面对辽朝的无理要求，宋神宗派沈括去谈判。沈括到枢密院，从档案资料中把过去议定边界的文件都查清楚了，证明那块土地应该是属于宋朝的。后来沈括还画成地图送给萧禧看，萧禧才没话说。

为了明确边界问题，宋神宗又派沈括

出使上京（辽朝的京城，今内蒙古巴林左旗南）。辽朝派宰相杨益戒跟沈括谈判，辽方提出的问题，沈括和官员们对答如流，有凭有据。杨益戒一看没有空子好钻，只好放弃了他们的无理要求。

宋神宗年间新党、旧党的分歧在哪里？

宋神宗年间，以王安石为首的"新党"和以司马光等为首的"旧党"，在对宋朝的治理上，存在着严重的分歧。新党想以变法的手段改变王朝"积贫积弱"的局面，旧党则以"扰民""生事""与民争利"为理由反对变法。

一般来说，新党代表士大夫积极有为的精神，但旧党也不能简单地视为"反动"。旧党认为，现有政治体制及种种政策本身并无问题，问题出在官员们不能正确执行；而且与其像新法那样向民众取财，不如从皇帝及朝廷的节约做起。新党则更多从"应当如何"方面去思考问题，王安石变法一时间起到一定作用，有的措施还被证明行之有效，并且变法本身确实体现了宋代士大夫以天下为己任的积极进取精神。

永乐城之战谁失败了？

元丰五年（1082年）年初，西夏王闻宋在夏、银、宥三州界筑永乐城（又名银川寨，今陕西米脂县西）屯兵戍守，遂遣军三十万，前往攻取。西夏军先出动号称"铁鹞子"的骑兵抢渡城东无定河，与宋军激战于城下旷野。铁鹞军驰骋冲杀，锐不可当，宋军尽被击溃。西夏军主力继围永乐城，截断水源，堵绝馈运，城内宋军渴死大半，城终被攻克。

宋哲宗为什么与太后嫌隙很深？

宋神宗在位时，蔡确通过各种阴谋诡计独掌了朝廷大权。宋神宗病重后，蔡确以宣仁太后会让宋神宗弟弟继承皇位，就图谋当"策立元勋"，在新皇帝身上再捞点实惠。邢恕本是正牌的旧党官员，与蔡确成为密友，为他出谋划策。

可不久之后，蔡确与邢恕便得知宣仁太后准备让宋神宗幼子继承皇位，不禁大失所望。但事后他们还是私下里散布说，宣仁太后、王珪原本有废立之谋，是蔡确据理力争才为宋哲宗保住皇位的。宋哲宗与宣仁太后的嫌隙就此产生。

因为宋哲宗年幼，宣仁太后以太皇太后身份垂帘听政。其间，旧党大臣对宋哲宗颇有不尊重之处，宋哲宗行为稍有越轨，旧党大臣就怂恿宣仁太后教训他一番，宋哲宗对宣仁太后更为不满。

绍圣四年（1097年），邢恕出任御史中丞，乘机提出王珪（开始尚不敢直指宣仁太后）有谋立雍（岐）王主张的老话，并迫使高太后堂弟高士京上书做证，于是王珪被贬官。

邢恕又找出文彦博儿子文及甫元祐年间写给邢恕的一封信，断章取义，将矛头直指太后和司马光。宋哲宗听信了他们的谎言，更加仇视旧党大臣和宣仁太后，于是便令人写了废宣仁太后为庶人的诏书。后幸亏其母向太后闻知极力反对，才没有将诏书颁发。

苏轼是怎么惹上"乌台诗案"的？

1079年，苏轼由徐州知州改任湖州知州。到达湖州任职后不久，监察御史何正臣首先向他发难，弹劾苏轼给宋神宗赵顼的谢恩表是"愚弄朝廷，妄自尊大"。没过几天，另一个御史舒亶又从苏轼所写的诗文中摘出几句话，诬陷他诽谤朝廷、大逆不道。

苏轼在外任官期间，目睹了新法推行过程中出现的许多扰民害民问题，于是就写了一些诗来讽刺这些事，希望朝廷重视这些事。其中有一首《王复秀才所居双桧》主要是描写两株桧树"凛然相对"，"直干凌空"，树根深入九泉，挺拔无曲的雄姿，借以抒发自己耿直不屈的性情，却被随意曲解，说皇帝是飞龙在天，而苏轼却向地下的蛰龙寻求相知，有对皇帝不恭之意。于是朝廷派人前往湖州逮捕苏轼，押赴京都，关入御史台监狱。御史台又称乌台，因此这个案子被称为"乌台诗案"。

"教主道君皇帝"指的是谁？

宋徽宗是一个颇有才学的皇帝，他琴棋书画无所不通，诗词歌赋颇有建树。但是，他也像历史上的许多帝王一样，仰慕神仙，渴求长生，崇奉道教。他对道教的崇奉，可以说是付出了一片真心。在位期间，他赐封三十代天师张继先为虚静先生，向全国道观颁发《金箓灵宝道场仪范》，派道士赴高句丽宣道并向天下征求道教仙经等。1117年，宋徽宗自称为"教主道君皇帝"。

"花石纲"与方腊起义有什么关系？

官员朱勔是苏州人，设立应奉局，为宋徽宗搜刮奇珍异宝。睦州青溪（今浙江淳安）出产各种花石竹木，朱勔常常派人到那里，搜取花石。当地有个人叫方腊，家里有个漆园。方腊平时靠这个园里的出产，日子勉强过得去。自从朱勔开始搜集花石纲以后，方腊家也遭到勒索。方腊恨透那些官府差役，就举起"杀朱勔"的旗帜，动员起义。方腊成为起义军的统帅，自称"圣公"。将士们戴着各色头巾，作为标记。恼怒的起义将士，杀死那里的官吏，焚烧他们的住宅。

宋徽宗派童贯去镇压起义，童贯知道花石纲引起的民愤太大，立刻用宋徽宗的名义下了一道诏书，承认过错，并且撤销了专办花石纲的"应奉局"，把朱勔免职，从而平息了方腊起义。

哪位抗金名将临终连呼"渡河"？

宗泽（1060—1128），字汝霖，婺州义乌（今浙江义乌）人，宋代著名军事家、政治家，抗金名将。

南宋建炎元年（1127年）七月至第二年五月，在不到一年的时间里，宗泽接连上了二十四封《乞回銮疏》，这就是历史上著名的"乞回銮二十四疏"，要求北伐抗金。宋高宗赵构不但不采纳，反而"信而见疑，忠而见谤"，派侍卫马军都指挥使郭荀为东京副留守，就近监视宗泽，阻止进兵渡河抗金计划的实施。建炎二年（1128年）七月十二日，宗泽在弥留之际，念念不忘北伐，最后连呼三声"渡河"后去世。墓前石碑刻的"大宋濒危撑一柱，英雄垂死尚三呼"是宗泽的一生写照。

宋徽宗是如何惨死的？

宋徽宗与宋钦宗被劫持到北方以后，金人举行了献俘仪式，命令二帝及其后妃、宗室、诸王、驸马、公主都穿上金朝百姓的服装，头缠帕头，身披羊裘，袒露上体，到金朝阿骨打庙去行"牵羊礼"。金人还为两位皇帝起了侮辱性的封号，称宋徽宗为"昏德公"，称宋钦宗为"重昏侯"。

两位皇帝先被押关在五国城。因为受不了金人的折磨，一日宋徽宗将衣服剪成条，结成绳准备悬梁自尽，被宋钦宗抱下来，父子俩抱头痛哭。后金人又将二帝移往均州，此时宋徽宗已病入膏肓，很快就死了。之后，宋徽宗的尸体被架到一个石坑上焚烧，烧到半焦时，用水浇灭，将尸体扔到坑中。据说，这样做可以使坑里的水做灯油。宋钦宗悲伤至极，也要跳入坑中，但被金兵拉住，说活人跳入坑中后坑中的水就不能做灯油用了。宋徽宗死后，宋钦宗继续遭受折磨，最后也惨死在北方。

金太宗立谁为大齐皇帝？

1128年冬天，金朝大将挞懒率大军包围了济南城。宋济南城知府刘豫大开城门迎接挞懒进城，作为回报，金太宗任命刘豫为淮南安抚使、东平府知府兼诸路马步军都总管，封刘豫的大儿子刘麟为济南知府。

金太宗为收买中原人心，1127年曾立宋降臣张邦昌为大楚皇帝作为金的"儿皇帝"。不久，张邦昌就被赵构派人杀死了。1130年，金太宗召集群臣计议，准备再立一个汉人傀儡皇帝。刘豫打听到此消息后，赶紧派大儿子刘麟带上金银珠宝去贿赂挞懒、粘罕，要他们推荐自己做傀儡皇帝。挞懒、粘罕也想拉拢刘豫，就在金太宗面前极力举荐刘豫做皇帝，金太宗同意了，就下诏立刘豫为大齐皇帝。

韩世忠在什么地方大败金军？

韩世忠（1089—1151），字良臣，陕西延安人，是南宋与岳飞齐名的抗金英雄。

建炎三年（1129年），宋、金两军在江上会战多次。每次会战，金军虽死命攻打，但始终无法通过宋军的江上封锁线。兀术派使者表示将掠夺财物全部奉还，请求假道过江。又想把名马献给韩世忠，买条生路，都被韩世忠严词拒绝。

兀术无计可施，急率残兵败将退驻黄天荡（在今江苏江宁县东北），并要求与韩世忠直接对话，请求借道。韩世忠回答道："只要肯把掳去的徽、钦二帝送回，同时归还侵占大宋的全部土地，我就可以放你一条生路。"两军开战，金军大败，兀术用火箭烧宋军战船，才得以北逃。黄天荡之战，韩世忠因有功拜检校少师、武成感德节度使和神武左军都统制。

岳飞是怎样抗金的？

绍兴十年（1140年）七月，金兀术率部在郾城与岳家军对阵，岳飞令其子岳云率轻骑攻入敌阵。金军出动重铠骑兵"铁浮屠"做正面进攻，另以骑兵为左右翼，号称"拐子马"配合作战。岳飞遣背嵬亲军和游奕军迎战，并派步兵持麻扎刀、大斧等，上砍敌兵，下砍马足，杀伤大量金兵，使其重骑兵不能发挥所长。双方从下午激战到天黑，金军大败。郾城之战是宋金双方精锐部队之间的一次大决战，宋军以少胜多，给金军以沉重打击。

这时黄河南北许多坚持斗争的义兵，都打着岳家军的旗号响应岳飞的北伐，其他各路宋兵也转入局部反击。抗金斗争呈现一派蓬勃发展的大好形势，当时，岳飞喜极，对其部下说："直抵黄龙府，与诸君痛饮尔！"金军中则流传有"撼山易，撼岳家军难"的话。

召回岳飞的十二道金牌是什么东西？

南宋抗金英雄岳飞在抗金节节胜利之际，宋高宗于绍兴十一年（1141年）在秦桧的挑唆下，一日内连发十二道金牌，将在前线作战的岳飞召回临安。

一直以来，很多人认为这"十二道金牌"是朝廷调兵遣将的将令，是奸臣杀害岳飞的传令牌，其实不然。这种"金牌"是一种以最快速度传递邮件的特殊标志，是宋代多种通信证件的一种。该金牌制度始于元丰六年（1083年），金牌是用木头做成条状，长约一尺，周身涂满朱红油漆，上面篆刻着"御前文字，不得入铺"八个黄金"警"字。这里的"御前文字"，是指从朝廷皇帝身边传来的公文、信件；"不得入铺"是指传递邮件时，驿吏不得在驿站内交接，而只能在马背上依次传递。

宋高宗为什么一定要置岳飞于死地？

宋朝自太祖赵匡胤开国以来，素有不轻易杀戮大臣的传统。传位到宋高宗赵构，尽管他懦弱，但也基本上继承了开国祖先的这一优良传统，所以在解除诸将兵权后，宋高宗并没有实行"鸟尽弓藏，卸磨杀驴"的政策，而是高官厚禄地将许多有功之臣"束之高阁"。可是，为什么宋高宗对立下汗马功劳、为朝廷建功立业的名将岳飞，却毫不手软地要置于死地呢？其根本原因还是由于岳飞的实力实在太强大了，已经成为宋高宗最为猜忌和防范的"重点人物"。与其整日提心吊胆地防着，还不如杀之以解心中的担忧，于是宋高宗对岳飞痛下杀手。

"绍兴和议"的具体内容是什么？

"绍兴和议"是南宋与金订立的和约。绍兴十一年（1141年）十月，宋高宗派魏良臣为禀议使赴金。十一月，金以萧毅、邢具瞻为审议使，提出和议条件。

和议的内容是：第一，宋向金称臣，"世世子孙，谨守臣节"，金册宋康王赵构为皇帝。第二，划定疆界，东以淮河中流为界，西以大散关（陕西宝鸡西南）为界，以南属宋，以北属金。宋割唐（今河南唐河）、邓（今河南邓州市）二州及商（今陕西商县）、秦（今甘肃天水）二州之大半予金。第三，宋每年向金纳贡银、绢各二十五万两、匹，自绍兴十二年（1142年）开始，每年春季搬送至泗州交纳。

什么是绍熙内禅？

绍熙内禅，是指宋光宗赵惇在绍熙五年（1194年）被迫禅位给儿子赵扩的历史事件。

宋光宗在淳熙十六年（1189年）二月即位，第二年改元绍熙。宋光宗患病，无法主持朝政，李皇后擅政，搬弄是非，使宋光宗与太上皇（宋孝宗）长期失和。绍熙五年（1194年）六月九日，太上皇卒，宋光宗始终未去重华宫问疾，也不执丧，朝中骚动。赵汝愚通过知阁门事韩侂胄将内禅之意向太皇太后请示。次日，赵汝愚请立嘉王为太子，并且说宋光宗"念欲退闲"，于是太皇太后应允。七月五日，太皇太后命赵汝愚拟旨让嘉王赵扩即位，是为宋宁宗。

为什么会爆发"庆元党禁"？

庆元元年（1195年）二月，韩侂胄使谏官奏赵汝愚以宗室居相位不利于社稷，赵扩就贬赵汝愚至永州（今属湖南），后赵汝愚死于贬所。韩侂胄当政，凡与他意见不合者都被称为"道学之人"，后又斥道学为"伪学"，禁毁理学家的《语录》一类书籍。

科举考试中，凡涉义理之学者，一律不予录取。《六经》《论语》《孟子》《中庸》《大学》之书为大禁。不久宋宁宗赵扩下诏，订立伪学逆党籍。名列党籍者都受到了不同程度的处罚，凡与他们有关系的人，也都不许担任官职或参加科举考试。从这年开始的所谓禁伪学前后历时六年之久，史称"庆元党禁"。

谁发动了"开禧北伐"？

宋宁宗时，韩侂胄掌大权，力主抗金，得到著名的抗战派辛弃疾、陆游、叶适等人的支持。宋宁宗对南宋的屈辱地位不满，也支持韩侂胄的抗金政策。

开禧二年（1206年），身任平章军国事的韩侂胄未做充分准备，便贸然发动北伐。宋军纷纷出击，山东京东招抚使郭倪派兵攻宿州（今属安徽），建康府（今江苏南京）都统制李爽率部攻寿州（今安徽凤台）等。然金军方面早有准备，故上述宋军进攻皆以失败告终。四川宣抚使吴曦叛宋降金，割让关外四郡，金封吴曦为蜀王。面临这种不利局势，韩侂胄只好向金朝求和，但因金人提出要斩韩侂胄等人而未果。

完颜亮渡江南侵的计划为什么会破产？

绍兴三十一年（1161年）四月，完颜亮发动侵宋战争，遭到金统治区各族人民的强烈反对。金宗室完颜雍乘机夺取政权，是为金世宗。完颜亮得知这一消息之后加速了南侵的步伐，并决定于十一月初八日从采石（今安徽当涂北）渡江。

中书舍人虞允文任参谋军事，他召集诸将会议，以忠义鼓舞士气，决心一战。两军交战后，宋水军多踏车海鳅船，大而灵活，而金军船只底平面积小，极不稳便宋船乘势冲击，金兵大败。完颜亮见渡江失败，只得退回和州，接着逃往扬州。其他几路金军也被宋军打退，完颜亮不禁大怒，于是命令金军三天内全部渡江南侵，否则处死，这就促使其内部矛盾激化。十一月下旬，完颜元宜率军杀死了完颜亮。

钓鱼城之战有何重要影响？

宋理宗嘉熙四年（1240年），四川制置副使彭大雅为了抗击蒙古军，派甘闰于合州（今重庆合川）东十里钓鱼山上筑寨。宝祐二年（1254年）王坚任合州守将，大规模修城设防，钓鱼城成为十数万人的军事重镇。

宝祐六年（1258年），蒙哥汗率主力入四川，攻占许多地方，钓鱼城却巍然屹立，成为阻击蒙古军的坚强堡垒。开庆元年（1259年）二月，蒙哥进驻石子山，亲自督阵攻城，但均被击退。接着，蒙哥被击伤，七月二十一日死于军中，蒙古军被迫撤围。

蒙哥汗在钓鱼城下的败亡，其影响是十分巨大的。首先，它导致蒙古帝国这场灭宋战争的全面瓦解，使宋祚得以延续二十年之久。其次，它使蒙古帝国的第三次西征行动停滞下来，缓解了蒙古帝国对欧、亚、非等国的威胁。最后，它为忽必烈执掌蒙古政权提供了契机，对中国历史发展产生了重大影响。

总之，钓鱼城作为山城防御体系的典型代表，在冷兵器时代，充分显示了其防御作用，成为蒙古军队难以攻克的堡垒。

南宋最后一位皇帝是怎么死的？

赵昺（1272—1279），是南宋最后一位皇帝。

赵昺是宋端宗幼子，曾被封为信国公、广王、卫王等。1278年，宋端宗因落水而染疾去世，赵昺继位做了皇帝，改元祥兴。他在位时，以崖山（今广东新会崖门）为据点，并起用张世杰抗元，陆秀夫整顿内政。但宋军最终还是于1279年在崖山海战中被元军大败，全军覆灭。陆秀夫背着小皇帝赵昺跳海而死，宋王朝灭亡。

宋代的海上贸易为何发达？

宋代海上贸易之所以发达，是多种因素共同作用的结果。

首先农业与手工业的发展，为海外贸易提供了丰富的商品来源。其次，宋朝政府非常重视拓展航海贸易，奉行开放性的航海贸易政策，在主要港口设置了市舶司来管理对外贸易。最后，宋代拥有发达的造船业，能够制造大型海船进行远洋航行，而宋代航海技术的进步也是推动海上贸易发达的重要因素之一。另外，两宋时期，周边契丹、党项、女真等少数民族的兴起与强大，使得宋朝和中亚地区的陆路往来中断。为了维持与国外的贸易往来，宋朝不得不通过海路与外国发展贸易关系。

以茶易马是怎么回事？

从宋朝的战争史能发现宋军在装备上存在着一个很大的欠缺，便是战马过少。这是因为马性喜寒恶热，宋朝统治区内大抵不产马，少数地区所产的马又不适合军用。无奈之下，只好向境外买。辽、夏、金、元同宋处于敌对状态，自然不会卖好马给宋朝。宋朝只好打西部少数民族的主意。于是在西部边境地带设置了买马机构，召诱西番、回纥、大理等国的人前来卖马。

买这么多马匹，就要支付巨额的费用。政府不愿铜钱外流，而西部少数民族似乎也不乐意要铜钱，于是双方议定，宋以茶、锦（包括小量其他种类丝织品）、盐和白银支偿

宋代妇女的地位是怎样的?

谈到古代制度对中国妇女的摧残,人们往往想到"饿死事小,失节事大""人道莫大于三纲,而夫妇为之首"等说教,这些说教的制造者都是宋朝的理学家。妇女的缠足,萌生于五代,推广于两宋。由此人们便推想,宋代的妇女地位,必定是中国历史上各朝代中最低下的。然而实际情况并非如此。

人们对宋代妇女社会地位的新认识,来源于宋代史料中对当时妇女改嫁现象的大量记述。例如范仲淹的母亲谢氏、杜衍(宋仁宗时宰相)的母亲、王安石的儿媳庞氏、宋神宗皇后的母亲等都曾改嫁,并且最早提出"饿死事极小,失节事极大"的程颐,当他的亲侄媳妇王氏和他的外甥女丧夫后,先后改嫁,他都未加反对。显然,尽管宋代有理学家们大肆提倡女子的贞节,但并未被整个社会所接受。由此可以说明,宋代男女两性的社会地位虽然仍存在着不平等,但妇女的地位并非历朝中最低的。

辽 代

耶律阿保机采取了哪些新举措?

建立辽国后,耶律阿保机着手制定新制度。

第一,参照汉族的政治模式,建立起新的国家机构。

第二,彻底废除部落世选制,确立皇位世袭。

第三,健全法制,制定契丹第一部法典《决狱法》。

第四,组织人力创制契丹文字。本着"因俗而治,得其宜"的原则,制定民族政策。

第五,中央官制分南北,"(北面)以国制治契丹,(南面)以汉制待汉人"。

第六,大力吸收汉文化,仿唐代长安,修建皇都,即后来的辽上京;兴建孔庙、佛寺、道观等。

耶律阿保机通汉语,任用韩知古、韩延徽、康默记等有才学的汉人为谋士,并采纳韩延徽的对策,置州县,立城郭,定赋税,模仿汉地的制度来管理在战争中俘掠的大量汉人。从此,契丹在奴隶制成分仍占重要比重的情况下,封建制成分得以迅速发展。

什么是契丹八部?

《契丹国志》中记载了一则传说,契丹人的祖先是一位骑白马的男子和一位乘小车驾灰色牛的妇人,这两个人在木叶山面对河水结为夫妇,生了八个儿子,就是后来的八个部落。

从《魏书·契丹传》的记载中可以得知,契丹八部最早的名称是悉万丹部、何大何部、伏弗郁部、羽陵部、日连部、匹黎尔部、吐六于部、羽真侯部。这八个部族曾分别向北魏王朝贡献名马和兽皮,以求在边境地区换取其他的生活必需品。人们逐水草而居,繁衍人口,虽谈不上锦绣绫罗,倒也丰衣足食,怡然自乐。后来,遥辇氏的阻午可汗改组了原有的契丹八部,分为新的八部,称为迭剌部、乙室部、品部、楮特部、乌隗部、突吕不部、涅剌部、突举部。

为什么说耶律曷鲁功列第一？

耶律曷鲁（872—918），字控温，又字洪隐，是辽太祖耶律阿保机的族兄弟，在阿保机的功臣中位列第一。耶律曷鲁不但有谋略，也很有军事指挥才能，他曾经率领几名骑兵说服小黄室韦部落来归附，壮大了自己部落的力量。在对外征战乌古等部落时，耶律曷鲁也屡建战功。

903年，契丹族的于越被反对派杀死，耶律阿保机的处境也很危险，耶律曷鲁便不离左右地保护他，以防意外。907年，痕德堇可汗病故，耶律阿保机的部下们一致推举他做联盟的可汗，耶律曷鲁便是这些人的中坚，最为积极。他想尽各种办法，终于让耶律阿保机当上了可汗。在耶律阿保机四处征战和称帝建国的过程中，耶律曷鲁的作用是其他人难以代替的。

为什么说述律后权欲熏心？

述律氏（879—953），汉字名平，小字月里朵，属归附契丹的回鹘人。述律氏当上皇后之后，几次想把持朝政，是个权欲熏心的女人。

916年耶律阿保机登坛祭天称帝，加尊号为大圣大明天皇帝，述律氏被立为应天大明地皇后，长子耶律倍被立为皇太子。辽太祖死后，述律后欲立耶律德光为帝，但一些契丹贵族认为帝位宜立嫡长子，主张立皇太子耶律倍。述律后遂决定借辽太祖驾崩杀戮政敌，排斥异己，于927年立二皇子耶律德光为帝，是为辽太宗，辽太宗尊述律后为应天皇太后。

辽太宗死后，太祖大皇子耶律倍之子永康王耶律阮在众臣推举下即位，为辽世宗。

述律后心怀不满，密谋政变，辽世宗发觉后幽禁述律后。被幽禁后的述律后心情抑郁，于953年病逝。

辽朝的"因俗而治"政策是怎样的？

辽太宗的"因俗而治"政策就是"以国制治契丹，以汉制待汉人"。即在契丹人和北方诸族居住地实行他们原有的奴隶制，在南方渤海人和燕云十六州的汉人居住地实行较高形式的封建制度。

为了适应"因俗而治"政策，辽的官制和法律也做出了相应的修改：

第一，辽的中枢官制分为北面官制和南面官制两大系统。北面官制用来管理契丹政事，最高的军政机构一般为北枢密院；南面官制管理汉人事务，最高军政机构一般为南枢密院。

第二，在地方官制上，北面官制采用与奴隶制相适应的部族制。而南面官制则沿袭后唐官制，设州、县，州最高长官称刺史，县最高长官称县令。

同样，法律上也是一分为二，对契丹人实行契丹法，对汉人实行原有的汉法。

察割政变是怎么回事？

察割政变是发生在辽前期宫廷内部争夺皇权的军事政变。

951年，辽世宗耶律阮亲统辽军南下中原攻周。九月，辽世宗行至归化州（今河北宣化）的祥古山驻跸。担任宿卫的耶律察割（辽太祖弟耶律安端之子）乘机发动政变，与耶律盆都等人攻入辽世宗大帐，杀死辽世宗，自立为帝。右皮室军详稳耶律屋质领兵杀耶律察割，拥立寿安王耶律璟（辽太宗子）即位，是为辽穆宗。参与政变的耶律盆都等人均被处死。在政变中被耶律察割所杀的还有太后、皇后等人。察割曾执百官家属为人质，以胁迫百官从叛，但没有得逞。

耶律倍为什么逃向后唐？

辽太宗耶律德光是在母后的主持之下取代其兄皇太子耶律倍继承皇位的，辽太宗继位后，仍然担心兄长会和自己争夺帝位，于是在即位后便开始着手巩固自己的地位。天显三年（928年），辽太宗将兄长耶律倍迁到南京居住，实际上是把他软禁起来。

天显五年（930年），辽太宗册封弟弟耶律李胡为皇太弟，即选定弟弟为继承人，如此一来，耶律倍就更加不可能当上皇帝了。耶律倍回到东丹封国之后，辽太宗更加强了对他的监控。

后唐明宗李嗣源听说了耶律倍的遭遇，便秘密派使节请耶律倍去后唐。耶律倍就对左右侍从说："我把天下让给主上（指二弟辽太宗），如今反而遭受怀疑，不如投奔他国，以成就像吴太伯一样的贤名。"临走时，耶律倍在海边竖立一块木牌，上面刻了一首诗："小山压大山，大山全无力。羞见故乡人，从此投外国。"之后，耶律倍逃向后唐。

为什么辽穆宗被称为"睡王"？

辽穆宗在平定叛乱稳定政权之后，觉得帝位已无后顾之忧，于是开始放纵。晚上饮酒作乐，直到第二天早晨，然后白天就大睡其觉，政事全部放在了脑后。因此得了个"睡王"的称号。

辽穆宗喝了酒之后，动不动就找碴杀人，视人命如草芥。左右侍从稍有过错，就被他亲手杀死，弄得侍从们整天提心吊胆。969年，辽穆宗来到黑山游猎，半夜时醒来向左右要食物吃，结果没人应答，辽穆宗大怒，要杀做饭的人。这些人很害怕，就连夜起来反抗，共六个人，有近侍、做饭的厨子等，以送饭为掩护，持刀进入辽穆宗的营帐，杀死了辽穆宗。辽穆宗对近侍的残忍终于有了恶报。

耶律休哥为什么被称为辽的"于越"？

耶律休哥（？—998），字逊宁，契丹人，辽名将。

乾亨二年（980年）冬，辽景宗耶律贤亲自出征，包围了瓦桥关（在今河北雄县）。宋军前来援救，瓦桥关守将张师率兵突围，耶律贤亲自督战，耶律休哥斩杀了张师，余下的宋兵又逃回关里。宋军在河南面摆开阵势。耶律休哥率领精锐骑兵渡河，一举击败了宋军，一直追到莫州。战斗中，尸首堆满了道路，耶律休哥还生擒了宋军几员战将。耶律贤十分高兴，慰劳他说："你的勇猛超过了你的名声，假若人人都像你一样，还担忧攻不下敌阵吗？"于是回师后，便授予他"于越"的称号。什么是"于越"呢？这是辽代位高权重的官职，为群臣之首，辽代九帝共210年，也只有十位功盖天下的名臣受封为"于越"。

辽景宗的功绩有哪些？

辽景宗耶律贤（948—982），字贤宁。969年，辽穆宗逝世，耶律贤被推举为帝，尊号天赞皇帝，改元为保宁，是为辽景宗。辽景宗继位后，对辽政进行了大刀阔斧的改革。

第一，汉族官员被辽大量重用主要开始于景宗时期。

辽景宗即位后，先将拥立他即帝位的汉族官员高勋封为南枢密院使，又加封为秦王。由于对汉官的重用，极大地促进了政权机构的进步，提高了工作效率，也促进了契丹的封建化。从此，辽进入了中兴时期，开始向圣宗的全盛期迈进。

第二，整顿吏治。为了彻底改变辽穆宗时期的混乱局面，辽景宗对吏治进行了改革。在实施过程中，辽景宗赏罚分明，大胆地用人，这使得百官恪尽职守，丝毫不敢懈怠，辽穆宗时期的许多弊端很快被清除掉。在君臣的共同努力下，政治开明，经济社会得到较快发展。

正史中的萧太后是个怎样的人？

萧太后（953—1009），名绰，小字燕燕，是辽景宗耶律贤的皇后，被称为"承天太后"，辽史上著名的女政治家、军事家。历史上的萧太后是一个清正贤良、深明大义，为辽的发展做出了重大贡献的女政治家。

乾亨四年（982年）九月，辽圣宗即位，萧燕燕被尊为皇太后，摄政。萧太后虚心诚恳，用人不疑。她执法严明，毫不软弱，甚至"亲御戎车，指挥三军，赏罚信明，将士用命"，把北宋部队杀得尸横遍野，生擒名将杨业，几年后又和宋真宗确立"澶渊之盟"，开创了宋辽和平发展时期。萧太后在摄政期间，励精图治，选用汉人，开科取士，消除番汉不平等待遇，劝农桑，薄赋徭，内政修明，军备严整，纲纪确立，经济文化高度发展，使辽达到鼎盛。

西 夏

什么是党项八部？

从南北朝末期到隋代的一段时间里，党项羌也分为八个部族，只是这八部通常仅称为"氏"：细封氏、费听氏、往利氏、颇超氏、野利氏、房当氏、米擒氏、拓跋氏。

党项八部最初居住在今青海东南一带，过着游牧的生活，从隋代开始，逐渐向中原靠拢，到了唐代中期，就已有迁徙到今陕西北部的了。

元昊为什么在河湟地区败于吐蕃？

宋仁宗景祐二年（1035年），唃厮啰政权内部发生叛乱，元昊乘机出兵进围青唐城。经过了几个月的艰苦战斗，唃厮啰部将安子罗的军队渐渐不能支持，元昊军队也因粮草不继、士兵饥饿而死者越来越多只好撤军。大军行至宗哥河，船行半渡河中，安子罗暗使人决水淹元昊军，士卒溺死不计其数。

宗哥河之败使元昊十分恼怒。同年十二月，又亲率大军进至河湟。元昊主动进攻，渡河时，在河水浅的地方插标识为记，作为返军渡河之处。唃厮啰派细作前去侦探，暗中使人把渡河标识移至河水深险处。元昊对唃厮啰的进攻被击败，士兵狼狈争相逃命，到达河边，寻找标识抢先涉水而过，不断误入深水，士兵溺水而死者十有八九，仅留得残兵剩卒保护元昊逃回。

元昊为什么要死命争夺河西走廊？

在黄河以西，祁连山与北山山脉之间，有一条宽百公里或仅数公里的天然长廊，蜿蜒一千多千米，称为河西走廊。它是古代中原王朝西北边防的重地。

早在9世纪中叶，漠北回鹘汗国灭亡后，一部分回鹘人迁入河西地区，同原来居住在这个地区的回鹘部族建立了回鹘政权，成为河西走廊一股重要的统治势力。夏州党项政权兴起之后，党项政权即处于甘州回鹘、吐蕃和宋、辽之间。河西走廊地逼西平，直接威胁着党项政权后方的安全。河西走廊优越的地理位置和自然条件也成为党项政权发展的必争之地。因此，元昊必然要死命争夺河西走廊。

没藏讹庞是什么人？

没藏讹庞（？—1061），夏景宗元昊宠妃没藏氏之兄，西夏权臣之一。

没藏讹庞以阴谋手段谋害元昊，杀死太子宁令哥，又策划立谅祚为帝。元昊临终时本有遗命立其从弟委哥宁令继承帝位。大臣诺移赏都等都主张遵从元昊遗命。没藏讹庞反对，他说："夏自祖考以来，父死子及，国人乃服。今没藏后有子，乃先王嫡嗣，立以为主，谁敢不服！"众大臣唯唯称是，遂奉谅祚为帝，尊没藏氏为宣穆惠文皇太后。谅祚年幼，太后摄政。没藏讹庞以诺移赏都等三大将分掌兵权，自任国相，总揽朝政。没藏讹庞因在没藏大族中为长，朝中又贵为国相，权倾朝野，出入仪卫可以和皇帝相比。

夏毅宗执政后采取了哪些汉化措施？

1048年，西夏第二代皇帝夏毅宗（即谅祚）即位。1061年夏毅宗在大将漫咩等人的支持下杀掉没藏讹庞及其家族，又杀妻没藏氏，立梁氏为后，结束了没藏氏专权的局面。他任用梁乙埋为国相，并重用汉族士人景询等。

夏毅宗废行番礼，改从汉仪，并向宋朝请求恢复姓李，但遭到宋朝的拒绝。

夏毅宗调整监军司，加强军备，并控制军权，使文武互相制约。又增设汉、番官职，充实行政机构。拱化五年（1067年），夏毅宗诱杀保安军（今陕西志丹）宋将。又企图征服河湟吐蕃，乘唃厮啰与辽失和，率兵直攻青唐城（今青海西宁）。先后收降了吐蕃首领禹藏花麻及木征等，巩固了西夏的南疆。

梁太后是如何专政的？

梁太后（？—1085），西夏惠宗秉常生母。夏毅宗谅祚死后，夏惠宗七岁嗣位，梁太后摄政，任弟梁乙埋为国相。大安二年（1076年），夏惠宗亲政。汉人李清建议联宋，以削弱梁氏势力。梁太后与其亲信定计杀李清，并幽禁夏惠宗于兴庆府（今宁夏银川）西皇陵所在的木寨。拥帝势力拥兵自卫，西夏统治集团面临分裂。

宋神宗赵顼发兵来攻，梁氏家族领兵抵御，尽皆溃败，形势危急。梁太后改行坚壁清野、引敌深入、抄绝饷道、聚兵歼灭的战略，击退宋军。次年，西夏又出兵攻陷了宋朝新筑的永乐城（今陕西米脂西），但西夏亦因连年战争陷于疲敝，内部日益不和。梁太后命夏惠宗复帝位，但仍掌握实权。大安十一年（1085年），梁太后病死。

历史上唯一的状元皇帝是谁？

夏神宗李遵顼是历史上唯一通过科举应试擢为状元的皇帝。李遵顼（1163—1225），西夏都城兴庆府（今宁夏银川）人，宗室齐王彦宗子。其祖上原为拓跋氏，唐赐姓李，宋赐姓赵，即帝位后用赵姓，庙号神宗。

李遵顼年少力学，博通群书。夏桓宗天庆十年（1203年），廷试第一，之后袭封齐王。李遵顼中状元后，仕途一路顺畅。西夏皇建二年（1211年），发动宫廷政变，自立为帝，改元光定。西夏乾定三年（1225年）二月，李遵顼病逝，谥号英文皇帝。

西夏是怎样灭亡的？

1226年，成吉思汗分兵东西两路，向西夏都城中兴府（今宁夏银川）进逼。西夏国王李德旺惊慌而死。西夏新国王派老将嵬名令公率十万军队迎战，于是爆发了空前激

西夏王陵
西夏王陵是西夏历代帝王和达官贵戚的埋葬地。陵园内有九座西夏帝王陵墓，近二百座陪葬墓似众星拱月布列其周围。西夏王陵糅合了汉族传统风格与本族特色，气势宏伟，号称塞外戈壁的"金字塔"。

烈的灵州大战。灵州一战，西夏的精兵被歼灭，蒙古军队的损失也很惨重。

第二年年初，成吉思汗占领了西夏都城的外围。夏天，中兴府发生强烈地震，西夏到了山穷水尽的地步，于是向成吉思汗投降，说："为了准备贡品，迁移民户，请放宽一个月，到时候亲自来拜见。"成吉思汗同意了。但不久成吉思汗染上了斑疹伤寒，临死时他嘱咐左右诸将，死后要严密封锁消息，西夏国王来朝拜的时候，把西夏国王杀掉，再把西夏都城的居民全都杀光。西夏就此灭亡。

金 朝

谁统一了女真各部？

早期女真族分为几十个不相统属的部落，完颜氏在女真诸部中地位并不突出。至乌古乃任完颜部酋长时，完颜氏发展成为强大的部落，并征服和联合十几个部族组成部落联盟。乌古乃成为部落联盟长，并被辽授予节度使称号。乌古乃利用辽朝的支持，加紧进行统一女真各部的活动。乌古乃死后，其子劾里钵继任联盟长。劾里钵与其弟盈歌又战胜活剌浑水的纥石烈部，巩固了部落联盟，这时的部落联盟已扩大到三十个部落了。而且内部的阶级分化日趋明显，一个奴隶制国家的雏形已形成。

猛安谋克制是怎么回事？

猛安谋克原是女真人在氏族社会末期的部落组织，是以血缘为纽带建立起来的，其组织按什伍进位编制，因有伍长（击柝）、什长（执旗）、谋克（百夫长）、猛安（千夫长）。最初是单纯的出猎组织，后来变成平时出猎、战时作战的组织。

随着女真族社会私有制的出现、阶级的分化，原来的猛安谋克已不适应新的形势。完颜阿骨打称帝前，顺应女真族历史发展的趋势，于1114年改造原有的组织，突破了血缘关系，规定以户为计算单位，以三百户为一谋克，设百夫长为首领。十谋克为一猛安，设千夫长为首领，由此实行了"壮者皆兵"即兵民合一制度。猛安谋克既是军事组织，又是地方行政组织（称为猛安谋克户），它是女真族的基本社会组织。

"头鱼宴"上的阿骨打有何表现？

1112年春天，辽天祚帝耶律延禧到东北春州（在今吉林省）巡游。

按照当地风俗，在每年春季最早捉到的鱼，要先给死去的祖先上供，并且摆酒宴庆祝。这一年，辽天祚帝在春州举行了头鱼宴，请酋长们喝酒。辽天祚帝几杯酒下肚之后，叫酋长们给他跳舞。那些酋长虽然不愿意，但是不敢违抗命令，就挨个儿离开座位，跳起民族舞蹈来。当轮到一个青年人时，他神情冷漠，一动也不动。这个青年就是女真族完颜部酋长乌雅束的儿子，名叫阿骨打。辽天祚帝见阿骨打居然敢当着大家的面违抗命令，很不高兴，一些酋长怕他得罪天祚帝，也从旁劝他。可是阿骨打拿定主意就是不跳，这场头鱼宴闹得不欢而散。

金兀术的真面目是怎样的？

兀术天生勇力过人，在女真反抗辽统治的斗争中立过战功。灭辽之后，金统治者随即发动了对宋的攻击，而兀术也随着他的部队从起义者转变为侵略者。

纵观兀术一生的战绩，可以说是败多胜少，经他指挥而葬送的金兵至少有四五十万。他每到一处，无不纵容士兵烧杀抢掠，撤军时，又总是带着大量不义之财，甚至在战前动员令中，也常常以"所得妇女玉帛悉听自留"为号召。这种野蛮的强盗行径不但给中原人民带来了巨大的灾难，也把无数的女真民众推入了深渊。战场上兀术的角色虽不甚光彩，但他在政治上却颇有建树，为金一代名相，辅佐金熙宗完成了改革大业。金世宗论金代名臣时说："宗翰（粘罕）之后，唯宗弼（兀术）一人。"

金熙宗在改制方面有哪些措施？

金熙宗即位后，金朝对女真旧制进行了一系列的改革。

废除勃极烈制度，改行辽、宋的汉官制度，设三师（太师、太傅、太保）、三省（尚书、中书、门下）。天眷元年（1138年），正式颁行官制改换官格（即将原女真、辽和宋的官职依照新制统一换授），并确定封国制度，规定百官的仪制与服色，号为"天眷新制"，同时任命卢彦伦营建宫室。当年还正式颁布女真小字，较女真大字笔画简省，皇统五年（1145年）正式行用。

为了加强对中原地区的统治，金熙宗置屯田军，将契丹、女真人自东北徙入中原地区，与汉人杂处。按户授予官田，使从事耕种，春秋给衣物、马匹，以资接济；若遇出军，发给钱米。皇统五年（1145年），金熙宗又颁行皇统新律，共千余条，大抵依仿宋制。所有这些措施，对于加速金朝的封建化和接受汉文化都起了积极的推动作用。

宋金是怎样确立以淮河为界的？

金太宗死后，金熙宗继帝位。兀术（也就是完颜宗弼）取得了军队大权，他背弃和约，分兵四路，向宋进军。不过这次出兵，是在宋金力量基本平衡的条件下发动的，并且遇到了岳飞和韩世忠的顽强抵抗，只是宋高宗听了投降派秦桧的谗言，强迫岳飞和韩世忠退兵，金兵才得以在绍兴十年（1140年）重占了河南。

兀术挥师向南，过了淮河，他给宋高宗赵构下书一封，对他大加谴责。赵构赶忙回书请求原谅。兀术表示两国只有以淮河为界，才可以答应宋朝的要求。于是，宋高宗马上就递上《誓表》，同意以淮河为两国边界，还答应把唐州、邓州等割给金，"世世谨守臣节"，每年金皇帝过生日的时候，奉送银二十五万两，绢二十五万匹。

海陵王的三大志向是什么？

1149年，海陵王完颜亮弑金熙宗自立，次年改元天德。他在篡位之前，曾向他的亲信私下谈起自己的志向，说："我平生有三个志向：国事都由我做主，这是其一；率军攻伐别国，捉住其国君向他问罪，这是其二；得天下绝色美人做妻子，这是其三。"他自立后，第一个愿望已经实现；又选了良家美女一百多人充入后宫，第三个愿望也大体落实；唯有第二个愿望还没有实现。所以，完颜亮于金正隆六年、宋绍兴三十一年（1161年），征女真、契丹、奚诸族壮丁二十四万，又强征汉族壮丁入伍，编为三十二军，另征水手三万充水军，共计五十余万，号称百万，水陆并进开始攻宋。但最后因治军严酷，激起兵变，被部下杀死。

谁享有"小尧舜"的美誉？

在我国古代的金朝，曾出现过一个像古代尧、舜那样的帝王典范。在他执政的二十余年间，经济发展，社会安定，群臣守职，上下相安，官吏不敢随意加重或减轻对人犯的处罚，形成了"刑部岁断死罪，或十七人，或二十人"的法制清平局面。这个有"小尧舜"美誉的封建皇帝叫完颜雍（1123—1189），女真名乌禄，即位后更名雍，是金太祖之孙，完颜宗辅之子。正隆六年（1161年）十月，完颜雍在辽阳称帝，改元大定，成为金朝的第五代皇帝，史称金世宗。

"明昌之治"是怎么回事？

金章宗（1189—1208）在位期间国力鼎盛，史称"明昌之治"。

金章宗完颜璟（1168—1208）小字麻达葛，金世宗之孙，完颜允恭之子。大定二十五年（1185年）父死，被封原王。次年拜尚书右丞相，立为皇太孙。二十九年（1189年）金世宗卒，即帝位。第二年改年号为明昌。

金章宗即位后，大兴郡学，提倡儒术，进一步采用汉族礼仪服饰，提倡女真族和汉族通婚，促进了民族融合。

何谓"宣宗南迁"？

"宣宗南迁"是金代宣宗迁都的历史事件，又称贞祐南迁。

金朝自卫绍王即位，国势日趋衰弱。成吉思汗统率蒙古军不断发动对金朝的战争。同时，金朝统治阶级内部矛盾激化，贞祐元年（1213年）八月，驻守中都城北的金右副元帅纥石烈执中弑卫绍王，自彰德迎接金世宗之孙完颜珣入中都，即帝位（金宣宗）。第二年三月，金宣宗遣使向蒙古军求和。金朝元帅左都监完颜弼、参知政事耿瑞义等建议金迁都南京（今河南开封）。左丞相徒单镒及宗室霍王完颜从彝等反对。金宣宗以金中都缺粮，不能应变为由，决意迁都。五月，金宣宗下诏南迁。次年，中都被蒙古军攻陷。宣宗南迁，各地人民纷纷起义反金，蒙古军不断南侵，金朝走向衰亡。

元 朝

蒙古族是怎样壮大起来的？

4世纪中叶，鲜卑人的一支自号"契丹"，生活在潢水和老哈河流域一带。居于兴安岭以西（今呼伦贝尔地区）的鲜卑人的一支，称为"室韦"。12世纪时，这部分人子孙繁衍，氏族支出，渐分布于今鄂嫩河、克鲁伦河、土拉河三河上源和肯特山以东一带，组成部落集团。其中较著名的有乞颜、札答兰、泰赤乌、弘吉剌、兀良哈等部落。

1206年，铁木真在斡难河畔举行的忽里勒台（大聚会）上被推举为蒙古大汗，号成吉思汗，建立了大蒙古国。从此，中国北方地区第一次出现了统一各个部落而成的强大、稳定和不断发展的民族——蒙古族。

成吉思汗发动了哪些战争？

在建立大蒙古国后，铁木真消除了各部族之间的界限，形成了统一的蒙古族，帝国的社会经济得到了长足发展。随着实力的不断增长，新兴的蒙古贵族扩张领土和占有财富的欲望不断膨胀，铁木真顺应了贵族们的需要，发动了旷日持久的对外战争。

1205年至1209年，成吉思汗三次大举攻打西夏。1211年，成吉思汗率领大军南下攻打金。1218年，蒙古灭西辽。1219年，成吉思汗发动对花剌子模的战争。1226年，成吉思汗出征西夏。1227年，西夏亡。

1227年，成吉思汗病逝。

为什么说速不台是"四獒"之首?

速不台（1176—1248），著名的蒙古帝国大将，成吉思汗的开国四勇将军之一。兀良哈部人，蒙古族。早年辅佐成吉思汗统一蒙古诸部，誉称"四獒"（即"四先锋"）之一。金哀宗正大八年（1231年），随拖雷率军绕道宋境迂回攻金，并献疲敌之计，以少击众，歼灭金军主力于三峰山（今河南禹州市西南）地区。随后，率军进攻金国的南京（今开封），又参加攻破蔡州（今河南汝南）之战，为灭金立下战功。1235年，以先锋之职随拔都西征，灭钦察，攻克今莫斯科、布达佩斯、基辅等许多城池。1241年，率军攻入马札儿（今匈牙利），进抵马茶城（今布达佩斯），1243年还师蒙古。

成吉思汗为什么信任耶律楚材?

耶律楚材（1190—1244年），契丹族，杰出政治家，蒙古帝国时期大臣。1215年，成吉思汗率蒙古大军攻占燕京时，听说他才华横溢、满腹经纶，遂向他询问治国大计。他的到来，对成吉思汗及其子孙产生了深远影响，他采取的各种措施为元朝的建立奠定了基础。耶律楚材扈从西征的任务有二：掌汉文书记和看星相占卜。当成吉思汗遇有困难时，就求助于占卜，而耶律楚材在特殊的场合下发挥了他的特殊作用。

据说成吉思汗西征祭旗，时值盛夏，突然"是日雪深三尺"，成吉思汗心里很不痛快，耶律楚材就对他说："盛夏见肃杀之气，乃是克敌之象。"成吉思汗遂转忧为喜。第二年，忽然冬天打雷，成吉思汗问这是怎么回事。耶律楚材说，这意味着花剌子模国王摩诃末"当死中野"。后来摩诃末病死在宽田吉思海中的一个小岛上，也算被耶律楚材说中。1222年，"长星见西方"，耶律楚材说："金国要换皇帝了。"次年，果然金宣宗完颜珣死了。成吉思汗对耶律楚材愈加信任。耶律楚材能准确预见未来，当是因为他博学广闻、经验丰富，把握了事物的发展规律，故而可以做出正确的判断。

成吉思汗是怎样立储的?

因为成吉思汗一直担心儿子们内讧而毁掉他辛苦建立起来的蒙古帝国，所以常向他们讲一个多头蛇和一头蛇的故事：在一个寒冷的夜晚，有一条多头蛇想钻进岩洞御寒，可是因为蛇的每个头都要先进洞，结果这条蛇冻死在洞外。而长着一个头的蛇，很顺利

成吉思汗统一漠北图

地钻进洞里。

1227年，成吉思汗病重，他对所有的儿子说："我将不久于人世，你们需有人捍卫国威和帝位，如果你们都想当大汗而互相争斗，岂不成了我讲的故事中的多头蛇？"

诸子跪在地上说："我们听从父汗。"成吉思汗接着说："如果你们想过安乐和幸福的日子，就应如我以前所说，让窝阔台继我登位。因为他有雄才大略，足智多谋，我要让他统率军队和百姓，保卫帝国的疆域。我的儿子们，对我的想法有何意见？"

"谁有权力反对您的话！"儿子们都顺从地回答。

成吉思汗说："你们要立下文书：在我死后承认窝阔台的大汗地位。不许更改今天当面决定的事。"窝阔台的兄弟们便遵照成吉思汗的圣训，立下由窝阔台继承大汗的文书。

忽必烈是怎样建立元朝的？

蒙哥于1259年去世后，其弟忽必烈与阿里不哥开始争夺汗位。

1260年，阿里不哥在宗王阿速台等大多数蒙古正统派的支持下，于大蒙古国首都哈拉和林通过"忽里勒台"大会即大汗位。与此同时，忽必烈与南宋议和后返回开平（今内蒙古多伦），在中原儒臣及部分蒙古宗王的支持下集会自称大汗。忽必烈与阿里不哥随即展开了四年的内战，直到1264年阿里不哥兵败投降。忽必烈定为一尊。至元八年（1271年），忽必烈公布《建国号诏》，取《易经》中"大哉乾元"之意，正式建国号为"元"。至元九年（1272年），在刘秉忠规划下，建都于中原的大都（今北京）。

忽必烈是怎样治理中原的？

1251年，蒙哥即大汗位，遂令忽必烈主管漠南汉地军国庶事。从此，一些儒生和地方军阀的门客陆续来到了忽必烈的帐下。大约十年间，在他周围形成了一个幕僚集团。忽必烈通过幕僚集团争取到了汉人地主、士大夫的支持。

忽必烈总领漠南汉地后，继续采取拉拢和利用地方势力的方针。蒙古统治者进军中原，灭了金朝。长期的战祸，使人民伤亡惨重。如何能使流散的人民安顿下来、恢复生产，是刻不容缓的大事。忽必烈采取了招抚流亡、禁止妄杀、屯田积粮、整顿财政等一系列措施，初步扭转了危机局面。忽必烈对中原的治理，为他以后夺取政权奠定了经济基础，同时也博得了汉人地主儒生的广泛支持。

郭守敬修的历法叫什么？

元世祖灭南宋以后，为了发展农业生产，决定统一制定一个新历法。他下令成立了一个编订历法的机构，名叫太史局（后来叫太史院）。负责太史局的是郭守敬的同学王恂。郭守敬因为精通天文、历法，也被朝廷从水利部门调到太史局，和王恂一起主办改历工作。

王恂与郭守敬等一起研究，在全国各地设立了27个测点。各地的观测点把得到的数据汇总到太史局。郭守敬根据大量数据，花了两年的时间，编出了一部新的历法，叫《授时历》。这种新历法，比旧历法精确得多。它算出一年有365.2425天，同地球绕太阳一周的时间，只相差26秒。这部历法同现在通行的公历一年的周期相同。

为什么元朝要开凿京杭大运河？

至元二十八年（1291年），元新建大都（今北京）。为了完成漕粮北运的任务，元朝除积极发展海运外，还先后用了十几年时间，进一步疏通了南北大运河，使维系统治者生命的粮赋可以源源不断地水运至通州。然而，通州至大都，每年几百万石漕粮的转运任务仍十分艰巨。通州至大都的北线运河运力不足。

所以，为解决大都水源运力不足的问题，开发通惠河工程的宏伟规划便应运而生，并经过二年施工，于至元三十年（1293年）的秋天竣工。一支满载江南漕粮的船队浩浩荡荡驶入大都城内的积水潭，元世祖忽必烈兴高采烈地给这段通州至大都的运河赐名为"通惠河"。负责这段运河规划、设计、施工的"总工程师"就是中国元代最著名的科学家、水利专家郭守敬。

锐意改革的元英宗为何惨死？

元英宗登基后任用拜住为中书左丞相，拜住好儒学，通汉族传统礼仪，是蒙古贵族中积极主张"行汉法"的代表人物。君臣遂着手改革，推行新政。起用儒士，访求人才；罢徽政院及冗官冗职；行助役法，减轻徭役。这些措施显然触犯了大批蒙古、色目人的特权，引起他们群起对抗新政。

元朝皇帝的惯例，每年四月离开大都往上都避暑。这年八月五日，元英宗回銮至上都西南三十里的南坡店宿营。铁失纠集知枢密院事也先帖木儿、大司农失秃儿等共十六人，发动了政变。他们冲进大汗行帐，先杀死左丞相拜住，然后杀元英宗于帏帐之中。这就是"南坡之变"。就这样，一代力图革除积弊的明君贤相惨死在铁失这帮守旧的逆臣手里。

谁被称为"鲁班天子"？

元顺帝是元朝最后一位皇帝，本名叫妥懽帖睦尔，死后被臣下上庙号为"惠宗"。

元顺帝最大的兴趣是木工。他荒废政事，却在宫廷内苑亲自设计并打造出一艘首尾长达一百二十尺的大龙舟。龙身设五殿，涂五彩金妆。船上设计各种机关，船行驶时，龙的头、尾和口、眼都能随行晃动，龙爪能自动拨水，使整艘龙舟张牙舞爪，活灵活现。他还苦思冥想设计出一个高约六尺、宽约四尺的计时仪器"宫漏"。其设置之精巧绝伦，达到当时"宫漏"制作的最高水平。他还经常亲自削木为大臣制作各种房屋模型，如不满意可以毁掉重新设计，处处体现出其"鲁班天子"的不凡造诣。

元代的三大农书是什么？

元朝统一以后，元世祖重视发展农业，使北方因战乱频繁而遭到破坏的农业经济得到了恢复和发展。从元代的三大农书中，可以看到元代农业科学技术发展的情况。

《农桑辑要》是我国现存最早的官修农书，体系完备，规模较大，用典繁多，注重实用。本书由元代主管农桑和水利的司农司编纂，大约在至元二十三年（1286年）刊刻并颁发给各行中书省的"劝农官"，开始流传和推行。

王祯的《农书》也是一部大型综合性农书，它弥补了《农桑辑要》的不足，书中介绍从耕作到收获的农业生产方法和过程，畜牧、养蚕等副业，蔬菜、瓜果、竹木的栽培以及关于农业器械、运输和纺织工具等的内容，应有尽有。

元朝农学家鲁明善，著有《农桑衣食撮要》一书。这部书按月记述全年各个时节的农业生产活动，总结了江淮地区的农业生产经验，是一部比较优秀的农学著作。

"元曲四大家"是哪四人？

元曲四大家，指关汉卿、白朴、马致远、郑光祖四位元代杂剧作家。明代何良俊在《四友斋丛说》中说："元人乐府称马东篱、郑德辉、关汉卿、白仁甫为四大家。"在此以前，元代周德清在《中原音韵》序中说："乐府之盛之备之难，莫如今时，其备则自关、郑、白、马，一新制作。"但是，周德清虽以四人并称，却并未命以"四大家"之名。另外，明初贾仲明为马致远作的悼词中又有"共庾、白、关老齐眉"的说法，庾指庾吉甫。这些说法表明，元曲四大家的概念是逐渐形成的。

第七篇

日月云烟，落日余晖
——明、清帝国

明

朱元璋为什么要"缓称王"？

起义军称王，如果不在实力、威望达到适当程度时进行，反会失败。时机不成熟时，必须实行以退为进，从而积蓄力量，等待时机。朱元璋于1356年攻占南京后，采纳了谋士朱升的韬晦战略"高筑墙，广积粮，缓称王"，即在减少了敌人、发展了势力、时机成熟后，进而称王。朱元璋依计行事，终成大业。

《大明律》是一部什么样的法典？

《大明律》是明代的主要法典。正式颁行于明太祖洪武三十年（1397年），共30卷，460条。朱元璋非常重视封建法制建设，他总结历代封建王朝的统治经验，把"明礼以导民，定律以绳顽"作为制定明律的指导思想。鉴于元末"条格烦冗""其害不胜"的历史教训，他提出了"法贵简当""当适时宜""当计远患"等一系列立法原则，并根据明初的历史条件和统治经验，吸取唐律及宋、元各朝律中有利于加强封建专制的内容，百般斟酌，制定了这部《大明律》。

明朝为什么要大修长城？

元至正二十八年即明洪武元年（1368年），朱元璋的军队很顺利地攻克元大都（今北京），元顺帝被迫退回塞北。元王朝虽被推翻，但其军事实力仍然很强。元顺帝以辽东和陕甘为左、右翼，居中调度，时刻都想收复失地，重主中原。明王朝是在推翻蒙古贵族的元王朝后建立起来的，这就决定了其相互敌对的关系。为了加强对北方的防御，明朝大修长城。

高启为何拒官？

高启（1336—1374），元末明初诗人，字季迪，长洲（今江苏苏州）人。高启出身富家，但童年时父母双亡。高启为人孤高耿介，思想以儒家为本，兼受释、道影响。他厌倦朝政，不羡功名利禄。因此，洪武三年（1370年）秋，朱元璋拟委任他为户部右侍郎，他固辞不受，被赐金放还，后返青丘，以教书治田自给。

苏州知府魏观修复府治旧基，高启为此撰写了《上梁文》，因府治旧基原为张士诚宫址，有人诬告魏观有反心，魏被诛；高启也受株连，最终被腰斩而亡。

为什么朱元璋要大杀功臣？

对于朱元璋这个权势欲极强，又有政治手腕的皇帝而言，最不能接受的就是大权旁落。而那些文臣武将们以为开国有功，趾高气扬，飞扬跋扈，如果不加以制服，那么他的子孙继位之后，势必会出现相权与将权分割皇权的现象，到时候局面将不可收拾。所以，朱元璋便"大开杀戒"。

首先，朱元璋抓住两个有把柄的实权人物——左丞相胡惟庸和大将军蓝玉——开刀，然后蔓延株连，把那些威胁皇权的开国元勋，甚至那些并不会对皇权造成威胁的开国元勋，也不分青红皂白地统统处死，从而巩固了皇权。

明代科举制度共分哪几级考试？

明代科举考试分为乡试、会试、殿试三级。

乡试是由南、北直隶和各布政使司举行的地方考试。地点在南、北京府和布政使司驻地。每三年一次，逢子、午、卯、酉年举行，又叫乡闱。考试的试场称为贡院。考期在秋季八月，故又称秋闱。乡试考中的称举人，俗称孝廉，第一名称解元。

会试是由礼部主持的全国考试，又称礼闱。于乡试的第二年即逢丑、辰、戌、未年举行。全国举人在京师会试，考期在春季二月，故称春闱。考中的称贡士，俗称出贡，别称明经，第一名称会元。

殿试在会试后当年举行，时间为三月十五。应试者为贡士。录取分三甲：一甲三名，赐进士及第，第一名称状元、鼎元，第二名称榜眼，第三名称探花，合称三鼎甲。二、三甲第一名皆称传胪。一、二、三甲通称进士。

明朝为什么要建立特务机关？

明代加强封建专制主义在行政体制上的一个突出表现，是锦衣卫和东、西厂的设置。

锦衣卫设于洪武十五年（1382年），本是负责皇帝出行礼仪及护卫的，渐得皇帝信任，并获得兼管刑狱、巡捕侦察的权力。明成祖时设东厂，为宦官机构司礼监的属下，是专司侦伺缉捕的特务机构，对所谓大奸、大恶、谋反、妖言等严密追查，上到官府，下至民间，都有他们的踪迹，皇帝从中可得到许多秘密消息。明宪宗时又设西厂，权力更大，活动范围遍及京师和全国，累兴大狱，官民不宁，引起普遍不满。

锦衣卫源于皇帝的近侍，东、西厂为宦官掌控，他们权力的获得与地位的尊显及其行为的残暴，完全是皇帝为了加强个人专制的产物，也是皇权对国家正常行政体制及其运作的粗暴干预。

司礼监是个什么机构？

司礼监，官署名。明置，明朝内廷管理宦官与宫内事务的"十二监"之一，有提督、掌印、秉笔、随堂等太监。提督太监掌督理皇城内一切礼仪、刑名及管理当差、听事各役。

司礼监是明朝内廷特有的建置，居内务府十二监之首，二十四衙门之一。司礼监由太监掌管，在明初并没有太大的权力，而且受到限制。明中叶以后，皇帝多深居后宫，荒嬉享乐，不理国政，常常由司礼监秉笔太监代行"批红"大权。"批红"就其权力性质而言，属于最高决策权，是实行皇权的一种方式。

"靖难之役"的经过是怎样的？

明太祖朱元璋死后，由长孙朱允炆即位，为明惠帝。为巩固帝位，朱允炆听取大臣建议，意欲削藩，而朱棣是藩王中势力最大的。建文元年（1399年），燕王朱棣以"靖难"为借口，举兵南下，发动了与侄子朱允炆夺取皇位的战争，史称靖难之役。

建文二年（1400年）六月八日，朱棣兵临济南城下。守城将领铁铉督众，矢志固守，致使朱棣久攻不下。和尚道衍劝朱棣，说师老兵疲，应回北平再图后举。燕军遂于九月四日解围退去。1402年，燕军进入山东，绕过守卫严密的济南，攻破东阿、汶上、邹县，直至沛县、徐州，在灵璧大败南军后，又突破淮河防线，最终攻占金陵。明惠帝下落不明，朱棣自立为帝，改年号永乐。

锦衣卫印

明朝为什么迁都北京？

明朝迁都北京，有两个原因。

第一，北方房患不绝，建都在北京，便于就近制御。到了明朝，西北的少数民族如突厥、回纥等都已式微，而东北地区的契丹、女真、蒙古各部仍存在着骚扰中原的能力，对付北方的"房患"，北京显然比南京更具有地理优势。

第二，由于"靖难之役"，朱棣在南京杀人太多，因此结怨于江南。再继续待在南京做皇帝，已经失去执政基础。因此他从取得皇位的那一天起，就有了迁都的打算。

从永乐七年（1409年）开始，朱棣让太子留在南京监国，自己跑到北京住下来。早在永乐四年（1406年），朱棣就开始了北京的建都工作。故宫始建于明永乐四年，1420年基本竣工。

为什么要设立奴儿干都指挥使司？

明迁都北京以后，除了征抚蒙古族人外，更加强了对女真地区的经营。

早在永乐元年（1403年），朝廷就派遣邢枢等人"往谕奴儿干至古列迷诸部落招抚之"。永乐二年（1404年），又派遣辽东千户王可仁前往豆满江等地，安抚建州女真。明王朝采取安抚政策，收到很好效果，明朝政府在这里"因其地分设卫、所"。于是设置奴儿干卫，以把剌答哈、阿剌孙等四人为指挥同知，古胪寺等为千户所镇抚，随后设立了一百多个卫所。永乐七年（1409年），奴儿干卫地方官员忽剌冬奴等人来朝，奏称奴儿干"其地冲要，宜立元帅府"。明廷接受了这个建议，设置"奴儿干都指挥使司"，任命内地官员康旺为都指挥同知，王肇舟为都指挥佥事。

"东厂"是一个什么性质的机构？

东厂，官署名。即东缉事厂，明代的特权监察机构、特务机关和秘密警察机关。

明成祖于永乐十八年（1420年）设立东缉事厂（简称东厂），由亲信宦官担任首领。东厂是世界历史上最早设立的国家特务情报机关，其分支机构远达朝鲜半岛。中枢机构设于京师（今北京）东安门之北（一说东华门旁）。东厂只对皇帝负责，不经司法机关批准，可随意监督缉拿臣民，从而开了明朝宦官干政之先河。

方孝孺是怎样被朱棣灭十族的？

方孝孺是建文帝的老师，耿介有气节，名气很大。

南京失陷后，朱棣打算让方孝孺草拟即位诏书，召至宫廷。只见方孝孺披麻戴孝而来，号啕大哭。朱棣说："先生不必自己难为自己，我只不过想要效法周公辅佐成王罢了。"方孝孺当即反讥道："成王安在？"答："他自己放火烧死了。"又问："怎么不立成王的儿子？"又答："国事纷纭，需要一个年龄大的君主。"再问："为什么不立成王的弟弟？"朱棣有点不耐烦地说："这是我们的家事。"朱棣强请方孝孺草诏时，方孝孺说："死就死罢了，诏是不能写的。"

朱棣问道："你难道就不怕祸灭九族吗？"方孝孺道："便诛十族，又奈我何！"结果真的祸及十族——九族之外，连学生和朋友也株连进去了，被杀者达873人。

明成祖是怎样巩固中央集权的？

明成祖朱棣在巩固专制主义中央集权方面进行了一些重大的改革：

第一，继续执行了削藩的政策，军政大权再度集中于皇帝。

第二，对中央行政机构做了进一步的调整，正式设立了内阁。内阁的成员由皇帝亲自从官僚中选拔，在皇帝的指挥下协助办理政事。

明成祖又重用司礼监宦官，宦官与内

阁的权势相抗衡，重大政务最后取决于皇帝，皇权进一步巩固了。洪武十五年（1382年），明朝政府在南京设立了锦衣卫。永乐十八年（1420年），又设立了"东厂"。厂、卫是极端专制主义中央集权政治的产物，它的出现，也标志着君主专制统治的加强。

第三，永乐十九年（1421年），明成祖把都城从南京迁到北京。

通过这些措施，明成祖进一步巩固与加强了中央集权。

郑和下西洋的使命是什么？

1405年至1433年，郑和不辞辛劳，出没于风浪，屡下西洋，究竟负有何种神秘的使命？

《明史·郑和传》载："成祖疑惠帝亡海外，欲踪迹之，且欲耀兵异域，示中国富强。"由此看来，到海外跟踪寻查明惠帝，是郑和出使的主要目的。沿途展示国力，则是附带的行为。

韩振华的《论郑和下西洋的性质》、陈得芝的《试论郑和下西洋的双重任务》、翦伯赞的《中国史纲要》等著述则以为，郑和下西洋有政治与经济双重目的。一方面，明成祖遣使出洋宣武异域，使万国来朝，自然不失为提高国际威望和巩固统治的积极措施；另一方面还可以打开一条通往西洋诸国的海上航道，扩大明朝官方的对外贸易市场。

以上各家之言，无不持之有据。但众说纷纭，莫衷一是，哪一种说法才符合历史的真相呢？读者自斟酌之。

为什么说郑和下西洋是一个壮举？

1405年至1433年，郑和七下西洋，先后到达东南亚、南亚、伊朗、阿拉伯等地，最远到达非洲东海岸和红海沿岸共三十多个国家和地区。

无论是在航线上还是航行经验上，郑和船队都有历史性的突破，流传下来的《郑和航海图》及4幅附图（《过洋牵星图》）对世界航海史和地理学都有重要影响。郑和七下西洋肯定是中外交流史上的一件大事，以"协和万邦"的身份"和番"——扩大和搞好与海外各国的友好关系，同时，维护海道安宁，为各国调解矛盾纠纷。从前，中西方的交流，主要是通过陆地丝绸之路，自郑和以后，中外交往的路径依赖就从陆地转变到海洋。

景德镇瓷器何以名扬海外？

中国的英文"China"，其小写"china"就是"瓷器"的意思。"china"的英文发音源自景德镇的历史名称"昌南"，并以此突出景德镇瓷器在世界上的影响和地位。

自明永乐三年（1405年）开始，郑和七次下西洋，携带了大量瓷器，特别是景德镇瓷器，促进了中国陶瓷远销海外，扩大了中国陶瓷的声誉。

《永乐大典》是一部什么书？

《永乐大典》是一部类书，编纂于明朝永乐年间，历时六年（1403—1408年）编修完成。它保存了14世纪以前中国历史地理、文学艺术、哲学宗教和其他百科文献，堪称

《永乐大典》书影
初名《文献大成》。全书按韵目分列单字，依次辑入用该字起名的文史资料，宋元以来的佚文秘典收集颇多。正本藏于文渊阁。

世界文化遗产的珍品，也是中国最著名的一部大型古代典籍。《永乐大典》共计22877卷，目录60卷，分装成10095册，全书约3.7亿字。《永乐大典》的规模远远超过了前代编纂的所有类书，即使是清代编纂的规模最大的类书《古今图书集成》也只有1万卷、1.6亿字，不到《永乐大典》的一半。《永乐大典》的规模更是西方同时代的典籍所望尘莫及的。

解缙是怎样失宠的？

解缙（1369—1415），字大绅，江西吉水人。朱棣做了皇帝后，解缙进入内阁。

一次，明成祖要讨伐南方一个小国，解缙劝其不要出兵，结果很快取胜，明成祖由此开始不信任解缙。皇长子虽被立为太子，但汉王朱高煦越来越受到朱棣的宠信。这时候解缙对成祖说："汉王要争皇位，不可以啊！"明成祖听了十分生气，说："你这是挑拨太子与汉王的兄弟之情。"从此便更加不信任解缙了。此后，汉王又多次在皇帝面前说解缙坏话，最终使得解缙被贬到广西，做了一个小小的地方官。

1410年，解缙因为有事到南京，恰巧明成祖带兵北征不在，解缙去拜见了皇太子后就回广西了。汉王就对明成祖说："解缙私自拜见皇太子，而不请示皇上，居心险恶而且没有做臣子的礼节。"明成祖于是随便找了个借口，将解缙抓入监牢。

"土木之变"是怎么回事？

明英宗正统十四年（1449年），明朝北方的边界上崛起了一支强大的蒙古人部族，号称瓦剌。也先继承瓦剌王位后，由于贸易方面的摩擦，激化了与明朝本就不协调的关系，战争终于爆发了。

也先发兵攻打山西大同。大权独揽的王振想趁这个机会，到家乡人面前抖威风，顺便建立奇功，巩固自己的地位，便竭力劝明英宗御驾亲征。他告诉明英宗瓦剌不堪一击，明英宗信以为真，下令立即出征。朝中官员请求明英宗收回成命，可是，明英宗只信王振，根本不管大臣们的建议。

七月十七日，明英宗和王振带着50万临时拼凑的队伍出发了。出发时也不管敌情如何，也不商量作战方略，连后勤保障都没安排好。结果明英宗在土木堡被俘，王振被部将锤杀，这就是"土木之变"。

也先为什么放回了明英宗？

土木之变，也先俘获了明英宗。他主要想把明英宗当作人质从明朝取得领土和赔款。

但也先没有想到明朝很快就另立了新君，于是便想杀了明英宗，但一位大臣劝说道："明英宗现在毫无价值，杀了他也没有意义。明朝既然已经有新皇帝登基，我们倒不如把他放了。这样一国有两位皇帝，必然会产生矛盾，朝中一定会起内乱，到时候，我们可以乘机攻打，夺取他们的江山，那岂不更好！"

也先听后，非常高兴，便对明英宗说道："你带大军伐我瓦剌，我们也是不得已而为之，还望你多多谅解，不要因此事而伤了我们的关系，为了表示我的诚意，你可以写一封信，我派使者给你们朝廷送去，让他们亲自来接你回皇宫。"也先就这样放回了明英宗。

"夺门之变"是怎么回事？

夺门之变是中国明代将领石亨、太监曹吉祥等于景泰八年（1457年）拥明英宗朱祁镇复位的政变，又名南宫复辟。石亨等攻破南宫门，奉明英宗升奉天殿复辟，故名。

正统十四年（1449年）八月，明英宗在土木之变中被俘，明英宗弟郕王朱祁钰为帝（即明代宗），遥尊明英宗为太上皇。次年，明英宗被释归，被明代宗幽禁于南宫。

景泰八年正月，明代宗病重，石亨即与都督张辄、太监曹吉祥等密谋发动政变，拥明英宗复辟。当月十六日夜，徐有贞、石亨等引军千余潜入长安门，急奔南宫，扶明英宗登辇，自东华门入宫，升奉天殿，并开宫门告知百官太上皇已复位。明英宗复位后，废明代宗仍为郕王，迁于西内。

保卫北京的于谦为什么被杀？

于谦（1398—1457），明朝大臣。字廷益，号节庵，钱塘（今浙江杭州）人。

景泰元年（1450年），也先乞和，请归还明英宗。八月，迎还明英宗，安置南宫，称太上皇。当时闽浙有叶宗留、邓茂七起义，广东有黄肃养起义，湖广、贵州等地均有少数民族反抗，都被于谦镇压。景泰八年（1457年），明英宗复位后，石亨和曹吉祥等诬陷于谦有不轨言论，要另立太子，唆使科道官上奏。都御史萧维祯审判定罪，以谋反罪将于谦判处死刑。明英宗因于谦有功，不忍杀之，徐有贞奏道："不杀于谦等，今日之事有何名誉可言？"明英宗遂以"意欲"谋逆罪将于谦处死，其子于冕充军，发戍山西龙门，其妻张氏发戍山海关。

"弘治中兴"是怎么回事？

明孝宗朱祐樘的"弘治中兴"是一个短暂的"治世"。成化二十三年（1487年），太子朱祐樘继位。第二年改年号为"弘治"，是为明孝宗。

明孝宗即位之初，就着手改革弊政。弘治元年（1488年），他采纳大臣的建议，开设大小经筵。大经筵，每月逢二、十二、廿二日举行，主要是一种礼仪；小经筵又称日讲，君臣之间不拘礼节，从容问答，是重要的辅政方式。明孝宗开始坚持日讲，同时又在早朝之外，另设午朝，每天两次视朝，接受百官面陈国事。由于明孝宗锐意求治，文武百官纷纷进言，或痛陈时弊，或广进方略。尽管存在诸多弊政，但是明孝宗宽厚仁和的政治品行、弘治朝君子众多、君臣关系融洽等政治特色却为这一朝带来了"弘治中兴"的美誉。

明朝的江南四才子是哪几个人？

明朝的江南四才子是指祝允明、文徵明、唐寅和徐祯卿。

祝允明（1461—1527），是明代书法家，字希哲，号枝山，因右手多生一指，又自号枝指生。江苏长洲（今苏州）人，出生于七代为官的家庭。

文徵明（1470—1559），初名壁，字徵明，后更字徵仲，号停云，别号衡山居士，人称文衡山，长洲（今苏州）人。

唐寅（1470—1523），字伯虎，又字子畏，别号六如居士、桃花庵主、鲁国唐生、逃禅仙吏等，有"江南第一风流才子"之美称，苏州人。明代著名书画家、文学家。

徐祯卿（1479—1511），字昌谷，又字昌国。常熟梅李镇人，后迁居吴县（今苏州）。明代文学家。

四人活跃在复古之风大盛之时，能够不依傍门户，卓然自立，为诗以抒写性情为第一义，在当时来说，确属难能可贵。

中国"药神"是指谁？

李时珍（1518—1593），字东璧，晚年自号濒湖山人，湖北蕲州（今湖北黄冈市蕲春县蕲州镇）人，医学家、药物学家，被后人称为"药神"。

其父李言闻是当地名医，李时珍继承家学，尤其重视本草，并富有实践精神，肯向人民群众学习。李时珍曾参考历代有关医药及其学术书籍八百余种，结合自身经验和调查研究，历时27年编成《本草纲目》一书，是我国明朝时代药物学的总结性巨著。另著有《濒湖脉学》。

王守仁是如何平定宁王叛乱的？

正德十四年（1519年），宁王朱宸濠叛乱。江西地区，只有都御史王守仁一个人立即站起来，坚决反对宁王叛逆。

宁王攻下九江等地之后，自以为后方巩固，遂倾巢而出，南昌反而十分空虚。于是，王守仁分兵三路，同时冲击南昌各城门。留守南昌的叛军没多久便纷纷开门投降，南昌城被攻下。宁王听说南昌失守，不听部下劝阻，回兵跟王守仁决战。双方在黄家渡相遇。第一天，王守仁派知府伍文定设下伏兵，一战歼敌两千，顶住了宁王的反扑。第二天，宁王把战船结成方阵，准备全力对付王守仁的进攻。王守仁却利用小股部队，发动了火攻，霎时间，宁王的船阵着了火，船只又一时无法散开，火势迅速蔓延，连宁王的座船也着了火，叛军终于大败，宁王本人也成了阶下囚。

宦官刘瑾是怎么被除掉的？

明武宗在位时，宦官刘瑾一手遮天，坏事做绝。但明武宗十分信任他，于是刘瑾又控制了东厂、西厂，朝中还有一大批官员是他的势力。所以，要扳倒刘瑾，极其不易。

1510年，安化王朱寘鐇以反对刘瑾为名，发兵谋反。明武宗派杨一清起兵讨伐朱寘鐇，派宦官张永监军。杨一清平定叛乱之后，俘虏了朱寘鐇，将其押解到北京。杨一清早就想除掉刘瑾，他得知宦官张永跟刘瑾也有矛盾，就决心拉拢张永共同扳倒刘瑾。

到北京后，张永按杨一清的计策，当夜在明武宗面前揭发刘瑾谋反。明武宗命令张永带领禁军捉拿刘瑾并抄了他的家，抄出黄金二十四万锭，银元宝五百万锭，珠宝玉器不计其数；还抄出了龙袍玉带，盔甲武器。明武宗这才大吃一惊，随即将刘瑾判处死刑。

戚继光为什么能打败倭寇？

戚继光（1528—1588），字元敬，号南塘，晚号孟诸，山东登州人。明代著名抗倭将领、军事家，与俞大猷齐名。率军于浙、闽、粤沿海诸地抗击来犯倭寇，历十余年，大小八十余战，终于扫平倭寇之患，被誉为民族英雄。

戚继光在多年的战争实践中，对战争离不开良将、更离不开精兵这一点有了切身的体验，所以他决心建立一支自己的军队。

戚继光认为，军队"不患其不强，而患其不驯；不患其不胜，而患其骄"。戚继光在军中立威，依靠的是三个法宝：军法、恩德、信义。在军队训练方面，他主要从武器与阵式上精心考虑。不但精求火器，还发明了一种"狼筅"，同时附之以短刃，二者迭用，遂使"继光一军特精"。另外，他又以"南方多薮泽，不利驰逐"，根据地形创制了"鸳鸯阵""三才阵"等。这些阵式和武器的重新安排与研制，目的只有一个：保全自己，消灭敌人。

自"戚家军"成立起，大小数百战未尝败绩。比较有名的大战有：嘉靖四十年（1561年）台州之役，斩杀倭寇三千余人。福建之役，斩倭寇五千余级，其中横屿之战是一场精彩的步炮协同作战，先以火炮击沉倭寇战船并袭击倭寇大营，再以突击队强行登陆突破倭寇本阵，斩杀倭寇头领。嘉靖四十二年（1563年）平海卫、仙游、王仓坪、蔡丕岭四战，共斩杀真倭（即从日本出发，直接参与倭寇活动的日本人，相对于假

抗倭图卷（局部）

倭而言）两万余人。自嘉靖三十八年戚家军成军到万历十一年（1583年）戚继光去职，戚家军击败的敌军总数超过十五万人，这在日久承平的万历中兴时期是辉煌的战绩。

葡萄牙是如何占领澳门的？

1553年，一队葡萄牙商船借口在海上遇到风浪，请求到濠镜（即今澳门）晾晒"水湿贡物"，广东官员接受贿银五百两，允之。葡萄牙人得以上岸，自此入住、盘踞澳门。

葡萄牙人以保护其安全和贸易为由，不断扩大在澳军事力量，驻扎大批军队。这种动向引起明政府的警觉，明政府加强了对澳门的管理，除向居住澳门的葡萄牙人征税、收租、设关三项措施外，还陆续采取了其他行政、立法、司法方面的措施。

第一次鸦片战争后，中国开始沦为西方列强的半殖民地，葡萄牙当局一反在澳300多年基本"恭顺"的姿态，不断扩占、蚕食澳门附近领土。

第二次鸦片战争后，葡萄牙诱逼清政府于1887年签订了不平等的《中葡和好通商条约》，将澳门置于葡萄牙的"永居、管理"之下。

什么是"一条鞭法"？

一条鞭法是明代中期赋役方面的一项重要改革。初名条编法，又名类编法、明编法、总编法等。后"编"又作"鞭"，间或用"边"。

一条鞭法的主要内容包括以下几个方面：

合并征收：将各州县的田赋、徭役及其他杂征总为一条，合并征收银两。

按亩折算：将田赋和徭役按亩折算缴纳，实现了赋役的货币化。

雇役应付：由政府雇人充役，代替了过去的力役制度。

官收官解：赋役的征收解运由地方政府办理，废除了原来通过粮长、里长办理征解赋役的"民收民解"制。

综上所述，一条鞭法具有简化税制、增加收入、减轻农民负担、促进商品经济和社会发展等多重意义。

什么是"夺情"风波？

万历五年（1577年）九月二十六日，张居正父亲病死。按照封建礼教，父母死亡，在外做官的儿子必须离任回乡服丧三年，等到服丧期满后才可回任办事，否则，即是"忘亲""夺情"。当时张居正权势正如日中天，而且他的改革也刚步入正轨，生怕一旦离去，他人谋其位，前期改革成果付诸东流，改革也就此中断，因此不想回老家江陵奔丧守孝。于是他暗中指使大宦官冯保出面挽留。冯保命吏部尚书张瀚奉诏留张居正。张居正本人也一再要张瀚以吏部尚书的身份出面留他。然而，这张瀚却始终不为张居正所动。张瀚的下级户部侍郎李幼滋想要讨好张居正，"首倡夺情"之议。

十月十八日，翰林院编修吴中行上疏弹劾，说张居正夺情是违背"万古纲常"。第二天，检讨赵用贤上书，认为不能援前朝故事为张居正夺情制造根据。十月二十日，刑部员外郎艾穆、主事沈思孝联名上书，弹劾张居正夺情是"贪位忘亲"。张居正大怒，十月二十二日廷杖吴中行、赵用贤各六十，艾穆、沈思孝各八十。

吴中行等人因为上书反对张居正夺情而被廷杖时，邹元标不过是一小官，默默无闻，见状立即厚贿太监，并马上上一疏反对夺情，言辞十分尖锐，批评张居正素来以"非常之人"自居，而他"以奔丧为常事而不屑为"，说明他实际上与禽兽无异。张居正大怒，下令廷杖邹元标一百六十。邹元标因为之前贿赂过太监，虽然挨的板子比别人多，反倒挺过来了。

朝臣们相继上书为被廷杖的五人求情。

165

张居正不听，将吴中行、赵用贤革职除名，艾穆、沈思孝、邹元标分别发配充军。吴中行、赵用贤为隆庆五年张居正所取进士，与张居正有师生之谊，而艾穆为张居正的同乡，他们从维护封建伦理纲常出发，不讲私恩，不避权势，上书指责张居正夺情，"直声震天下"，时称五人为"五直臣"。

最后还是明神宗朱翊钧出面，说张居正"亲承先帝付托，辅朕冲幼"，"朕切倚赖，岂可一日离朕"，命张居正在官守制，"夺情"风波才算平息了下来。张居正虽成功"夺情"，仍旧独执大权，但这件事也成为他死后被论罪抄家的祸根。

浑河之战有什么样的结果？

明万历十三年（1585年）四月，努尔哈赤率步骑500人，征讨哲陈部。当时洪水泛滥，行军困难，托木河、章佳、巴尔达、萨尔湖、界凡五寨合兵800人，共同阻击。努尔哈赤所派侦察兵未能及时报告敌情，致使两军在浑河、界凡至南山一带相遇。虽然敌众我寡，但努尔哈赤亲执大旗率先应战。之后，他下马率其弟穆尔哈齐等四人直入重围，当即射死二十多人。联兵虽众，但没有统一的指挥者，见努尔哈赤来势凶猛，阵营大乱，纷纷渡河逃命。努尔哈赤最后取得胜利。浑河之战，八旗军死伤甚多，为了稳定军心，努尔哈赤下令祭奠亡魂。

中国资本主义萌芽的产生与世界市场有关吗？

资本主义萌芽的出现，是明清社会经济发展中的新现象。

明朝中后期，资本主义萌芽首先在手工业生产部门出现。到清朝中期，资本主义萌芽得到发展。这期间经历了曲折的道路，发展十分缓慢。所谓的资本主义萌芽是指"处在萌芽状态的雇佣关系"，它的发展方向是资本主义。

资本主义萌芽在中国和西欧几乎是同时出现的。可见，中国资本主义萌芽的产生与世界市场没有关系。

为什么明代会出现严重的宦官专权局面？

《明史》撰修者认为，宦官专权乱法首先是因为"太祖之制，成祖违之，贻子孙之患"。其次是由于"太祖罢相"，内阁建立，可当内阁有了丞相之实的时候，又不能为皇帝所容，于是相权落到了司礼监手中，使宦官专权有了政治上的资本。

总的来看，明代宦官专权具有不同于前代的两个特点：

第一个特点是皇帝对传统的皇权派生物——官僚制度不信任。

皇帝集立法、司法、行政、财政、军事、人事各种权力于一身，个人无法运用所有的权力，可又不愿分权于臣僚，就只好依靠宦官了。

第二个特点是中国几千年以礼教代替法律治理国家的"礼治"精神在明代发展到了巅峰，种种弊端也有了淋漓尽致的体现。在传统的制度和规范都已不可靠的情况下，皇帝选择了以宦官为执行者的特殊手段来维护权威和满足私欲。

明朝哪个皇帝喜欢做木匠活？

明朝有一个喜欢做木匠活的皇帝，他就是明朝倒数第二个皇帝——明熹宗天启皇帝。

天启皇帝生性好玩，心灵手巧，尤其喜欢做木匠活。他经常在皇宫里拿着斧子、锯子，亲自动手，制造一些家具。他的手艺很好，做出来的家具非常精致好看，还常常让小太监拿到市场上去卖钱。

当时的明朝，外有后金兵侵扰，内有农民起义，正是国难当头、内忧外患的时期。明熹宗却不务正业，不听先贤教诲去"祖法尧舜，宪章文武"，而是整天与斧子、锯子、刨子打交道，只知道制作木器，盖小宫殿，将国家大事抛在脑后，成了名副其实的"木匠皇帝"，这也是明朝江河日下的一个重要原因。

谁创立了复社？

复社是明末文社，崇祯二年（1629年）成立于吴江（今属江苏），系由云间几社、浙西闻社、江北南社、江西则社、历亭席社、阳社、云簪社、吴门羽朋社、吴门匡社、武林读书社、山左大社、中州端社、莱阳邑社、浙东超社、浙西庄社、黄州质社与江南应社等十几个社团联合而成。复社的主要领导人为张溥、张采，他们都是太仓人，又曾同窗共读，"形影相依，声息相接，乐善规过，互推畏友"（张采《祭天如兄文》），时人称为"娄东二张"。

《徐霞客游记》是一部什么样的书？

徐霞客（1587—1641），名弘祖，字振之，号霞客，明南直隶江阴（今江苏江阴市）人，地理学家、旅行家和探险家。

《徐霞客游记》是以日记体为主的中国地理名著。徐霞客经34年旅行，写有天台山、雁荡山、黄山、庐山等名山游记17篇和《浙游日记》《江右游记》《楚游日记》《粤西游日记》《黔游日记》《滇游日记》等著作。除佚散者外，遗有60余万字游记资料，死后由他人整理成《徐霞客游记》。世传本有10卷、12卷、20卷等数种。主要按日记述作者从1613年至1639年间旅行观察所得，对地理、水文、地质、植物等现象均做详细记录，在地理学和文学上影响巨大。

袁崇焕为什么能取得宁远大捷？

袁崇焕（1584—1630），字元素（一说字自如），祖籍广东东莞，出生于广西布政使司梧州府藤县北门街（一说袁崇焕出生于广东东莞，年十四随祖袁世祥、父袁子鹏迁至广西藤县）。万历四十七年（1619年），袁崇焕中三甲第四十名，赐同进士出身，授福建邵武知县。

宁远之战是明军对后金军的第一个大胜仗，明人称之为"宁远大捷"。

袁崇焕驻守孤城宁远，城中士卒不满2万人。但城中兵民，"死中求生"，誓与城共存亡。他采纳诸将的议请，做了如下守城准备：

第一，制定兵略，凭城固守。袁崇焕守卫宁远的要略是：孤守、死守、固守。

第二，激励士气，画地分守。

第三，修台护铳，布设大炮。将11门西洋大炮架设在宁远城上，成为袁崇焕最新式的强大武器。

第四，坚壁清野，严防奸细。

第五，兵民联防，送食运弹。

第六，整肃军纪，以静待动。

第七，重金赏勇，鼓励士气。

第八，防止逃兵，预先布置。

面对后金兵锋强盛、宁远孤城无援的态势，袁崇焕做了上述的充分准备，最后取得大捷。

皇太极是怎么除掉袁崇焕的？

崇祯二年（1629年）冬，皇太极亲率大军，避开袁崇焕在蓟州的防线，直逼明朝都城北京，史称"己巳之变"。袁崇焕率兵急驰入关，于北京广渠门外大败后金军。

然而，就在袁崇焕取得军事胜利之际，皇太极却利用明廷内部的矛盾，暗中实施反间计。他故意让俘虏的太监逃跑，并让这个太监向崇祯帝谎称袁崇焕已与后金军有密约，将引兵入城。崇祯帝本就多疑，加上对袁崇焕擅自杀死毛文龙以及援兵迟迟未到等事心存不满，因此轻信了这一谣言。他下令逮捕袁崇焕，并将其投入大牢。尽管有大臣为袁崇焕求情，但崇祯帝仍坚持己见，最终在崇祯三年（1630年）八月以谋反大逆罪将袁崇焕凌迟处死。

吴三桂为何向清兵献关？

李自成占领了北京之后，下令抄没明朝三品以上官员的家产，其他官员，分等级捐银助饷。此时，吴三桂从宁远出发，很快就进了山海关。李自成派人招降吴三桂，但吴三桂下不了投降的决心。他派出细作，到北京城去打探。细作带回了令吴三桂十分不快的消息：其父吴襄被刘宗敏抓进了兵营，全家被抄；吴三桂留在北京的爱妾陈圆圆也被刘宗敏抓了去，据说当了刘宗敏的侍妾。

吴三桂对农民起义军的深刻仇恨占了上风，他立即回兵山海关，穿起白衣白袍，宣布替崇祯皇帝戴孝，跟李自成誓不两立，欲报"国恨家仇"。吴三桂知道自己的军队绝不是李自成的对手，马上派人出关，到锦州联络清兵，请多尔衮跟自己合兵一处，攻打李自成的农民起义军。于是，吴三桂给清军打开了山海关。

谁建立了大西政权？

大西政权是明末农民起义领袖张献忠建立的农民政权。1643年在武昌初建。1644年张献忠占领成都后称帝，年号大顺。大西政权辖有四川的大部分。1646年清军攻入四川，张献忠牺牲，政权瓦解。

明末，谁率众起义并自称闯王？

李自成（1606—1645），明末农民起义领袖，原名鸿基。世居陕西米脂李继迁寨。

李自成在明末动荡的历史背景下，凭借卓越的军事才能和深厚的民众基础，领导了声势浩大的农民起义。起义初期，李自成率领队伍在陕西、甘肃一带活动，逐步扩大势力。由于他英勇善战，被称为"闯将"，后来他成为起义队伍的领袖，人称"李闯王"。李自成率领的农民起义军进入中原后，提出了"均田免赋"的口号，得到了广大农民的热烈拥护。他还规定了严明的军纪，不许妄杀一人，不得侵占民房，严禁抢掠，还向贫苦民众发钱粮。起义军英勇善战，纵横于河南、湖广等十余省。1643年，李自成攻入西安，建立政权，国号大顺。1644年，李自成率领的军队攻占了北京，推翻了明朝的统治。

李自成为何撤离北京？

1644年，吴三桂与李自成起义军开始交战。

李自成发现战场上多出了一支生力军。当敌兵冲近时，李自成才发觉那支凶猛的部队竟是留着辫子的清兵。他无论如何也没想到吴三桂会引狼入室，清兵这么快就进了关，只得命令起义军且战且往北京退。

直退到永平，李自成才扎下营来，感到再留在北京已经不行了。北京离清兵的大本营太近，而且目前起义军绝不是清兵的对手；明王朝的势力也很强大，还跟清兵勾结在一起。于是他决定放弃已经夺得的北京，回到起义军的发祥地陕西西安去。

在撤走之前，李自成举行了登基称帝仪式。仪式结束之后，全军便离开了北京，往西安而去。

清

努尔哈赤为什么要创立八旗制度？

努尔哈赤在统一女真各部的战争中不断取胜。随着势力扩大，人口增多，他于明万历二十九年（1601年）建立黄、白、红、蓝四旗，称为正黄、正白、正红、正蓝，旗皆纯色。明万历四十三年（1615年），努尔哈赤为适应满族社会发展的需要，在原有牛录制的基础上，创建了八旗制度，即在原有的四旗之外，增编镶黄、镶白、镶红、镶蓝四旗（镶，俗写亦作厢）。

旗的组织具有军事、行政和生产等多方面职能。入关前，八旗兵丁平时从事生产劳动，战时从征，军械粮草自备。入关以后，

努尔哈赤像

为了巩固满族贵族的统治，加强对全国各族人民的控制，同时为了解除八旗官兵的后顾之忧，更好地为清王朝效命，建立了八旗常备兵制和兵饷制度，与绿营共同构成清朝统治全国的强有力的军事工具，八旗兵从而成了职业兵。

萨尔浒之战的结局如何？

万历四十六年（1618年），明朝任命兵部左侍郎杨镐为辽东经略，调集军队，筹措兵饷，准备进军赫图阿拉，消灭努尔哈赤。

万历四十七年（1619年）二月，杨镐坐镇沈阳，兵分四路围剿后金，会师赫图阿拉。

面对明军四路围攻，努尔哈赤采取了李永芳的"凭你几路来，我只一路去"的作战方针，集中八旗兵力，打歼灭战。首先，以八旗精锐迎击欲立首功的明军主力杜松部。不久，勇而无谋、刚愎自用的杜松战死。接着，其他三路军同样惨败于后金。努尔哈赤用五天时间打了一场漂亮的歼灭战，明军文武将吏死者三百多人，士兵身亡者四万余人，亡失马驼甲仗无数。历史上著名的"萨尔浒之战"以明军的溃败而告终。

大清国都最初定于哪里？

大清国都最初定于盛京（明朝时称沈阳）。

1626年，雄踞东北的后金努尔哈赤率领大军攻打宁远（今辽宁兴城），明朝守将袁崇焕顽强守御，用西洋运来的火炮轰击后金军队。努尔哈赤被炮弹炸伤，后因伤势恶

化,殁于途中的瑷鸡堡(今沈阳市南)。

皇太极在诸贝勒和大臣的推举下称汗。第二年,改年号为"天聪"。1636年,皇太极在盛京称帝,改国号为"清",年号为"崇德"。

范文程对清定鼎中原有何贡献?

范文程作为清初的一代重臣,不仅为清朝的建立和稳固提供了重要的政治和军事策略,还通过其卓越的危机公关能力,成功引导了舆论,为清朝赢得了民心。

在李自成攻占北京后,范文程建议顺治帝改变策略,将原有的"并取中原、同享富贵"的口号改为"消灭闯贼,为崇祯与大明百姓复仇",使清军从"侵略者"变成了"正义之师",赢得了舆论的支持。清军入关后,范文程建议多尔衮下达"勿杀无辜,勿掠财物,勿焚庐舍"的命令,进一步稳定了民心,减少了抵抗。

此外,范文程积极帮助清廷制定各项政策,革除明朝的弊病,如免除"三饷"(辽饷、剿饷、练饷),减轻了百姓的负担。他奏请让官军在无主荒地屯田,同时召集流民耕种,这一政策不仅解决了流民问题,还增加了粮食产量,稳定了社会秩序。范文程认为要得到汉族知识分子的支持,必须恢复科举制度,选拔天下英才为新朝所用。这一政策极大地笼络了汉族士人,增强了清朝的统治基础。

清朝为什么推行"剃发令"?

山海关战役后,多尔衮曾下令沿途各州县官民剃头留辫。大顺政权和弘光政权相继被摧毁后,多尔衮认为天下大定了,六月,悍然下令全国男性官民一律剃发。

《孝经》开篇里就说:身体发肤,受之父母,不敢毁伤,孝之始也。这句话从古至今不知害了多少人,把头发和忠孝节义联系起来是中国独有的现象。满族贵族正是想从这点上把汉人从心理上彻底征服。

在王朝更迭之后,新任统治者莫不如此,首先在形式上改朝换代。一般情况下都是在衣冠饰物上动动脑筋,但从没有在头发上进行革命的。清军入关,开了这个先河。后来这条军令被简化为十个字:留头不留发,留发不留头。

孝庄太后下嫁多尔衮了吗?

孝庄太后下嫁多尔衮到底有无其事?史学界尚有争论。

著名明清史专家孟森就持否定说。他认为孝庄太后既无下嫁事,与多尔衮也没有暧昧关系。"皇父"之称乃"由报功而来,非由渎伦而来",又据《朝鲜李朝实录》,并无清太后下嫁之诏书,更证明其事必无。持肯定论者则认为顺治八年清世祖所下《罢摄政王庙享诏》有"(多尔衮)又亲到皇宫内院"之语,可证其帷薄不修;孝庄太后死后,梓宫未与清太宗皇太极合葬。

从深受孔孟思想熏陶的汉人角度考察此事,似乎太后下嫁就是一大丑事,是违背纲常的渎伦行为;但专制时代,宫廷丑事甚多,太后即使真的下嫁摄政王,也绝非"中冓之言,不可道也"。

谁被誉为"天下廉吏第一"?

于成龙(1617—1684),字北溟,号于山,山西永宁州(今离石区)人。于成龙于清顺治十八年(1661年)出仕,历任知县、知州、知府、道员、按察使、布政使、巡抚、总督、大学士等职。在二十余年的宦海生涯中,三次被举"卓异",因政绩卓著和廉洁刻苦,深得百姓爱戴,以"天下廉吏第一"蜚声古今。

清代御门听政是怎样进行的?

从康熙朝开始,御门听政在内廷正门乾清门举行。凡是每天各衙门递进的本章,其中未经皇上批阅的,先转送内阁,积累若干件，传旨于某日御门办事。黎明，皇帝升座后，来奏事的官员列队在门前广场等候，部院官按预先编好的次序，分部门顺序陆续登东阶向皇上汇报，而不是集体一起上前，这样做体现了工作的专业性并防止了不必要的信息扩散。

一般来说，政治行政信息大都通过邸报在朝廷上公开，官员个人意见可以通过奏章形式向皇上表达。不具备直接递折权的四品以下官员，可以通过本部门长官代转。邸报又称邸抄或宫门抄。向地方传送的方式，一般由各省在北京专门设立的"提塘"官负责，或由总督巡抚的折差顺道带回。

谁制造了"十八先生之狱"？

顺治九年（南明永历六年，1652年）冬，孙可望派人把永历皇帝朱由榔接到他自己的势力范围，达到挟天子以令诸侯之目的。孙可望在这里设立了内阁六部，建立太庙和社稷，制订朝仪。顺治十一年（永历八年，1654年）年初，永历帝慑于孙可望的威逼，在大学士吴贞毓等人的支持下，秘密写信给出征在外的李定国，请求回来护驾。这个消息被宦官马吉祥报告给孙可望，他在盛怒之下，严刑拷掠诸臣，并胁迫永历帝下诏处死吴贞毓以及刑部给事中张镌、中军左都督郑允元等十八位大臣。这就是骇人听闻的"十八先生之狱"。

郑成功是怎样收复台湾的？

17世纪初，荷兰殖民主义者侵占了我国宝岛台湾。1646年南明隆武政权灭亡后，郑成功决定收复台湾。1661年，经过充分准备，留下儿子郑经守金门、厦门，郑成功亲率战舰三百多艘、将士两万多人，渡台湾海峡，出奇兵取道鹿耳门，在禾寮港胜利登陆，在台湾人民的积极支援下，经过九个多月的战斗，荷军死伤惨重，其总督写信给郑成功，表示如郑放弃台湾，愿送十万两白银，遭郑拒绝。次年，荷兰侵略者投降，被荷兰侵略者占据三十八年的台湾重新回到祖国的怀抱。

四大臣辅政是怎么回事？

康熙初年，内大臣索尼、苏克萨哈、遏必隆、鳌拜受顾命奉幼帝玄烨嗣承大统，为辅政大臣，史称"四辅政时期"。至康熙八年（1669年）五月，玄烨正式亲政，共八年零五个月。清廷汲取顺治初年多尔衮摄政时给统治阶级带来混乱的教训，不复以亲贵辅政，而以索尼等异姓勋戚功臣辅政。

四大臣执政初始，尚能齐心合力。大规模的征服战争结束之后，四辅臣面对百废待兴的局势，大力恢复和发展生产，安插流民，奖励垦荒，施行赈济蠲免政策，以复苏民生。同时，他们依世祖遗诏精神，将顺治年间改设的内阁和翰林院撤销，重新恢复内三院名称，并加强对官吏的管理，裁汰了十三衙门，扩建了内务府，并注重督抚的楷模作用。几年间，经济发展，社会秩序趋向安定。

年少的康熙帝是怎样生擒鳌拜的？

《清朝野史大观》记载，大臣鳌拜辅政时气焰嚣张，排斥异己，更因康熙年幼而凌驾于皇帝之上。康熙稍年长后，挑选了一批身强力壮的小太监，每日令他们习布库（相斗赌力）以作为游戏，因此不为鳌拜所戒。一日，鳌拜大摇大摆地进宫，康熙见时机已到，便令"布库"擒之。

《清朝野史大观》中还有一种记载，即"弈棋谋除鳌拜"。鳌拜称病不朝，康熙决定要探问清楚，便亲往问疾。待康熙"幸其宅，入其寝"，御前侍卫突然见鳌拜脸色大变，便急趋至榻前揭席，见席下藏着一把刀。康熙灵机一动，笑曰："刀不离身，满洲故俗，不足异也。"回宫后，康熙忽然想出一计，他以弈棋为名，召索额图进宫出谋划策。数日后,鳌拜进宫见驾,皇上召羽林士即擒杀之。

秘密立储始于哪位皇帝?

康熙五十二年(1713年)二月及五十六年(1717年)十一月两个谕旨构成了新的建储计划。与嫡长子皇位继承制度相比较,新建储计划的具体方略有一些不同,如皇帝全权决定储君人选,"有德者即登大位""择贤而立"的择储标准,对储君人选以及建储的有关问题的保密原则,等等。因这些方略都比较新颖,而且秘密色彩浓厚,因而可称之为秘密建储计划。

为了解决复杂、尖锐的储位之争,康熙只能总结经验,吸取教训,博采众长,另辟蹊径。不过对于他来说,这种做法只是一种权宜之计,他并未意识到自己正在开拓一条新的建储道路,更无将此立为定制,世代遵行之意。虽然康熙是秘密建储的开创者,但直到雍正、乾隆二帝才把它的不足加以改进,并作为一种制度最终确立下来。

谁被康熙称为"天下清官第一"?

张伯行(1652—1725),字孝先,晚号敬庵,河南仪封(今兰考)人。康熙二十四年(1685年)进士,累官礼部尚书。历官20余年,以清廉刚直著称。其政绩在福建及江苏尤为显著。学宗程、朱及门受学者数千人。谥清恪。康熙称他为"天下清官第一"。

做官为民是张伯行始终坚持的原则。康熙四十二年(1703年),张伯行出任山东济宁道,当时正值灾荒,人民流离失所。他就让人从家中运粮食救济灾民,又捐出几船钱帛分发给百姓。到任后立即开仓赈济,帮助百姓渡过难关。为此,他被指控擅动仓谷,应该革职问罪。张伯行认为"仓谷为轻,民命为重",据理力争,最终使上司免去了给他的处分。张伯行任官始终忠于职守,克勤克俭,因而声名闻于天下,不但康熙皇帝对

康熙坐像

他多次表彰、擢升,百姓也称赞他是"天下第一清官"。

在位时间最长的皇帝是谁?

在位时间最长的皇帝是清圣祖康熙。康熙,名爱新觉罗·玄烨,顺治十一年三月十八日(1654年5月4日)生于北京紫禁城景仁宫,佟妃之子。康熙六十一年十一月十三日(1722年12月20日)卒于北京畅春园清溪书屋。在位61年(1661—1722年),是中国历史上在位时间最长的皇帝。康熙在位时期,清朝政治清明,国家繁荣昌盛,为后来的康乾盛世奠定了基础。

为什么清朝官员特别看重花翎?

花翎是清代官员的冠饰,用孔雀翎毛饰于冠帽后,以翎眼多者为贵。清朝的花翎如同古代的珥貂一样,与官职高低相关。

清代的官员,五品以上皆冠戴孔雀花翎,六品以下者只能戴鹖羽蓝翎。清代勋臣中,功勋卓著或恩宠有加者,才能得到皇上赏赐的双眼花翎,比如贤相傅恒、权臣和珅

等。外任武臣中，非军功卓著不可蒙赐花翎。康熙时，福建提督施琅统一台湾，诏封靖海侯，子孙世袭。而施琅却辞侯，恳请皇上赐花翎，康熙于是特旨赐施琅戴花翎。可见，在当时文武臣僚心目中，赏赐花翎比封侯还要荣耀。

什么是"文字狱"？

"文字狱"，是指旧时统治者迫害知识分子的一种冤狱。

皇帝和他周围的人故意从作者的诗文中摘取字句，罗织成罪，严重者会因此引来杀身之祸，甚至所有家人和亲戚都受到牵连，所谓"诛灭九族"。文字狱历朝皆有，但清朝最多，据记载，仅庄廷鑨《明史》一案，"所诛不下千余人"。从康熙到乾隆，就有十多起较大的文字狱，被杀人数之多可想而知。

清代军机处在行政上有什么特点？

清朝的军机处在行政上是一个纯粹的秘书机构，军机大臣只是提出建议、执行皇帝的决策，决策权都在皇帝。军机处最初在编制上只是一个临时机构，其成员无品级，组成完全由皇帝任意安排。内阁大学士还可以勉强称为国家大臣，而军机大臣则只算是皇帝的私人秘书。但随着后来的发展，军机处成为事实上的正式机构。

清初为什么设立南书房？

南书房是康熙皇帝为加强皇权、巩固清朝统治而设置的宫廷御用机要秘书机构，又是他读书学习的书房，也是以他为首的清王朝笼络汉族士人的"木天储才之要地"。

关于南书房创设的目的，据史书记载，康熙皇帝打算设置南书房时说："朕不时观书写字，近侍内并无博学善书者，以致讲论不能应对。今欲于翰林内选择二员，常侍左右，讲究文义。"《东华录》载，康熙十六年（1677年）十月"始设南书房，简侍讲学士张英、中书高士奇等入值，以备顾问"。实际上，康熙帝设置南书房，并非只为了"讲究文义"，而是把"特颁诏旨"的起草之权交给了南书房。

吴三桂是怎样发动叛乱的？

吴三桂（1612—1678），字长白，汉族，明末清初辽东锦州人，祖籍江苏高邮，武举出身，锦州总兵吴襄之子，以战功及父荫授都指挥。明天启末年曾带二十余名家丁救其父于四万满洲人之中，孝勇之举遍闻天下，有"勇冠三军、孝闻九边"的美誉。

吴三桂长期镇守云、贵，封藩割据，拥兵自重。清康熙十二年（1673年）七月，吴三桂假意请求撤销自己的藩号，没料到朝廷准其请求。表面上他对朝廷十分恭顺，暗地里已经开始密谋叛乱。这年十一月二十一日，吴三桂杀死云南巡抚朱国治，带领自己的部属谋反。吴三桂自称"天下都招讨兵马大元帅"，国号"周"，所有兵将都穿白色衣服，举着白色旗帜。云南提督张国柱、贵州提督李本深等皆跟随吴三桂兵变。吴三桂同时写信给平南王尚可喜、靖南王耿精忠及黔、楚、川、陕等地故旧将吏，邀约他们响应自己。然而吴三桂与其他藩王之间也存在矛盾。耿精忠、尚之信等藩王在叛乱后期纷纷归顺清廷，削弱了吴三桂的势力。吴三桂在称帝的同年便因积郁成疾而病逝，临终前将"帝位"传给孙子吴世璠。清军逐渐收复失地，并在1681年攻入昆明。吴世璠自杀身亡，历时八年的三藩之乱被平定。

雅克萨之役的经过如何？

康熙二十二年（1683年）九月，清廷勒令盘踞在雅克萨等地的沙俄侵略军撤离清领土。侵略军不予理睬，为了彻底消除沙俄侵略，康熙命都统彭春赴瑷珲，负责收复雅克萨。

康熙二十四年（1685年）五月二十二日，清军约三千人在彭春统率下抵达雅克萨城下，二十五日黎明，清军发炮轰击，侵略军伤亡甚重，托尔布津乞降。当年秋，莫斯科派兵六百名增援尼布楚，侵略军头目托尔布津率大批沙俄侵略军再次窜到雅克萨。

七月二十四日，清军围困雅克萨城。八月，清军攻城，托尔布津中弹身亡。八月二十五日，清军在雅克萨城的南、北、东三面掘壕围困，在城西河上派战舰巡逻，切断守敌外援。侵略军被围困，士兵战死病死很多，雅克萨城危在旦夕，俄国摄政王索菲亚急忙向清请求撤围，遣使议定边界。清廷答应所请，准许侵略军残部撤往尼布楚。

为什么《尼布楚条约》是平等条约？

《中俄尼布楚条约》是清政府和俄国之间签订的第一份边界条约。

清顺治九年（1652年），俄国人东入黑龙江，"驻防宁古塔（今黑龙江宁安市）章京海色率所部击之，战于乌扎拉村"。这是中俄之间第一场战斗。1685年，康熙派将军彭春等分水陆两路围攻雅克萨。在凌厉的攻势面前，侵略军被迫投降，并派戈洛文为大使，前来中国举行边界谈判。康熙二十八年七月十四日（1689年9月7日），《尼布楚条约》正式签字，这是中俄双方在平等基础上签订的一个条约。

《中俄尼布楚条约》肯定了黑龙江和乌苏里江流域包括库页岛在内的广大地区都是中国的领土，它遏止了俄国向东方的侵略扩张。该条约是两个主权国家的正常边界条约，是平等条约，维护了中国领土和主权的完整，在历史上有显著贡献。

为什么清朝不修长城？

长城是中原政权为阻止游牧民族入侵而修建的一个军事防线。在明代，长城是为了对付北元和后金（清的前身）的入侵。清军入关后，东北和漠北仍是他们的根，他们的祖籍地，八旗军队的主要基地，清朝前期的几个帝王陵寝也都设在关外。

清朝皇帝（还有元朝皇帝）如果要修长城，就如同在自家的院子里修一道墙，除了挡路之外，毫无用处。而更远的地方，则是西伯利亚和沙漠，古时称漠北，是人迹罕至的地方，天寒地冻，荒无人烟。以当时的技术能力和人力，要在更远的地方修筑一条长城式防线，不现实，也没有必要。

为什么圆明园被称作"万园之园"？

圆明园坐落在北京西郊海淀，与颐和园紧相毗邻。它始建于康熙四十六年（1707年），由圆明、长春、绮春三园组成。占地350公顷（5200余亩），其中水面面积约140公顷（2100亩），有园林风景百余处，建筑面积逾16万平方米，是清朝帝王在一百五十余年间创建和经营的一座大型皇家宫苑。圆明园继承了中国三千多年的优秀造园传统，既有宫廷建筑的雍容华贵，又有江南水乡园林的婉丽多姿，同时吸取了欧洲的园林建筑形式，把不同风格的园林建筑融为一体，在整体布局上使人感到和谐完美。因此圆明园被称作"万园之园"。

康熙时绘制的中国地图叫什么？

1689年，清廷与俄国签订《中俄尼布楚条约》，划定了北方边界。康熙萌生了一个念头：要看看自己的国土究竟有多大，状况又如何。1708年，康熙皇帝决心把绘制地图的计划付诸实施，他把这件事情交给了来自法国科学院的院士白晋。同年6月4日，白晋等人登上了中国长城。经过一年零四个月的时间，他们才返回北京，完成了中国的长城地理图。看到测绘工程如此巨大，康熙就加派人手去帮助测绘。就这样，到测绘工作全部完成，已经是1717年1月1日。

最后，白晋绘成全国地图一张，分省地图各一张，于1718年呈给康熙。康熙大喜，当即挥毫，命名地图为《皇舆全览图》。

施琅是如何收复台湾的？

康熙二十二年六月十四日（1683年7月8日），施琅率领水兵2万余人、大型战船300余艘、中小战船230余艘，从福建铜山（今东山）海域扬帆起航，一路乘风破浪，锋芒直指台湾的战略前哨澎湖列岛。施琅出兵台湾选择了一个最恰当的时机：郑经死后，郑氏家族内部纷争不断；由于农历六月间是台湾海峡飓风盛行之时，因此，台军主将刘国轩断定清军不会在此时冒险渡海，对清军的进攻毫无防备。

当年七月九日，清军到达澎湖八罩岛（今望安岛）后向台军发起攻击。施琅一战定澎湖，歼灭了台军精锐部队，打开了台湾岛的门户。施琅获胜后在澎湖"抚绥地方，人民乐业，鸡犬不惊"。八月十三日，刘国轩等带领文武官员迎接施琅，台湾终于实现了统一。

清代为什么有那么多帮会？

帮会是在封建社会濒临解体的历史条件下产生的游民结社。乾隆时人口激增，土地兼并严重，社会政治腐败，战争和社会经济等的不安定因素导致人民破产和失业，是帮会兴盛不衰的社会根源。数量多、人口众、蔓延广、名目繁复是清代帮会的特点。

中国的秘密帮会组织，主要产生于清前期的康、雍、乾盛世。早期的帮会组织，作为底层社会中新生的群体，尽管组织状况还很不完备，但它不仅符合广大基层民众的社会心理需求，而且采取与民俗信仰一致的歃血誓盟的结拜形式，具有逐步适应秘密活动的组织特点，所以很快即被寻求沟通、渴望互助的人群所接受，至乾嘉时期，迅速发展成为新的社会集团势力。秘密会党最初作为一种互济互助、抗暴自卫的民间结社组织，以保障会内成员的生存权利与经济利益为己任。同时，作为清初民族矛盾、社会矛盾等各种矛盾交织冲突的产物，它又必然带有较强的反抗性。由于外国侵略者的入侵，中国社会固有的诸多矛盾发生了重大变化，在新的社会氛围下，秘密帮会组织迅速发展并不断演化。至清末，帮会组织已成为一股公开的势力并发展到顶峰。

清代的秘密帮会名目繁多，大致又分为两大类：一类为会党，如天地会、哥老会；另一类为教门，如白莲教及闻香教、八卦教、在理教等分系。会党与教门之间也可能互相渗透融合。一般情况是，会党盛行于南方，教门则盛行于北方，故有"北教南会"之说。

雍正皇帝是怎样登上帝位的？

雍正的继位问题，学术界历来有两种意见：一种认为他受康熙遗诏继位，是合法继承；一种认为雍正是矫诏夺位。

康熙晚年任命皇十四子为抚远大将军，给以大权。当康熙猝然去世，雍正与时任步军统领、掌管京师兵权的隆科多勾结密谋，夺取了帝位。雍正后来所讲康熙弥留之际遗命传位雍正的情形，矛盾甚多。因此，是否存在这一临终传位的事实，实属疑问。

由于雍正夺位篡立，激起了皇族内部的集体抗争，连康熙身边一位照料皇帝起居的内务府官员赵昌，在康熙死后也立即被杀。这大概是赵昌了解康熙去世和传位的真相，因而得祸。康熙生前长住在畅春园，死后葬在东陵，而雍正长住圆明园，别建西陵，似乎要远远躲开父亲。须知雍正的迷信思想很浓厚，如果做了对不起父亲的事，就会有这类悖于常理的举止。

由于雍正篡改了历史，销毁了档案，现在已找不到他矫诏夺位的确凿证据，所以雍正继位问题已成千古疑案。

万法归一图 清

1771年1月，土尔扈特部首领渥巴锡率部起义，反抗沙俄，8个月后回到伊犁。此图描绘了乾隆帝在万法归一殿大宴群臣及土部贵族，欢庆土尔扈特部重回祖国怀抱。

土尔扈特部为什么要回归祖国？

渥巴锡（1742—1775），清代卫拉特蒙古土尔扈特部首领，阿玉奇汗曾孙。乾隆二十六年（1761年）继汗位。在伏尔加河流域生活了一百多年后，土尔扈特部发现他们再也无法忍受沙俄的压迫和统治。为了摆脱这种困境，并维护自身的自由和民族尊严，土尔扈特部做出了东归祖国的决定。这是一次武装反抗压迫、追求民族自由的爱国行动，也是他们对故土深切眷恋和向往的体现。土尔扈特部摆脱沙俄压迫，万里回归，展现了中华民族强大的凝聚力。

乾隆为何宠信贪官和珅？

和珅（1750—1799），原名善保，字致斋，钮祜禄氏，满洲正红旗二甲喇人。曾兼任多职，封一等忠襄公，任首席大学士、领班军机大臣，兼管吏部、户部、刑部、理藩院，还兼任翰林院掌院学士、《四库全书》总裁官、领侍卫内大臣、步军统领等要职，为皇上宠信之极，官阶之高，管事之广，兼职之多，权势之大，清朝罕有。此外，他还是皇上的亲家翁，其子丰绅殷德被指定为皇上最宠爱的十公主之额驸。乾隆宠信贪官和珅的原因有以下几点：

其一，和珅的确有才，有一次乾隆用《论语》中一句话"虎兕出于柙"来下旨，当时在场大臣都不明白什么意思，和珅说皇帝要追究看守人的责任，被乾隆赏识。

其二，和珅擅长拍马屁，乾隆晚年日益昏聩，自诩"十全老人"，认为自己能够比得上祖父康熙、父亲雍正，而和珅就用此来麻醉乾隆。

其三，和珅被乾隆重用初期，确实做过几件令乾隆高兴的事情，比如审判李侍尧，在乾隆心中留下了清正廉洁的印象。而且和珅在官学内苦读，掌握了汉族、满族、藏族、蒙古族语，在关键时刻总能发挥作用。

其四，和珅的敛财技巧炉火纯青，能为老年乾隆的无限制挥霍提供财源。

总之，和珅之所以深得皇帝的宠信，最重要的一条是揣测上意，能够时刻替皇帝赴汤蹈火，把皇帝的事情当成自己的事情办。

乾隆为何要六下江南？

乾隆南巡江浙前后共六次。在南巡中他不止一次地宣称，他巡幸江浙是为了"行庆施惠"。意思就是说，他要利用雄厚的财政实力与士民同庆大清王朝的鼎盛局面，并尽量给他们一些恩惠。

据历史记载，乾隆中期前后，清朝的经济、财政实力已相当雄厚。"行庆"之外，乾隆帝还察吏安民，指导修治河工，笼络士绅和读书人，实行"施惠"。还有一点，那就是乾隆常常带一些少数民族首领或重要人物巡幸，或在中途接见朝觐者。既是为了增进与各少数民族尤其是蒙古族的感情，表明在统一的大家庭内不分民族、内外，一视同仁，也是通过对江南富庶之地的游览观赏，使这些头领人物看到中国的地大物博，国力强盛，使其心存敬畏，不敢有反抗之心。

乾隆为什么要编修《四库全书》？

清朝康、雍、乾时代文字狱连续发生，甚至一句"清风不识字，何故乱翻书"也被视为反清的理由而导致作者遭到捕杀。至于大的文字狱，往往是死者被剖棺戮尸，子女、学生、家属发配边疆为奴。三代中一代比一代厉害，有的还牵连到参校人、买书人、卖书人、刻字人和某些地方官员。一次次的杀戮，康、雍、乾诸帝还感觉达不到严酷文化统治的目的，于是又禁书、毁书、编书，用以禁锢人们的思想，编修《四库全书》就是其中手段之一。乾隆在自述编修此书的宗旨时就明确说：为天地立心，为生民立命，为往圣继绝学，为万世开太平，胥于是乎系。

《四库全书》及楠木匣

《四库全书》是中国最大的丛书。为编好这部皇皇巨著，乾隆时特设"四库馆"网罗学者三百多人，历十余年时间完成。共三万多册，近八万卷，存目六千余种。

为什么说康乾盛世是"落日的辉煌"？

"康乾盛世"是一个不完美的盛世、平庸的盛世。

首先，从中国历史的纵向看，其盛世规模只有量的增加而没有质的改变。

其次，从世界的横向看，康乾盛世时期的中国的政治制度、经济（当时的经济生产总量仍高于西方，但是生产技术却相对落后）、文化和科技已经落后于西方。

盛世下的清朝有很多弊端：第一，清政府采取"重农抑商"政策，使得资本主义萌芽受到抑止；第二，大兴文字狱，残害大量文人学士，严重禁锢了人民的思想，科技发展停滞。

康、雍、乾三位皇帝凭借自己的才能延缓了封建社会衰败的进程，但却改变不了其衰败的命运，"康乾盛世"的繁荣可以说是中国封建社会的回光返照、落日余晖。

宁古塔是什么地方？

在反映清史的影视中，经常会听到皇帝动怒时的一句经典台词：将某某发往宁古塔，永世不得入关。那么，何为宁古塔？宁古塔又在何处？

其实，宁古塔不是"塔"，而是一个地名，是清朝时期关外一个流放罪犯的场所。旧城在今黑龙江省安宁县（现安宁市）西海林河南岸旧街镇。宁古塔属边远地区，旧时这里环境恶劣，气候异常，很适合罪犯改造。

既然不是塔，为何又称为"塔"呢？相传，清皇族的远祖兄弟六人曾居住于此。满族语谓六为"宁古"，个为塔，所以称"宁古塔"。把罪犯流放到宁古塔，有两层含义：一是惩恶与扬善，让犯了罪的人背井离乡受尽磨难，到关外去自首、自思、自悔，接受风沙洗涤；二是为清皇族的老家"增砖添瓦"。宁古塔是满族的发源地，是清皇族的老家。罪犯来到这里不仅要开荒种地，修桥筑路，改变清皇族老家的面貌，而且还要忍饥挨饿，为当地官员、满族人当牛作马，沦为家奴。

根据《清史稿》等史书记载，发遣到宁古塔的罪犯，既有平民百姓和旗人，也有朝廷大臣。如顺治十二年（1655年），吏科副给事官彭长庚、一等子爵许尔安因上书称颂睿亲王多尔衮，并要求为多尔衮平反昭雪，恢复爵号，顺治将此事交给大臣们密议，结果判处二人死刑。但皇上念其二人曾有功于朝廷，便下诏免死，流放到宁古塔。

乾嘉年间学风兴盛的原因是什么？

中国古代学术主要以经学为主，经学又有汉学和宋学之分。汉学即指汉儒治经的方法，他们注重训诂文字，讲求考订名物制度，重实证而轻议论。宋学又称理学、性理学或道学，宋儒治经多附会经义而阐发天人性命之理，属哲学范畴。乾隆、嘉庆时代，经学昌明隆盛，形成乾嘉学派，一代学风终于形成。乾嘉学派治经凡立一义，必凭证据，讲求归纳，崇尚朴实文风，倡导实事求是。

乾嘉学风的产生与清代康熙以后经济的发展、社会的相对稳定有关，没有物质的基础，没有安定的环境，学者专心于考据校勘、训诂声韵之学是难以想象的。如果说，康雍年间经济的增长是乾嘉学风兴起的基础的话，那么，文字狱的阴影笼罩就是其潜在的心理要素。清代乾嘉时期，士人因文字狱的恐怖，不敢涉及近世之学，只好到汉人故纸堆中讨生活，远离时务的需要，反映了士大夫清高孤傲、自我陶醉的内敛一面。

乾嘉学风兴盛还有一个不可或缺的外在因素，就是康雍以后的闭关自守，阻隔了西学东渐的途径，使学者得以专心在封闭社会中充耳不闻外事的情况下做学问。而当帝国主义列强的炮舰在中国沿海游弋之时，龚自珍、魏源等人又倡今文学派的公羊学，把它作为"古为今用"的武器，迎接社会变革的大潮。至此，乾嘉学派已失去它普遍存在的基础，仅成为一种研究方法彪炳后世了。

哪次起义是清王朝由盛到衰的转折点？

康乾时期，农民斗争转入地下，出现了秘密结社的情况。乾隆以后，随着阶级矛盾的激化，各地农民往往披着宗教的外衣进行起义，出现了白莲教、天理教、天地会、三合会等起义。在这些起义中，发生在北方地区的白莲教起义影响最大。

白莲教起义历时九年，蔓延五省。这次起义以破产的农民、手工业者和流民为主体，牵引了清廷从十六个省调来的兵力，先后打死清军高级将领二十余人，使清廷耗饷两亿之巨，沉重地打击了清朝的统治。至此，清朝便不可避免地一步步滑向衰落。

白莲教首领王聪儿是怎么死的？

王聪儿（1777—1798），湖北襄阳人，江湖艺人出身。参加白莲教起义后，她曾任起义军总指挥，是一个貌美如花、德行高尚、武艺高强、有勇有谋的女英雄。

嘉庆严厉督促各地将军集中兵力，围剿王聪儿起义军。清军将领明亮向嘉庆献了一条恶毒的计策，要各地地主组织民团，修筑碉堡。起义军一来，就把百姓赶到碉堡里去，叫起义军找不到群众帮助，得不到粮草供应。这种做法，叫作"坚壁清野"。嘉庆下令各地采用这种计策，起义军的活动果然越来越困难。

清军在川北一带围攻王聪儿。王聪儿摆脱清军围攻，亲自带领两万人马攻打西安，不料遭到官军阻击，打了败仗。起义军后面有官军，前面又有地主武装民团的拦截，终于在郧西（在今湖北省）的三岔河地方，陷进敌人的包围圈。王聪儿临危不惧，她与部下都不愿当俘虏，便退到山顶，纵身从陡峭的悬崖上跳下来，英勇牺牲。王聪儿时年仅二十二岁。

哪个教派曾率军攻打紫禁城？

天理教，主要首领为河南滑县人李文成、冯克善和京畿大兴县（现大兴区）人林清等。

天理教冲破了八卦教世袭传教家族敛钱自富的传统，提出了入教者缴纳根基钱（或称"种福钱"）、起事之后给予地亩官职的主张，具有发动武装起义、推翻清王朝统治的政治目的。嘉庆十八年（1813年），天理教曾组织发动京师、河南、山东等地教徒起义，京师的一支起义军曾攻入紫禁城，后在清军镇压下失败。

道光是怎样登上帝位的？

道光（1782—1850），名旻宁，是嘉庆的第二子。嘉庆十八年（1813年），旻宁随父皇巡狩木兰，因阴雨绵绵，无法围猎，奉命先期回到京师。当林清率领天理教徒攻入紫禁城冲向养心殿时，旻宁正在上书房读书，闻变后表现镇定，"急命进撒袋、鸟枪、腰刀，饬太监登垣以望"。这时，有的教民手举白旗，攀墙登殿，靠近养心门，旻宁"发鸟铳殪（打死）之，再发再殪"。

旻宁在事件中，还"飞章上闻"，向嘉庆奏报；"严命禁城四门"，到储秀宫安抚皇母；亲自率领侍卫到西长街一带查查。旻宁在这一事变中的表现，使他在内廷上下威望大增。嘉庆初闻讯极为震惊，当得知儿子已率众平息了暴动，深为感动，当即封旻宁为"和硕智亲王"，并下决心确定旻宁为皇位继承人。

顺天科场案是怎么回事？

咸丰八年（1858年）的戊午科场案，因发生在北京顺天科场，所以也叫作顺天科场案。

有一个人叫平龄，考中举人，但这个人是优伶。当时的规定是优伶不能参加科举考试，并且，即使让优伶参加科举，也不可能得中举人。这里边必然有内幕。调查之后，最后把责任追到大学士柏俊身上，抓了柏俊的家人关到狱里，严刑拷打致死，最后死无对证。当时是端华、肃顺主政，奏到咸丰帝那儿，咸丰帝虽然觉得证据不足，但是因为柏俊和肃顺不和，只好含泪杀了大学士柏俊。

这是中国有史以来第一起因为科举考试作弊而导致一品官员大学士死亡的事件。

同治帝是怎么死的？

同治之死，传说颇多，主要有死于天花、死于梅毒、死于天花和梅毒三说。

同治死于天花说，主要是根据历史档案和《翁同龢日记》。翁的日记记载：同治于十月"二十一日，西苑着凉，今日（三十日）发疹"。经学者研究清宫历史医案《万岁爷进药用药底簿》后认为，同治系患天花而死。近年专家们发现了御医给同治看病的《脉案》，医学史专家对相关档案进行了认真分析，结论是：同治皇帝死于天花。

同治死于梅毒说，也主要是根据历史档案和《翁同龢日记》十一月二十三日，"晤太医李竹轩、庄某于内务府坐处，据云：脉息皆弱而无力，腰间肿处，两孔皆流脓，亦流腥水，而根盘甚大，渐流向背，外溃则口甚大，内溃则不可言，意甚为难"。

同治死于天花梅毒说，也主要是根据历史档案与文献资料推断。御医诊断同治的症状是：湿毒乘虚流聚，腰间红肿溃破，漫流脓水，腿痛盘挛，头颈、胳膊、膝上发出痘痫肿痛。这种看法认为，同治或先患天花未愈而又染上梅毒，或先患梅毒而又染上天花，两种疾病并发，医治无效而死。

民间对于同治的死因有种种说法，清朝官方则保持沉默，不予申辩。因此，同治到底是死于什么病，成了一个历史疑案。

慈禧是怎样掌握清朝大权的？

慈禧太后（1835—1908），即孝钦显皇后，满族，咸丰帝的妃子，同治帝生母。同治帝病逝后，慈禧立她的侄子兼外甥、四岁的载湉为帝，改年号为"光绪"。

咸丰十一年（1861年），咸丰病死，六岁的载淳即位。慈禧太后为了掌握大权，与恭亲王奕䜣串通在北京发动政变。

十一月二日，奕䜣手捧盖有玉玺和先帝两枚印章的圣旨，宣布解除了肃顺等八大辅臣的职务，当场逮捕了载垣、端华；八日，慈禧发布上谕，否认咸丰遗诏，下令将肃顺斩首；让载垣、端华自尽；另外五大臣则被革职或充军。十一日，宣布废除八大臣原拟的祺祥年号，改明年（1862年）为同治元年，东、西两宫太后垂帘听政。加封恭亲王奕䜣为议政王大臣，军机大臣领班。这一年是农历辛酉年，故又称"辛酉政变"。发生此事的地点因在北京，故又称"北京政变"。从此，慈禧作为中外反动势力勾结的产物和他们的代表，在半殖民地的中国进行了四十多年的罪恶统治。

清代七大藏书阁是指哪些？

清代七大藏书阁是指北京的文渊阁、北京圆明园的文源阁、承德避暑山庄的文津阁、沈阳的文溯阁、镇江金山寺内的文宗阁、扬州的文汇阁和杭州的文澜阁，它们是珍藏《四库全书》的书库。目前，文渊阁、文津阁、文溯阁、文澜阁尚存，而文源阁于1900年八国联军抢掠圆明园时，被付之一炬。文宗阁和文汇阁在19世纪中叶毁于大火。七大藏书阁，皆以文为首，第二个字多从水旁，象征中华文化源远流长，同时也是希望藏书阁免遭火灾。

清代是怎样为皇帝举行葬礼的？

在清代，皇帝的丧礼被称为"凶礼"，由礼部、銮仪卫和内务司共同办理。

据有关史料记载，皇帝在生前就要选择好陵墓地址，在位时就营建自己的"地下宫殿"。皇帝咽气之后（称晏驾或驾崩），要择吉时良辰入殓。在德胜门还要演杠十天，杠夫按正式出殡的规模和要求，先抬着一块和棺木重量相同的独龙木，上面放一碗水，要练到走时水洒不出来为止。

出殡那天，先用72人将棺木抬出东华门。走在最前面的是64位引幡人，高举万民旗伞；接着是皇帝的卤簿仪仗队，有1628人之多，他们举着各种兵器、幡旗和各式各样的纸扎或绸缎制作的"烧活"。抬棺木的杠夫，身穿孝服，每班有128人，分三班轮流抬送。在棺木后面是全副武装的八旗兵勇。然后是文武百官、皇亲国戚和宗室的队伍。在送葬行列中，还夹有大批的僧侣、道士、僧尼、道姑，不断地吹奏、诵经。整个送葬队伍长达十几里，从北京到陵地，沿途几百里，每隔一段距离还要搭设芦殿，供停灵和送葬队伍休息。

虎门销烟是怎么一回事？

道光十九年二月十六日（1839年4月10日），林则徐、邓廷桢及广东海关监督豫坤乘船到达虎门，会同广东水师提督关天培验收鸦片。

三月十九日（1839年5月12日），民

虎门销烟旧址

间缴烟完毕，收缴烟膏 46 万多两、烟枪 4 万多杆、烟锅 212 口。四月初六（1839 年 5 月 18 日），烟贩缴烟完毕，共收近 2 万箱。

林则徐决定于虎门公开销烟，采用"海水浸化法"。海水浸化法是在海边挑挖两池，池底铺石，为防鸦片渗漏，四周钉板，再挖一水沟。将盐水倒入水沟，流入池中。接着把烟土割成四瓣，投入盐水，泡浸半日，再投入石灰，石灰遇水便沸，烟土溶解。士兵拿木耙不停地在池中搅拌，务求烟土完全溶入水中。

为什么会爆发"鸦片战争"？

1839 年 7 月，九龙尖沙咀村发生林维喜案。英国水兵在村内醉酒闹事，打死村民林维喜。1839 年 8 月初，中国禁烟消息传至英国，英国国会在女皇维多利亚的影响下，最终以 271 票对 262 票通过了对中国动武的决定。1840 年 2 月，英国政府任命懿律和义律为正、副全权代表，懿律为侵华英军总司令。4 月，英国议会正式通过发动战争的决议案，派兵侵略中国。同年 6 月，懿律率领的英国舰船 40 余艘及士兵 4000 人到达中国海面，标志着第一次鸦片战争正式开始。

也可以说，林则徐的禁烟运动是鸦片战争爆发的直接原因。根本原因则是工业革命后，英国为夺取原料产地和消费市场，推行殖民扩张政策，决意用武力打开中国大门。

香港是如何被英国占据的？

东印度公司于康熙五十年（1711 年）在广州成立了一个贸易站。因英国需在中国大量采购茶叶，而中国向英国购货数量远远小于英方，故导致英国严重贸易逆差。后来英国人向中国倾销鸦片，平衡两国贸易，从此使中国出现贸易逆差，白银大量外流。

两国的贸易摩擦终导致第一次鸦片战争。1841 年清朝被英国打败，英国海军的查理·义律与清朝大臣琦善谈判后签订《穿鼻草约》，将香港岛割让给英国。但清政府认为琦善无权割地而不承认《穿鼻草约》，并将琦善革职。英国政府亦对条约中未提及开放通商而大为不满。之后战事扩大，英军先后攻占厦门、宁波、上海、镇江，抵达南京下关。清政府被迫命耆英于 1842 年 8 月签订《南京条约》，正式将香港岛割让给英国。此后 1860 年第二次鸦片战争后中英《北京条约》又向英国割让了九龙司地方一区。1898 年，中英双方又签订了《展拓香港界址专条》，将新界租给英国，租期为 99 年，租期内租借地归英国管辖。

中国近代史上第一个不平等条约是什么？

1842 年，英国侵略军先后攻占吴淞、上海、镇江后，于 8 月初将军舰开到南京江面，并把炮口对准南京城。腐败的清政府向侵略者屈膝投降。道光帝派耆英为钦差大臣和伊里布同去浙江前线，就关于结束鸦片战争问题向英国侵略者试谈投降的条件，但耆英没有经过一次正式谈判，就全部承认了侵略者提出的"议和条件"。1842 年 8 月 29 日，在英国军舰"汉华丽"号上，耆英、伊里布代表清政府签订了中国近代史上第一个不平等条约《江宁条约》。江宁就是现在的南京，所以《江宁条约》也称《南京条约》。

谁首倡"师夷长技以制夷"？

"师夷长技以制夷"这句话出自魏源的《海国图志》。对于如何抵抗外国的侵略，有力地打击侵略者，魏源提出了这句名言。这是晚清向西方学习的代表口号，也是晚清洋务运动的口号。

魏源生活在鸦片战争后的清朝，当时中国正面临着西方列强的侵略和压迫。魏源明确地把是否学习西方国家"长技"提高到能否战胜外国侵略者的高度来认识，指出不善师外夷者，外夷必制之。

"师夷之长技以制夷"的思想不仅冲击了清王朝的"天朝上国"自大思想和"重道轻器"的传统观念，也否定了清军所奉行的"以骑射为根本"的落后军事思想。它推动了中国对西方的了解和学习进程，成为洋务运动等革新运动的先声，奠定了中国近代化的基础。

谁创立了拜上帝会？

洪秀全（1814—1864），原名洪仁坤，小名火秀，原籍广东嘉应州，嘉庆十八年（1814年）出生于广东花县（今广州花都区）福源水村。

1843年，洪秀全科场失败归家，阅读基督教会散发的《劝世良言》，取其中的平等思想及一些宗教仪式，加以改造，1847年正式创立拜上帝会。

洪秀全自称天父耶和华之子，基督之弟，下凡拯救世人。洪秀全认为世人均为上帝的子女，平等的兄弟。入会者须遵守十条天款：第一，崇拜上帝；第二，不拜邪神；第三，不妄提上帝之名；第四，七日拜颂赞上帝恩德；第五，孝顺父母；第六，不杀人害人；第七，不奸邪淫乱；第八，不偷窃劫抢；第九，不讲谎话；第十，不起贪心。这十条天款平时作为会员生活守则，战时则为军事纪律，起了重要的组织作用。

天津教案是怎么回事？

1870年5月，天津地区发生疫病，法国天主教育婴堂所收养的婴儿大批死亡，百姓认为是神父和修女派人用蒙汗药拐了孩子去挖眼剖心。5月21日，一个名叫武兰珍的人在用迷药行骗时被群众当场抓住。经审讯，武兰珍供出是受教民、天主堂华人司事王三指使。

于是，通商大臣崇厚拜会法国领事丰大业，要求王三与武兰珍对质。二人对质后，证明教堂无挖眼剖心之事。哪知当王三回教堂时，百姓大骂王三，并用砖石掷他。丰大业两次派人要崇厚派兵镇压，后见崇厚不肯应命捕人，便到衙门找崇厚算账。他接连两次向崇厚开枪，幸被推开，没有伤人。但民情激愤，众人将丰大业打死，又烧毁教堂，杀死神父和修女。这次事件中先后打死外国人二十名。这便是天津教案的始末。

中国历史上第一个租界在什么地方？

中国历史上第一个租界在上海。1845年11月29日，中英双方共同公布了《上海租地章程》，确定了第一块租界的范围，即南至洋泾浜（今延安东路），北至李家场（今北京东路），东至黄浦江，西至界路（今河南中路，1846年确定），面积约八百三十亩，每亩年租金一千五百文。该章程的出台标志着中国近代史上第一个租界的出现。

中国近代第一个留学海外的人是谁？

1847年，十九岁的广东青年容闳赴美求学，并于三年后考入耶鲁大学学习法律。1854年，容闳从耶鲁大学毕业并获得学士学位，成为中国首位留美学生。回国以后，容闳前后组织了四批共120名幼童赴美留学，开创了中国官费留学的先河。在这些留美幼童中，涌现出"中国铁路之父"詹天佑、中华民国第一任国务总理唐绍仪、中国第一位大学校长蔡绍基等历史名人。

2004年8月3日，美国耶鲁大学在北京钓鱼台国宾馆举行发布会，纪念中国首位留美学生容闳自该校毕业150周年。可以说容闳是中国近代史上出国留学的开拓者，也是官派留学的首倡者。

洪秀全在哪里称王建制？

洪秀全在永安城称王建制。1851年9月，太平军攻克广西永安后，相继建立各项制度。永安城为州治所在，是一座繁华坚固的中型城市。洪秀全攻克这座城市后，于10月1日进驻原知州衙门。在永安城里，太平天国建立起自己的一整套制度，被称为"永安建制"。洪秀全确定官制，封杨秀清为东王、萧朝贵为西王、冯云山为南王、韦昌辉为北王、石达开为翼王；颁行天历，废除清朝纪年；严禁私藏金银财物；令人民蓄发；刊行官方文书。太平天国初具建国规模。城中一些富豪人家被抄家，抄家所得被纳入"圣库"，以资军用。

《天朝田亩制度》反映了什么思想？

《天朝田亩制度》颁布于1853年洪秀全定都天京之时。它是以解决土地问题为中心，包括社会组织、军事、文化教育诸方面的太平天国的纲领性文献。

《天朝田亩制度》提出了"凡天下田，天下人同耕"的原则，决心建立一个"有田同耕，有饭同食，有衣同穿，有钱同使，处不均匀，无人不饱暖"的理想社会。这种思想体现了农民对于土地和财富的平等分配的渴望。

《天朝田亩制度》从根本上否定了封建土地所有制，实现土地的公有和共享，体现的思想是以小农经济为基础的平均主义，并试图在小农经济的基础上实现社会的公平与和谐。然而，这种思想具有空想性。平分土地在当时社会无法实现，而且绝对平均分配的圣库制度也违背了小生产者的本性，无法实现也不能调动农民的革命积极性。

"天京事变"是怎么回事？

"天京事变"发生于1856年，是一次太平天国领导层的严重内讧，地点在首都天京（今南京），东王杨秀清、北王韦昌辉及燕王秦日纲在此事件中被杀。

1856年6月，陈承瑢向天王告密，说东王杨秀清有弑君篡位之企图，于是天王密诏北王、翼王及燕王铲除东王。9月1日，北王韦昌辉当夜在城外与燕王秦日纲会合，众军在凌晨突袭东王府，东王被杀，东王府内数千男女同被杀尽。其后，北王以搜捕"东党"为名，大杀异己。翼王石达开到天京后，责备滥杀之事，恐自己受株连，连夜逃出城外。北王未能捉到翼王，尽杀其家属及王府部属。翼王便从安庆起兵讨伐北王，求天王杀北王以谢天下。后北王在势急之下攻打天王府，但最终败于天王，北王韦昌辉被杀，燕王秦日纲及陈承瑢不久亦被处死，"天京事变"告一段落。

李秀成是怎样被捕的？

1864年7月，天京沦陷，李秀成保护幼天王冲出城外，匆忙中在南面的方山一带迷了路。这时，有八个樵夫经过这里，便问他是不是忠王，李秀成知道隐瞒不住自己的身份，就点了点头。这些樵夫便决心帮助他脱离险境。等到傍晚，他们小心翼翼地掩护李秀成来到他们的住处涧西村隐藏起来。

谁知樵夫中有个姓陶的人心地很坏，他想把李秀成献给清政府，邀功请赏。在告密途中，陶某经过驻军萧孚泗部附近，他认识萧军中的一个伙夫，于是想到那里混点饭吃，然后继续赶路。陶某在与伙夫谈话中，把李秀成一事讲了出来。伙夫不敢怠慢，赶紧把此事告诉了萧孚泗。老奸巨猾的萧孚泗闻报大喜，一面派人以款待为名扣留了陶某，一面亲率骑兵转往涧西村，李秀成随即被捕。

什么是领事裁判权？

领事裁判权，是一国通过驻外领事等对处于另一国领土内的本国国民根据其本国法律行使司法管辖权的制度。这是一种治外法权。它的存在，形成对国家属地优越权的例外或侵犯。

在中世纪的欧洲国家，如荷兰、英国、丹麦、瑞典、挪威等国，也存在过外国领事

183

对其本国籍商人行使民事和刑事管辖权的实践。19世纪，西方资本主义国家通过不平等条约，把领事裁判权制度强加于亚非国家（中国、日本、暹罗、波斯、埃及等），使这些国家的领土主权受到严重损害。第二次世界大战后，这一与国家主权原则根本不相容的特权制度在全世界被废除。

清政府为何设立总理衙门？

鸦片战争前，外国使臣由理藩院接待。鸦片战争后，由两广总督专办与欧美国家交涉，称"五口通商大臣"。《天津条约》和《北京条约》相继签订后，各国在华设使馆、驻使节。他们为控制清政府，不愿意以"蛮夷"的身份同带有封建社会衙门习气的清政府的外交机构理藩院打交道，同时认为地方总督无权处理涉外事务，多次要求建立专门机构。

1861年1月，奕訢上奏《统筹洋务全局酌拟章程六条》，请求建立总理各国事务衙门，以有效地办理洋务和外交事务。奏折指出："近年各路军机络绎，外国事务，头绪纷繁，驻京以后，若不悉心经理，专一其事，必致办理延缓，未能悉协机宜。"奏章得到咸丰帝批准。

小刀会是怎么占领上海的？

小刀会是成立于厦门的民间秘密团体，属天地会支派，于1851年传到上海。天地会，清代民间秘密结社之一，以拜天为父、拜地为母得名，又名洪门，俗称洪帮。其成员最初多为农民或由破产农民转化而成的小手工业者、小商贩、水陆交通沿线的运输工人及其他没有固定职业的江湖流浪者。

上海小刀会成员主要为上海的福建籍劳动人民和部分工商业主。1852年，天地会成员周立春在青浦领导发动抗粮斗争，南汇、华亭（今松江）、上海等县继之而起。

1853年9月5日，周立春、徐耀等人在青浦首举义旗攻占嘉定。7日，刘丽川和原小刀会福建帮首领陈阿林等在上海起义，占领县城。随即，从上海、嘉定分别出发，接连攻占宝山、南汇、川沙、青浦四县，成立小刀会政权。初用"大明国"国号，旋即改称太平天国，由刘丽川上书太平天国天王洪秀全，表示接受领导。

中国第一所外国语学校何时创办？

第二次鸦片战争以后，由于通商口岸的不断增多和外国公使纷纷驻京，清朝的外事活动日益频繁，于是对翻译和洋务人才的需求也不断增多。为适应这一新形势的需要，经恭亲王奕訢奏请，1862年，清朝在北京设立了同文馆，这就是中国历史上第一所外国语学校，附属于总理各国事务衙门。

同文馆开始时仅设英、法、俄文三班，招收十三四岁以下的八旗子弟入馆学习，后来又设德文、日文班，招生对象扩大到十五岁以上，二十五岁以下的满族、汉族学员。教师除汉文以外，其他各科大都为外籍教师。1902年，该馆并入京师大学堂。

张之洞在洋务运动中有何贡献？

张之洞（1837—1909），字孝达，号香涛、香岩，又号壹公、无竞居士，晚年自号抱冰。汉族，清代直隶南皮（今河北南皮）人，洋务派代表人物之一，其提出的"中学为体，西学为用"，是对洋务派和早期改良派基本纲领的一个总结和概括。

1892年，张之洞任湖广总督。当时海军衙门奏请修筑京通铁路，他建议道："修路之利，应以运输土产、重视民生为最重要，征兵、运饷次之。现在应当从京城外的卢沟桥开始，经河南到达湖北汉口镇。这是干线枢纽，中国大利聚集之地。一旦河北铁路建成，则三晋之路接于井陉，关陇车马交于洛口；自黄河以南，则东引淮、吴，南通湘、蜀，万里声息，刻期可通。"朝廷接受了他的建议。

张之洞了解到大冶地区盛产铁，江西萍乡多产煤，就奏请朝廷在汉阳大别山下设炼铁厂，为修路提供资金，同时开设枪炮、钢、药专厂。由于荆襄大地适宜种植桑、棉、麻，且皮革制品丰富，便设立织布、纺纱、缫丝、制麻革等局，与此对应的是兴修堤坝，发展货币政策，使其可以顺利发展。

为什么说洋务运动不能救中国？

洋务运动的指导思想是"中学为体，西学为用"，就是在封建主义思想的指导下，在维持封建上层建筑、经济基础的条件下发展一些近代企业。洋务派企图以吸取西方近代生产技术为手段，来达到维护和巩固中国封建统治的目的，这就决定了它必然失败的命运。

因为新的生产力是同封建主义的生产关系及其上层建筑不相容的，是不可能在封建主义桎梏下充分地发展起来的，所以说，仅仅依靠洋务运动是不可能救中国的。

中法战争究竟是哪方获胜了？

1885年2月，法军进攻谅山，广西巡抚潘鼎新不战而退。十天以后，法军侵占镇南关（今友谊关），因兵力不足、补给困难，退至文渊（今越南同登）、谅山，伺机再犯。当时老将冯子材驰赴镇南关支整顿部队，部署战守。得悉法军将犯镇南关，在隘口抢筑了一条横跨东西两岭高七尺、长三里、底宽一丈的长墙，墙外深掘堑壕，筑成了较完整的防御阵地。

3月23日，盘踞谅山的法军倾巢出动，扑向镇南关，冯子材率士卒冲出墙外，激励将士猛烈搏斗，终将法军击退，遏阻了法军对中国边境的窥伺。清军乘胜追击，连破文渊、谅山，将法军逐至郎甲以南，重伤东部法军统帅尼格里。法军陷入困境。镇南关大捷使清军在中法战争中转败为胜。

甲午海战是怎么爆发的？

1894年春，朝鲜爆发东学党农民起义，朝鲜政府请求清政府派兵协助镇压。日本政府为给自己出兵朝鲜制造借口，也诱使清政府派兵。清政府派直隶提督叶志超带兵屯驻牙山，日本则占据汉城（今首尔）。

当中日两国向朝鲜出兵时，朝鲜内战实际上已经停止，于是中国要求日本同时撤兵。但日本不仅拒绝撤兵，反而继续向朝鲜增派军队。不久，日军攻占朝鲜王宫，成立以大院君李昰应为首的傀儡政府。7月25日，日驻朝公使大鸟圭介指令大院君宣布废除中朝两国间的一切商约。当天，日本不宣而战，在丰岛海面对中国海军发动突然袭击，击沉中国运兵船"高升"号；同时日本陆军向驻牙山中国军队发起进攻，终于挑起了侵略战争。8月1日，中日政府同时宣战，甲午战争开始。

北洋水师是怎样覆没的？

威海卫之战是保卫北洋海军根据地的防御战，也是北洋舰队对日的最后一战。其时，威海卫港内尚有北洋海军各种舰艇26艘。

1895年2月3日，日军占领威海卫城。丁汝昌坐镇指挥的刘公岛成为孤岛，日本联合舰队司令伊东佑亨曾致书丁汝昌劝降，遭丁汝昌拒绝。11日，丁汝昌在洋员和威海营务处提调牛昶昞等主降将领的胁迫下，拒降自杀。12日，由美籍洋员浩威起草投降书，伪托丁汝昌的名义，派广丙管带程璧光送至日本旗舰。14日，牛昶昞与伊东佑亨签订《威海降约》，规定将威海卫港内舰只、刘公岛炮台及岛上所有军械物资，悉数交给日军。17日，日军在刘公岛登陆，威海卫海军基地陷落，北洋舰队全军覆没。

为何《马关条约》是中国的奇耻大辱？

《马关条约》（又称《春帆楼条约》）共十一款，并附有"另约"和"议订专条"。

主要内容有：第一，中国废绝中朝宗藩关系。第二，中国割让辽东半岛、台湾及澎湖列岛给日本。第三，赔偿日本军费银2亿两。第四，开放重庆、沙市、苏州和杭州为商埠。第五，日本可以在中国通商口岸开设工厂。

《马关条约》是自1860年中英、中法等《北京条约》以来外国侵略者加给中国的一个最刻毒的不平等条约，它使日本得到巨大的利益，也达成了帝国主义各国向中国输出资本的愿望。条约签订后，由于俄、德、法三国的干涉，日本将辽东半岛退还给中国，中国付给日本"酬报"3000万两白银。

"为共和而牺牲的第一人"是谁？

陆皓东，原名中桂，字献香，号皓东。近代民主革命者，九岁成为孤儿。为人聪明沉勇，能书善画。十九岁在上海学电报，二十三岁毕业，任芜湖电报局领班后返回广东，常与孙中山谈论倾覆朝廷事。

1895年，他协助孙中山在香港成立兴中会总部，并决定武装起义袭取广州为革命根据地。他亲手绘制青天白日旗，作为起义旗帜，为掩护革命党人不幸被捕。在狱中遭受严刑逼供，宁死不屈，当庭奋笔疾书，痛斥清政府腐败、投降卖国："今事虽不成，此心甚慰，但一我可杀，而继我而起者，不可尽杀！" 1895年11月7日英勇就义。孙中山后来称誉他是"中国有史以来，为共和革命而牺牲第一人"。

"戊戌变法"是怎么回事？

戊戌变法指1898年（农历戊戌年）由康有为为首的改良主义者通过光绪皇帝所进行的资产阶级政治改革。主要内容是：学习西方，提倡科学文化，改革政治、教育制度，发展农、工、商业等。这次运动遭到以慈禧太后为首的守旧派的强烈反对。这年九月，慈禧太后等发动政变，光绪帝被囚，维新派康有为、梁启超分别逃往法国和日本，谭嗣同等六人（戊戌六君子）被杀害，历时仅103天的变法终于失败。因此，戊戌变法也叫百日维新。

最早牺牲的资产阶级女革命家是谁？

清末，在不断高涨的资产阶级民主革命运动中，无数爱国志士为了推翻反动腐朽的清王朝，抛头颅、洒热血，义无反顾，秋瑾就是最早牺牲的资产阶级女革命家。

秋瑾（1875—1907），字璇卿，号竞雄，又称鉴湖女侠。生于福建厦门，祖籍浙江绍兴，其祖父和父亲做过州县官。光绪三十年（1904年），秋瑾冲破封建家庭的束缚，毅然离开子女，只身去日本留学，从此踏上了革命征程。1907年春，秋瑾与在安徽安庆的光复会骨干徐锡麟约定，在浙、皖两地定期举事。她以大通学堂为基地，将浙江地方的会党组成"光复军"，积极进行起义的筹备工作。不料，绍兴会党过早暴露了目标；徐锡麟也因起义计划先期泄露，提前于7月6日在安庆仓促起事，失败后被捕牺牲。由于歹徒告密，7月13日清兵包围了大通学堂，秋瑾命令一部分战友撤退，自己和少数师生持枪抵抗，终因寡不敌众被捕。7月15日凌晨，秋瑾从容就义于绍兴轩亭口，年仅三十二岁。秋瑾成为中国近代资产阶级革命中最早牺牲的女英雄。1913年，孙中山曾到她的墓前祭奠，并题赠了"巾帼英雄"的匾额。

中国近代第一所国立大学叫什么？

北京大学，其前身为"京师大学堂"，创建于1898年，是中国近代第一所国立大学,被公认为中国的最高学府,也是亚洲和世界最重要的大学之一。在中国现代史上,北京大学是中国"新文化运动"与"五四运动"等进步运动的发祥地,也是多种政治思潮和社会理想在中国的最早传播地,有"中国政治晴雨表"之称,享有极高的声誉和重要的地位。

为什么梁启超要倡导"诗界革命"?

明清时期,诗歌呈现衰落趋势,有识者早已表示不满,并力图改变,诗界革命的早期倡导者是夏曾佑、谭嗣同、梁启超三人。

维新运动失败后,梁启超逃亡国外,以主要精力从事文化宣传,推进文学改良,"诗界革命"成为其中一个重要方面。他在《清议报》《新民丛报》《新小说》等刊物上开辟专栏,发表谭嗣同、唐才常、康有为、黄遵宪、夏曾佑等人的作品,又自撰《饮冰室诗话》,阐发理论观点,大力表扬黄遵宪等新派诗人,诗界革命形成了一定的规模和声势。

义和团运动是怎样爆发的?

义和团,又称义和拳,清政府贬称其为"拳匪"。义和团运动又称"庚子事变",或被贬称为"拳乱""庚子拳乱"等,是19世纪末中国发生的一场以"扶清灭洋"为口号,针对西方在华人士包括在华传教士及中国基督徒所进行的大规模群众暴力运动。

义和拳活动主要集中在中国华北的山东和河北,正是教案频发的地区,义和拳运动与教案有着密不可分的关系。教案一般指清朝末年中国境内牵涉基督教会的社会事件(常引起争讼、暴力甚或演变为外交事件)。

1897年11月,山东发生"曹州教案",两名德国传教士能方济及理加略被冲入教堂

的村民打死(起因不明)。德国立即做出了反应,乘机出兵占据了胶州湾和胶澳(今青岛)。外国的进占,激发起山东各地的排外情绪。1899年,毓贤出任山东巡抚,对义和拳采用安抚的办法,将其招安纳入民团。于是义和拳成了"义和团",而口号亦由"反清复明"改成"扶清灭洋"。义和团四处烧教会、杀教士,抵制所有外国事物和之前失败的"洋务运动"。

义和团运动为什么失败了?

1901年10月以后,在清王朝和八国联军的共同打击下,义和团运动失败。其失败的原因有:

第一,自发的群众性运动,缺乏组织性,没有形成坚强的领导核心,更没有先进阶级的政党领导,没有科学理论的指导。

第二,行动具有盲目性,缺乏明确的目的,没有严密的组织形式,只凭传单一出、千人立聚,利用迷信,具有浓厚的封建落后性,对清政府不警觉。

第三,客观上中外反动势力联合力量强大。慈禧太后在西逃途中颁布剿匪上谕,命令清军对义和团进行残酷镇压,在中外反动势力的联合绞杀下,义和团运动失败。

八国联军是怎样侵占北京的?

1900年8月14日凌晨,八国联军对北京发动总攻。俄军攻东直门,日军攻朝阳门,美军攻东便门。上午11时,东便门被攻破,部分美军最先攻入外城。英军中午始达北京,攻广渠门,至下午2时许攻入。晚9时,俄、日军各自由东直门、朝阳门破门而入。

15日,八国联军向北京内城及紫禁城进攻。清军在各街道与联军巷战,日、俄、英各军渐渐驱逐清兵退至西北两方。美军则带炮兵进攻皇城南门。16日晚间,八国联军占领北京全城,联军洗劫了紫禁城、三海、皇史宬和颐和园等。

《辛丑条约》是怎样签订的？

《辛丑条约》即《辛丑议定书》或《辛丑各国和约》。

19世纪末帝国主义列强激烈争夺和瓜分中国，造成中国空前严重的民族危机。这种危机感促成了人们的觉醒，救亡图存成了当时最紧迫的要求。1898年资产阶级改良派的维新运动失败了，1900年又爆发了以农民为主体的轰轰烈烈的反帝爱国的义和团运动。义和团运动引起帝国主义列强的恐慌。英、美、日、俄、法、德、意、奥八国组织联军侵入中国，8月攻入北京。慈禧太后挟光绪皇帝及亲信大臣仓皇出逃西安。清王朝被迫向帝国主义求和。1901年，清政府与英、美、俄、法、德、意、日、奥、比、西、荷十一国签订不平等条约。因为这一年是农历的辛丑年，所以这个条约被称为《辛丑条约》。

《辛丑条约》的大致内容包括：

第一，赔款。中国赔款白银4.5亿两，分39年还清，本息合计9.8亿两。

第二，划定使馆区。将北京东交民巷划定为使馆区，成为"国中之国"。

第三，拆炮台、驻军队。拆除大沽炮台及大沽至北京沿线各炮台，帝国主义列强可在自山海关至北京沿铁路的12个地方驻扎军队。

第四，胁迫清政府承诺镇压反帝斗争。

第五，对德、日"谢罪"。

第六，惩治附和过义和团的官员。从中央到地方被监禁、流放、处死的官员共一百多人。

第七，设立外务部。